人人必讀的七本書：《論語》、《孟子》

——辛老師的私房經典課①

辛意雲 著

作者序

寫在《論語》、《孟子》出版之前

在進入「工業4.0」的時代，華人能不能站在世界文化、學術、哲學、人文社會學的知識高度上，盱衡人類世界，而理解人類文明的成就與貢獻？同時，能不能也從這個高度，回看傳統中國文化、學術、哲學、人文社會學等，在這世界文明中居於甚麼位置？以及對人類世界文明的貢獻？

換言之，在這新時代之際，華人需要一個寬廣的視角，把傳統的文化、學術、哲學、人文社會學等知識，放到世界的大歷史中去看。從這個視點去看，或許才真正地看見自己先人所做的努力與創造。

這也才能讓世界知道，這大歷史中：文化中的中國、學術中的中國、哲學中的中國、人文社會學中的中國，在人類世界的大歷史中的特殊位置以及為人類文明所做的貢獻。同時由此視野，也才能看見傳統中國文化、學術、哲學、人文社會學所具有的特殊性、主體性和原創性。

《論語》、《孟子》是世界各文化與學術中，首先以「人」做為真理主體的重要經典。

傳統中國文化、學術是以「人」為真理的主體，以「人」為知識的主題。孔子、孟子希望能夠通過這樣的「成『人』」的學習，使自我覺醒以及生命覺醒，進而能享有來自生命的悅樂，有智慧開展出人類寬廣的生命大道。

辛意雲　寫於人學齋

二〇一九年十一月四日

前言

從「人人必讀的七本書」談起

《人人必讀的七本書》這套書是源於臺北市政府文化局、素書樓文教基金會、臺北市立教育大學合辦的活動講座，主要因素之一是四書很可能又會回到我們的中學教育之中。因此文化局、素書樓文教基金會和臺北市立教育大學提供這麼一個場地，來向大家報告傳統中國的經典，它的大義是什麼，還有怎麼去讀。

今天我們大家都知道，大部分人都認識基本漢字，所以任何中文書拿起來，我們都可以讀。再加上，中國傳統經典多半牽涉我們現實人生裡的活動與事情，所以大家也就容易從現實人生中來看待它。而傳統經典的特殊處，就在從現實的經驗中看待，也能夠對人有很大的幫助，也解得通，所以如此一來，大家就覺得經典遺留下來的學術性重要著作都貼近現實人生。

但是實際上，人們容易忽略的是，我們的現實人生是極其複雜的。就像最近發生的新聞，一起暴力毆打事件。女子因口角與男友聯合毆打計程車司機，那麼嬌美的年輕女孩，碰上問題，卻有判若兩人的表現；那位男子一表人才，可是暴怒起來，每一拳似乎都可以致人於死，可是等到面對社會大眾，卻可以跪地磕頭。這種極端性，幾乎是一百八十度的對立，這是人格分裂嗎？

我們今天看到這個事件，不知道會不會引動大家看到所謂的現實人生，其實是極其複雜對立與衝突的。

不僅如此，今天在座的不同年齡層都有，你們想想，如果你是四十歲，那你與三十歲的你，是否有差距？如果你是三十歲，你與二十歲的你有沒有不同？如果你是六十歲，那你與三十歲時的差異是什麼？我們如回溯到兩歲半，那個你，就是現在的你嗎？好像是截然不同的兩個個體，然而卻又是同一個你。

所以即使是現實的生命經驗、生活的活動，它的複雜性乃是出乎人意想的。這相對於太空，太空倒反而簡單、單純了。大家想想是不是如此？可是我們總覺得「科學」是複雜的，其實不然。而傳統中國經典所記錄的乃是這些複雜的人的事。

但是今天人們在讀這些傳統經典，大家很容易輕忽了其中的深度與廣度，看到坊間所講的《論語》、《孟子》、《老子》、《莊子》這些經典，似乎都只限於通俗的日常人生，或提供一點世俗的道德規範，而更多是一些人際交往的伎倆或聰明，以求用較高的手段，達到自己的目的。因此傳統經典就變成了非常「實用」，充滿了伎倆和手段的一些經驗紀錄。如此，相對於西方的知識及知識經典，傳統中國經典似乎欠缺提升人性的重要成分，只是通俗實用小品了。

然而，傳統經典、學術是不是就是這樣呢？

每當朋友要我談有關傳統學術的時候，我總忍不住要舉一個例子，因為這是流行於海峽兩岸，說不定所有華人的地區，或所有探討華人學術的地區，都可能這樣認為。這也是我所教過的學生，當他們進了大學，他們提出問題說：學校裡老師告訴他們，傳統中國沒有學術可言；因為還沒有一個概念是可以被明確定義化的。就以中國的學術說「仁」作為最重要的知識前提，只是「仁」字，單單在《論語》裡面，就有一百零九處不同的說法；重要的解釋大概是七十九個，再濃縮，也有四十九個。那你說，到底「仁」是哪個？不能確定，無可定義，這如何作為知識的前提？所以就認為，傳統學術只是一些經驗的集結而已，或者我們今天建立中國學術，只是做文獻研究、資料的整理，不做任何知識意義的探索，因為無可探索，每一個詞有其歧義性，也就是不同的意義太多了。

其實早在十九世紀，西方的大學問家，最有名的黑格爾已經這麼說了。不僅黑格爾，甚至英國的一個大思想家鮑桑葵，也在他著名的美學著作裡講：中國基本上沒有學術，因為尚未進入科學的世界，仍然是在「前科學時代」，只有經驗的集結，沒有任何理論的建構，其原因是中國的字義無法統一，是多重的、歧義的。雖然傳統中國發展出這麼多文明的事物，然而在知識上卻是缺空的。

現在凡是以西方的知識方法作為前提的，幾乎也都是從這個觀念裡來談。在不知不覺間，第一，否定了中國。換言之，認為中國五千年下來、兩千五百年下來，在學術上其實是空的。

而這是事實嗎？我們身為現在二十一世紀的人，還值不值得來學這些東西呢？第二，不知不覺中，人們或者世界各地學者，在知識，在真理上，就都以西方的知識、西方的真理，當作唯一的真理以及知識了！

今天社會上不是說「多元」嗎？何以我們卻不知不覺間只以西方的知識、真理，當作人類唯一的真理標準呢？特別是西方一些學者都在不斷反省「我們西方知識有了瓶頸！問題出在什麼地方？」他們不斷誠懇地反省著何以完全不同文化系統的華人，竟然會拱手說：「你們就是世界真理的代表」？

今天許多人說：「中國人談自身東西，不易客觀」，但什麼是客觀呢？西方人談的就一定客觀嗎？其實這是一個很重大的知識問題。

我們今天在這裡要跟大家相聚，如果大家聽了我很多的報告，還有興趣，我們將共處九個月。今天我走進教室，嚇了一跳，看到有這麼多人仍關心傳統中國經典，真是太好了！這是第一個因緣吧！

第二個因緣，就是起於錢穆（賓四）先生。

近來在我們華人學術圈裡，也有一個公案。因為現在大陸開始談原有的傳統中國文化、學術了，學者似乎劃定一條界線：凡在海外，或者一九四九年之後離開大陸的，談中國文化與學術，或者仍強調儒家的重要性者，統稱為「新儒家」。

不過「新儒家」這個名詞，基本上是有兩種涵義。我正好藉這個機會也提出。因為今天要談的這七本書，其因緣與關鍵可以從「新儒家」的問題談起。

如果說以民國三十八年離開大陸，同時仍以傳統文化與學術為主，談儒家──孔孟之道，就全稱他們為新儒家，這是一條線；如果認為舊的時代已經過去，在新時代中，需要積極為儒家、為傳統學術尋找一條新出路，想將儒家思想與這個時代接軌的人，他們依西方學說，說儒家也有如西方的方法論、知識論、形而上學、宇宙論、本體論……這些學者做這些努力，這又是一種新儒家，大陸學界也把他們稱為「新儒家」，這是另一條線。不過大陸把錢穆（賓四）先生也歸入「新儒家」了。

因此記者訪問錢先生：「您是新儒家嗎？」因為當時張君勱先生邀請了四位學者——錢穆先生、徐復觀先生、唐君毅先生、牟宗三先生，向世界發表了《新儒家宣言》，來向世界說明儒家的重要性，標榜「新儒家」。只是錢先生婉拒了。現在有人說那是因錢先生跟他們有不同派別。其實這說法似是而非。

重要的是，錢先生說：「自古所謂的儒家，是代代更新的，無所謂新儒家。」今天的時代，從新文化運動，甚至從清代中晚期，一些儒者反對長期以朱子對四書的注解，作為考試的唯一標準答案，認為凡宋明理學所說的，都是錯的，然後建立起清代的學術派別。

當然，宋理學成為元末、明清科舉考試的唯一真理標準，限制人們、學者的思考，因此清學者有人站出來反宋理學、朱子之學，並形成「漢學」，考據之學。

於是漢、宋學壁壘分明。清代中期後，儒者提出了漢代對經典的解釋，「漢學」、

「宋學」對立。他們批判宋代夾雜太多佛教禪宗思想，所以宋理學不是純儒家，它是佛家的另一種表現。他們說，宋明理學全是教人打坐，怎麼可能是純粹的儒家？純粹的儒家有打坐嗎？孔子會打坐嗎？

可是宋學學者也堅持說，漢朝董仲舒也非純儒啊！夾雜了法家、陰陽家思想，他怎麼可能是純儒？

而後再加上新文化運動的主張者，接受西方的學術標準，一切要求純粹。於是大家探討：到底什麼是儒家？要求「純粹的儒家」。回頭一看，好像都不純粹。而後政治的關係，張君勱提出「新儒家」。

其實，錢先生講，自孔子建立儒家，賦予「儒」新的意義：孔子從「人不知而不慍，不亦君子乎？」說起，並講「君子不器」，並勉勵子夏「汝為君子儒，毋為小人儒」，而君子儒的特色就是「通達一切」。這也就是孔子之所以為孔子，《論語》之所以為《論語》，在於他如何以「覺」、以「仁」作為人性的基礎，再通向整個人生，上通向於天，下達普遍於社會，開展出幸福人生。

而後，經過戰國，孟子對墨子、楊朱雖有所批判，但孟子在批判中，清楚表現出他接受了墨子的思想，也接受了楊朱的思想，而後綜合提出所謂的「仁、義」，作為儒家的標榜。我們看《論語》中「義」字並沒有「仁禮」重要，《論語》中「仁、禮」並稱。「義」在《論語》中只提了四次。但由孟子接受墨子「義」字的觀念，「義」在儒家擴大了重要性，「仁」、「義」、「禮」、「智」加上「信」成為儒的五行、五德。

到了漢代，陰陽家的宇宙觀、老子的思想、莊子的觀點、法家的原則，又化為儒家思想的部分。董仲舒的《天人三策》、《春秋繁露》，是一個綜合性的思想，它帶著強大、原本孔子未曾碰觸的宇宙論，提供了漢代人如何在這樣一個巨大新社會中，找到適當的位置。

魏晉南北朝何嘗不是如此？「玄學」的提出，在宇宙本體的探討後，再確定人生的位置，而後大乘佛教的發展，更將當時中國人所面對的世界，無限制地開闊起來。

特別是隋唐，提出了「空」的觀點，是那個時代最精采的思想。

宋明理學，重新融合儒釋道三家思想，最後歸本於儒，確定宇宙中生命的秩序，在這個新宇宙觀裡，再尋找人將如何安頓，同時有著無限開闊的未來。

如此一路下來，儒家最大的特質，就是代代依著新的思想，提出新的生命價值、新的生命哲理。所以儒家代代更新，從漢以後幾乎沒有「純粹不變」過。而中國的各家，其實最後也都回歸到儒家的本身，因為不離開：為現實人生尋求最適當、最廣闊的生命位置。

錢先生那時候給我們上課，他說：「你們是二十世紀的人，科學發展到今天，今天的儒家，你們說，該以何為立？你們將嘗試認識現代科學，認識現代代表性的新知識，然後如何融會貫通，為現代人尋找：在今天這樣一個大科學、大宇宙論、大經濟社會如此發展的時代裡，人安心、安身、立命之處。這樣才是儒家，才是『大儒』也。儒家代代更新，無須標立『新儒家』，所以我沒有參加張先生（張君勱）的邀約，我婉拒了『新儒家』的簽署。」

然後錢先生再說：「今天讀書人關心傳統中國學術，基本上應讀七本書。那七本書你們看起來好像不是儒家，但實際上是今天必讀的七本書。因為中國思想從中貫串，你讀了，就知道什麼是中國文化，什麼是中國學術。」

我們今天起就開始談這七本書。這七本書就是《論語》、《孟子》、《莊子》、《老子》、《六祖壇經》、《近思錄》、《傳習錄》。

要補充的是，《六祖壇經》是將大乘佛學終結在一個「空」，而開出理想生命的大道。其實它是純粹中國化的佛家，最後仍歸本於人道／仁道。換句話說，傳統中國學術，簡言之就是人道／仁道之學。

近代中國人常罵宋明理學不好，特別是新文化運動以後，很多學者全面批判宋明理學，常被提起的「餓死事小，失節事大」，認為是對婦女的歧視、犧牲等等。

可是如果我們真的無成見地進入傳統中國的學術，去看宋明理學每一個作者的全集，我們可以看到，他們都在釋、道的大宇宙中，就像我們今天所發現的一個新的大宇宙中，找到「人」無可動搖的位置；使「天理」就是「人理」，「天心」即是「人心」。

朱子的學說著作浩如煙海，他遍註群經，同時他還在那個時代嘗試許多新的科學性的研究，不過以《近思錄》作為他最重要的學術觀點。今天說朱子影響他以後的八百年中國社會，士子幾乎無人不讀《論語》朱註。所以他對中國影響極大。要研究近代中國，非從朱子研究不可。

到了王陽明《傳習錄》，要求個人的覺醒，認為人的生命最重要莫過於「致良知」。用現代心理學的名詞來說，致良知就是開展出「自我意識」。沒有自我意識，就沒有自我。沒有自我，就沒有個體。沒有個體，就沒有真正的人。

王陽明的「致良知」其實是從自我覺醒建立自我，確立人之所以為人。甚至可以說，王陽明學說等於是中國傳統學術的一個總結。

可惜到了清代，王陽明這個系統被禁止。清學系統所發展出來的，只是文獻的研究，考據、訓詁、版本。

我們今天所談的問題因緣，從這裡開始：一個是知識的前提；一個是錢先生所提出，什麼是真正的儒家？而真正的儒家，要能夠有一個心量——這個心量關懷人生、尊重生命，肯定人；同時還有一個寬廣的心胸，與「自我意識」在開發出來後的高度智慧；有能力認識新世界的發展、新知識的發展，而將它消融，至少為自己的生命尋找出最健康的大道——古典的說法，「人的安身立命之道」。

我們的課從這裡談起。

讀老莊的原由？

同學提問：古代只是忠於領袖，沒有忠於國家的觀念？然後不得意，才讀老莊？

答：話不能這麼說，這只是從世俗現實利害上所講出的話，太實用主義，這並不是真儒家、真道家的面目。傳統中國學術，肯定天下，肯定人類社會，也肯定宇宙天地。

近代一般人認為，儒家只提倡忠君，沒有國家觀，因此非常落伍，不如西方，其實這觀念是現代觀念。中國自古就沒有國家觀，而是天下觀，從西周開始建立了「天下」

觀，從氏族的大聯合，直接就到了天下一統，而後諸侯國分立的社會。諸侯國是被統合在一個大聯合的社會底下，其間沒有絕對的如同現代國家的區隔與分立，它們都在一個共同文化理想下，所謂「天下」就是一個共同的文化理想、文化價值的聯邦。所以真正的聯合國，在西元前三千年前，西周就已經實驗了，且完成了這一種社會與文化。

到了秦，取消了諸侯國，也就根本取消了「國與國的分立性」，而後就是一個更大的社會的完成，其間是郡縣區域的劃分。這是很特殊的社會。所以今天一定要請在座的朋友們仔細注意我們所談到的一些觀點，這是跟現在很多觀點不一樣的。

至於世俗上說「退一步，海闊天空」，當人困頓、不行了，於是就去找老子、莊子來看，以求自我解脫。嚴格來講，老子、莊子思想的本義也不是如此說的。

如果朋友們讀莊子，你看看，當他的〈逍遙遊〉達成了，自我完成了，生命開展了，能夠獲得某種自由了，不再被功利價值所綑綁了。接下來〈齊物論〉，就是教大家如何看待世界上的紛紛擾擾，以及真知的建立，如何對待現實社會中的各種利害衝突下的各種是非。而後超出是非之上，不攪進是非之中，並展現大智慧，而後他講「養生主」，如何以此超然的大智慧與智慧的心胸滋養我們的生命。

再下來就是〈人間世〉，當我們覺悟到這個高度，我們還是生活在社會人群裡，我們如何以這樣的智慧，面對現實利害、對立、鬥爭的社會？〈人間世〉直接就提出孔子與顏淵，並以顏淵為例。顏淵受過孔子最好的教育、滿懷抱負，想要去把當時天下王子中最暴戾的衛國太子蒯聵勸醒。他向孔子辭行。孔子說，噢，你要怎麼去啊？你憑什麼去啊？一路問到最後，提出了一篇「人生進一步自我開闊，而後如何和一個還沒有全然覺醒的社會相處」，尤其是與完全未覺醒者相處的觀點。

老子，藉著天道，作為人事發展的準則，以建立一個合乎天道的社會。

莊子、老子他們從來不消極。

而「忠君」，在傳統中國，忠於那個生命的共同大義。所以站在傳統中國學術，所謂「忠於領袖」是不成立的，這是通俗之言，通俗的觀點。我們今天最大的問題，就是都以通俗的觀點，作為我們對於傳統中國學術認知的道理和方法。其實儒家是忠於群體，而道家是走出社會，回返天道。

昨天我在中學帶社團。社團裡的孩子說，今年大學學測，國文科出了一道老子相關的題目：說：「知人者智，自知者明。勝人者有力，自勝者強。」是什麼意思？

你看，單單老子這一段話，就比儒家有更大的範圍，而且更深入自己的內在。這句簡單地說，你打贏別人，只能說你力量夠；然而你能超越自我的一切短處，你才是一個真正的強者，你才能夠成為一個真正屹立不搖的人。這在思考上，比儒家更曲折，也更深一層，然而絕不消極。

如果要說他們消極，那麼他的消極乃是更大的積極。為什麼？不是因為莊子跟老子都更功利，而是莊子、老子在人類文明歷史的發展中，有了更大的可能，有了更開闊的視野。

我們這一堂課，是從知識層面提出。或許有時候比較嚴厲，那是因為社會中太多以通俗性觀點看中國傳統學術，所以不得不加以釐清。

七本書如何談？

問：時間有限，這七本書勢必不可能全部講完，能否談一下您挑選的原則？

答：基本上，這個課程的預定，是以四星期講一部經典。這對我是嚴格的挑戰。不是我愛說話，而是現在要把文言文說清楚，有時要分析、要申述、要論證、要推理。

大家都以為文言文是我們古代的話語紀錄。實際上不是。它其實是一個設定好的文體。何以做這個設計？因為生命太複雜，人太豐富，人世間的事物太多重性、不可言說。如此以這樣的世界，以這樣的對象，來作為知識的主題，該怎麼處理？該怎麼歸結？因而有這樣的一種文字的設定。

之所以稱為「文言文」，第一個「文」是動詞，「文」就是修飾。「言」就是言語，我們所說的話而後形成的文體、文章（第二個「文」是文體、文章）。換言之，如何用最精簡的文字，然後記錄、規整最重要最核心的事件？然後讓它就像一本書，可以捲起來，可以舒張開來。如同古人所說：「可以捲起如手中的一點；放開則展現亭臺樓閣或千里江山」。

我們常說「捲之如何如何，鋪開之如何如何」，這就是中國文字、文章一個非常具形象而生動的描述。所以有的時候，一個詞，可以拉開、鋪開來地說，原來是一個「富春山居圖」，一個長卷，經歷過幾個重要的景點。你不這麼做，很容易就會忽略了。它是一個「七寶玲瓏寶塔」的結構。

同時它不只陳述出文字表面的意思，它還有內在更深沉的、人的心理及情感、人的種種層面的表達。

所以古人強調讀書要有老師，強調「師說」，因為老師負責講解抒道的工作。「師說」在中國學問中，是一個重要的成分。不過因為現代工商業社會，一切快步進行，所以設定一個月、十二小時，講一部經典，確實是很大的挑戰。至於挑選的準則，則是以孔子提出的「自我生命覺醒」為中心發展。

目錄

人人必讀的七本書——《孟子》

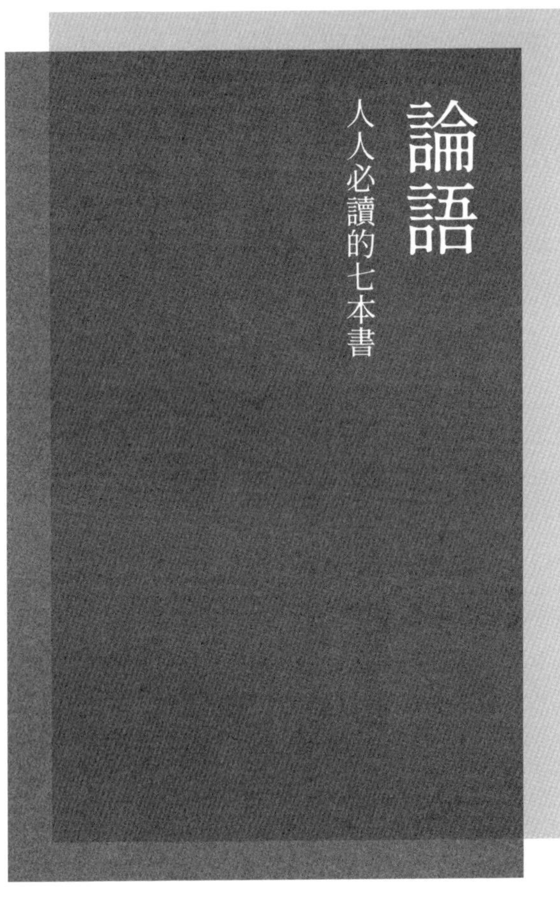
論語
人人必讀的七本書

〈學而篇〉

〈學而篇〉之所以是《論語》第一篇，是有道理的，大家多半以為中國傳統經典是零散的集結。實際上，中國書是一本「生命體例」的完成，是一種有機的組合，它不是邏輯性的結構，與西方邏輯性的結構不同，雖然其中也有這種成分，但並不足。所以中國書看起來好像是零散的、自由的集結，其實它是經過嚴格地就生命發展所做的挑選與分類，而後所做成的一本合乎生命體例的完整圖書。

何以〈學而篇〉是第一篇？這裡頭有兩個涵義。一個涵義，非常重要，我們剛才說中國之學是「人道之學」。這個「人道」跟現代西方說「人道」、「人道主義」，略有不同，但基本也有重疊。簡單說，中國學問就是「人學」。換句話說，所有的學術、知識，包括整體文化，都是從人出發。

再換個說法，什麼是這個世界最真實的？從最原初，或最原始，宇宙大爆炸出來，如此發展，什麼是最真實的？西方，是從「物」開始，認為是構成這個宇宙的物質結構，就是真正構成這個世界物質結構最原始的「本質」（substance/essence），以至於那些構成材料。

到今天，西方仍是追著這個問題不放，以前完全是從物質結構及本質去談。現在發展到說：原來在物質中、物質前，有一個所謂的「能」；能與物質中間還有個介質，「能」先化為那個介質，然後化為物質，成為這個物質世界最基礎的開始。

西方文明從這裡，作為一個發展的開始。認為這個世界最真實的、作為真理的，莫過於是物質世界基本構成的這個依據。

大家有沒有意識到西方第一個哲學家泰利斯，之所以成為第一個哲學家，在西元前六七八年，他提出「水是世界的根源」。後來雖然不斷發展，從水，到氣，到火，到地水火風，一路發展，以至於到分子、粒子、頂夸克等等。同時，從這探索中建構自然哲學、自然科學，由此二者再形成方法論。加上西方近代的勢力，這套真理論、知識論，統領了整個世界，成為世界真理的唯一憑藉。

從西方這知識、真理的前提，對中國「以人為主」的知識、真理的大系統，自然會認為那都是無意義的。

其實除了以物質為最真實之外，世界上還有沒有可以作為最「真實」的代表呢？這是一哲學問題，若從「物」是世界宇宙的真實角度來問：我們憑什麼認定「物是真理、是本質」是最真實的？物是誰創造的？哪怕物之前是「氣」，是「能」，但是誰創造的？就宗教言，不就是上帝，不就是神嗎？是以從古印度、古以色列，古基督教就認為還有什麼東西可以比上帝更真實？比神更真實？由此建構起一套所謂的「神」學，認為神最真實、最根本。因此，自然哲學家、科學家會認定最真實的是「物」、是「物本質」，但神學家則認為是神。

但除了「物」與「神」之外，我們重談前面所說，「物」與「神」，是誰認定，是誰發現，不是人嗎？何以「人」不能成為真實呢？如果我們再問，人不認定、不發現，不就什麼都沒有嗎？一切都是透過人的認識，人何嘗不是這個世界的真實？傳統中國就從「人」入手來做研究、做探索。

我們說，物學、神學，以至於人學，這是構成這個世界的三大文化、三大系統，到今天仍影響人類的思想心靈，仍然推動人類文明前進，是仍活著的基本文化。

如此，如果從「人」的角度看西方「神」的觀點，我們看到了它的「絕對」性。同時，我們再從「人」的角度來看，也一樣看見自然科學有它的「偏面性」。

以前這麼說，沒有人會相信。錢先生說，「未來世界一定會出問題，我預言，現有經濟的發展是個錯誤，現有經濟學有其一定的錯誤性，人類應該反省、檢討，這個學說要不得，因為地球只有一個，一切屬於地球的物質有限，然而西方經濟學則是『無限發展』，到時用光的時候，怎麼辦？西方科學家說，人類會發展出新的科學，解決這個問題，我們會上太空。」錢先生問說，「要是到時候來不及上太空，怎麼辦呢？」

你看，我們現在是不是看到其中的端倪了？我們登陸了月球，又去了火星，能不能用那星球？人能不能移民到那星球？而今天的地球呢，氣候劇烈變遷；透過科技發展，據說即使農業豐收，人類仍有三分之一吃不飽。

現在所要談到的是，一個文化性的重新思考與反省。連西方都說，西方文化領導、引動這個世界才兩百年，但已經讓地球過度耗用，而受到傷害。甚至好萊塢明星李奧納多還拍了一部紀錄片，討論此問題，西方許多重要人士也正式站出來說，我們應該為我們的科技與科學文化所造成的負面影響，重新思考。

這也是我們今天站在人學的立場，思考錢先生說，將來中國真正站起來，中國文化其實是促進人類對自身生命重新思考的一個最重要的元素。這也會是中國文化對人類一個最大的貢獻。

譬如老子，老子學說可說完全反對現代西方的經濟理論。西方的貿易觀、金融觀在今天被視為是天經地義的。當年英國人去見乾隆皇帝，要求進行貿易。乾隆說我們一切自給自足，不需要貿易，你們要什麼，我們可以給你們。英國可以為此而出兵攻打清朝，因為他們認為貿易是天經地義的。然而中國自古以來的經濟環境，是依中國原本環境的一個自我的完成。我們各有資源，不需要如西方的國際貿易，並且還可以提供外國的需要。

美國在第二次世界大戰後，是唯一勝利的國家，它設立馬歇爾援助全世界的計畫，把全世界扭到美國設定的經濟輪帶上。而後，尼克森為此出訪中國大陸，說如果不把中國大陸拽出來，放到這個經濟輪帶上，那你不知道它會做什麼，這是美國並無監督的。這個經濟輪帶，西方人認定是合乎宇宙規律與世界秩序的，然而它合不合乎人類發展的必然性？站在人的立場，可以做一個思考。西方近代哲學以及西方近代心理學都說，人的最大特質，就是人能夠重新思考；而人真正的自由，就是從重新思考開始。什麼是「重新思考」？就是〈學而篇〉的「學」字。「學者」，「覺也」，「效」也。所以錢先生講，〈學而篇〉放在第一篇，有兩個重大前提：一個，已經確立了「什麼是『人』」的這個問題。

換句話說，中國人不是我們今天所想的那麼笨，不懂生物學。其實中國人懂生物學，中國人有自己的一套生物學。《禮記》裡說得很清楚：「人，裸蟲也」，沒毛的蟲。

蟲就是所有動物的總稱。然而人有異於禽獸者，孟子說：「人異於禽獸者，幾希」，「希者」，「稀也」，「小也」，多小？小極了，小到什麼程度？小到就是一個「心念」的不同、「心能」的不同。這個「心念」、「心能」指的也就是這個「覺」。換句話說，這個覺，是人所獨有的，只有人有，動物沒有。

用今天的近代心理學說，這個覺，就是「自我意識」。現代心理學講，什麼是「意識」？意識是人的高級心理，是人的一種甦醒狀態，是人自我認識、自我確定的起點。

我二十幾年前去英國皇家自然博物館，看所有動物的演化，一路看到最後則是陳列「人」的標本，但是那裡沒有標本，卻放了一面大鏡子，人走到鏡子前面，看到自己。這是在展現人是地球目前所發現的動物中，唯一能自我認識的；透過自我認識，而自我確定者。

這種能力是人所特有的。人本心理學、現代心理學是從這裡劃分人跟生物的區別。也因此，傳統中國學術把「學而時習之」放在第一篇，也就是第一：《論語》這本書是一部「人學」，是人的「成人」之學，如何成為一個人，人不是天生就能成人。〈學而篇〉放在第一篇，除了是人、人學，第二個重大前提，是很清楚也在這裡將人與動物做了劃分。

換言之，傳統中國學術基本所談的，是有關人的生命活動。我們不是反對達爾文進化論認為人來自生物。我們要說的是，人是基於生物的生命基礎上，然後演化，而進入生物的新單元、新階段，也就是「人」的階段，我們稱之為「人類」。所以我們今天如果再用達爾文進化論，認為人只是生物、動物，那就落伍了，而且不夠正確。

我們一層一層說上來。人不是動物，人不是一般動物。人不只是動物。人有與動物截然不同的部分。換言之，人當然沒有脫開生物的基礎，然而人不只是單純的生物、動物。人的複雜性從這裡開始，人生命的雙重性以至多重性，也由這裡開始。人有一般的生命和人性，與動物相近。然而人有自我意識，人沒有像動物那麼單純。

你看，人的戀愛多複雜？動物需要這麼複雜嗎？不必要！春天來了，動物走出來，互相聞聞，就在一起了；然後就分手了，也不吵吵鬧鬧；秋天來了，再來互相聞聞，又相聚，又走了，或者生下來的小貝比由母動物扶養、少數由公的扶養，雌雄之間沒有吵鬧，沒有贍養費的問題，非常單純，不需要婚姻，不需要戀愛的過程，也無須組織完整的家庭。

看看我們人，哎！開始，原本以為看對眼了，以為公主遇到王子，從此有了幸福人生，沒想到結婚以後又不對勁了，而後愛恨情仇鬧離婚了。人戀愛了，後悔了，就是不同於其他動物了。這就是雙重性。

此外，在人的範疇裡，往上有君子，有賢人，有善人，有聖人，有神人等一層層向上提升，有的向下沉淪，有小人，有惡人，有奸人。所以「人」絕對不能簡單看待。當然向下沉淪的人，可說還不是人，尚未成人。

今天的韓國、日本，罵人「不是人」，仍然是極嚴重的責備語言。至於我們社會，倒覺得無所謂了：當人說「你不是人哪！」回答說：「我本來就不是人啊！按照達爾文的進化論，我是生物嘛！你也太八股了吧！你落伍了吧！還叫我做『人』？」

所以近代中國人太簡化事物了。這是我們要自我反省的部分。

我們首先從《論語》〈學而篇〉開始。錢先生說，〈學而篇〉是中國學術的頭。

接下來，談我為什麼會選出這些篇章。本來想論語前五章，一共二十篇，挑出重點，十二個小時，重點就講完了。可是後來再看看，我想今天還是就快速地把學而篇講完。為什麼？也是錢先生講的，〈學而篇〉是中國學術的總綱，是論語的總綱，是「人學」建立的前提。此外，〈學而篇〉的每一章都具有一個大綱性質，幾乎每一章都具有

「宣說」的性質——宣說人學的基本意義。也因此，我無法割捨任何一章，所以我忍不住想就從第一章講起，提供大家參考。往後就從人學的這個前提上，挑出來講。同時我也讓大家看到，何以《論語》用這樣的記述，陳說義理。

今天西方的學術開始比較重視人了，以往完全不重視人。甚至於到一九二七年，馬克思舍勒建立「人類學」，都非常清楚地說，「人」這一塊是陌生的，從西方的學術來看，「人」這一塊幾乎是完全荒蕪。但是我們現在不能忽略「人」，必須重建有關「人」的知識學術，因為一切知識從「人」開始。十八世紀，康德開始有此意識。只是「人」的知識要怎麼確定？不得而知。人性無法確定。這怎麼說？你看，人有善，人有惡；人有的是狼，有的是羊；有的好像具有神性，有的則像是魔鬼。這怎麼說？所以有關人的探討，站在西方傳統學術的立場，是有困難的。

同時間，另一個目前西方「存在哲學」的大哲學家海德格說，我們不得不討論「人」，因為一切都從人看出去的，以人出發，沒有人，沒有這些知識可言。可見他們已經意識到這個問題。但其困難還是在於，如何將人拉到一個如同物質存在所構成的客觀存在上，並有一致的理路？人的個別性太大了。站在西方傳統的知識上，這麼大的個別性，你如何統一？任何統一，都有主觀的局限，不足以成立，所以他在這裡留出空白，沒有結論。

雅斯培，也是存在主義哲學家，他提出，人的事情只有在人的實際事件中，來做記錄；不能從個別，必須從相互對應的關係上來做記錄。他採用胡塞爾的「現象學」，如何挑出具有代表性、普遍性、共同性的事件，建立一致性。然後依此作為所謂客觀的依據。所以每一個事件都必須合乎人類群體的普遍性與共同性；並確定它的一致性，及達到所謂的客觀。

「人本哲學」的現代心理學家，像容格、馬思洛、羅洛梅等等，完全採納雅斯培這個意見，只是仍在尋找，如何合乎西方傳統科學方法論上要求的絕對客觀性。

所以，當我們讀了西方這些談「人」的知識方法，我們再讀《論語》，就會發覺，原來中國在兩千五百年前就是如此記錄的，人與人的對話，就是人與人的相對應。而所謂「人」的客觀性，是說：我有看法，由我「迴向」到你，再由你「迴向」到我，在我們的迴向中，看到那個中間點。如果這裡所達成的一致，是一種全人類的共同，它的客觀性是從這裡開始建立。所以「人」不是沒有客觀性，人的認知不是沒有客觀性，只是它是交互往還，它需要有更完整的認知訓練。此外，如何挑出具有本質性的現象，以為知識的憑藉？其實《論語》中的章句就如一個具有普遍性的典型事件。中國傳統知識，基本上比較接近近代西方的現象學，可說是中國式的現象學。

基本上從這個角度，挑選這樣極具代表性的論據，提供給大家做一個參考，也從這裡讓朋友們看到中國文言文的特殊性，讓大家了解如何去讀中國書。

我們接著要介紹的是，哪些書是值得我們閱讀的。

參考書

第一本是錢穆（賓四）先生的《論語新解》。

另外，錢先生還有三本書值得一讀。一本是《孔子與論語》，可看到錢先生談孔子與《論語》的關係。另外有《孔子傳》，是孔子的傳記，與一般談孔子的傳記不同，這本書是用文言文寫的。我們現在是跟文言文距離太遠了，一開始讀文言文不容易掌握，理解上容易模糊，所以大家容易畏懼；不過多讀幾次就會變得非常清晰，這是一個習慣性的問題。

還有一本《四書釋義》，是錢先生早年的作品，談《論語》的意義、《論語》的完成。以至於《孟子》、《大學》、《中庸》的某些考據性的東西，告訴你這些書的大義的關聯性；還有它的成書並不是真的完成於曾子、子思，而是後人的集結。

此外，香港啟明書局的《四書讀本》，作者是蔣伯潛先生。這本書的好處是平易近人；同時它按照以往的版式，其上為朱子注，其旁為漢、魏晉南北朝、唐……歷代的解釋，最後加上蔣伯潛先生的解釋，包括白話文翻譯，很容易讓讀者入手。它所解釋的雖不讓人滿意，但是平平整整，不會出錯。

現代人讀經典，就是擔心出錯。因為現代人詮釋古代經典，常常根據自己的意思，加了東西上去。不過蔣伯潛先生的《四書讀本》沒有這個毛病。

此外，大陸學者方面，我挑了楊伯峻先生的《論語譯註》。楊伯峻是早年的學者，是《左傳》方面研究非常好的學者。他註解的《論語》對大家的幫助，在於他會做歷史、社會性的考據、考證，提供我們社會性的背景。不過朋友們讀的時候要小心的是，他這部書畢竟寫於文革剛結束，其中一堆有關「唯物論」的說法。

如果朋友們問，中國到底是唯心論還是唯物論？那我說中國既不唯心，也不唯物。

唯心、唯物是西方哲學上的，特別是知識論、宇宙論所特有的問題。「唯物論」就是宇宙一切以物質為基礎；而後到了基督教時代，發展出一切以上帝的心，為構成這個世界最根本的起源，然後提出「唯心論」。黑格爾是集大成者，所以西方在宇宙論的構成上，有「唯物論」、「唯心論」的爭論。近代十七世紀後，西方在知識論上也有「唯物論」、「唯心論」之爭。

中國人談「心」，請大家不要放到唯心論上，因為跟唯心論不同。中國談「物」，也不是唯物論。中國基本上是「唯人論」，一切從人出發，不論心、不論物，都從人心去看、去了解，而什麼是從人心上去看？就是從人的認知上去看，心是人的總體認知，不論西方的「唯心論」或「唯物論」都是人的認知的結果，它是「唯人論」。

請大家注意！為什麼我們說，我們這個活動是站在知識性的層次上；我也是希望拉高大家站立的點，不要站在平面上，我們應該拉高，像莊子說的大鵬鳥，一飛沖天（照之以天），俯瞰這個世界。

這個「唯」，是「唯一」的意思，所謂的「唯心論」，這個世界的構成，一切就以心為唯一主宰，「唯物論」以物為唯一主宰，中國談一切都從「人」的認知出發，它不是西方的「唯心論」，也不是「唯物論」。像近代的大陸學者受西方「唯心論」、「唯物論」影響，喜歡說莊子是唯心論，荀子是唯物論，都是不對的，他們其實都是唯人論。只是荀子偏在現實經驗，莊子偏在精神智慧的開展。其區別在此。

這個「唯」，別看它只有一個字。不論西方學術，不論中國學術，每一個普通字的背後，都有豐富的深意。今天我們因為讀白話文，把所有的東西都看扁了，都以為就是普通意思，實際上我們都是從凡夫俗子的觀點看世界，看不出什麼名堂。

西方的唯心論，可以與中國談「心」的部分有點重疊；西方的唯物論，也可以與中國談「物」的部分有些重疊。然而中國談的不是唯心論，不是唯物論，而是唯人論。

例如漢代很清楚地說，天、地、人「三才」。「才」是元素。為什麼說「才」是元素？「才」字的字形，像樹木生根了，開始可以活了。構成這個世界，開始展現這個世界，除了天、地之外，還有人的認知。所以天、地、人「三才」，並列為這個宇宙的構成元素。這是漢代董仲舒所提出，極其高明的，以人為中心的宇宙論。所以漢代不是我們近代所說的一個「黑暗的時代」，說董仲舒是為了幫漢武帝達到專制獨裁而提出理論依據。

此外就是下村湖人（日本）所作的《論語故事》，是一本根據《論語》的孔子師生的對談，帶著小說性、文學性，對孔子儒家的這個團體的描述，是屬於比較軟性的。日本二次世界大戰戰敗，據說靠這本書重新凝結日本人的內心世界，然後發起重建運動。戰後日本的倫理、社會重建，據說就是從《論語》開始。

德國於一次世界大戰、二次世界大戰戰後的重建，在心理建設上，據說是從老子開始，一切歸零，重新面對一切、重新開始。

我們現在的心靈要從哪裡開始重建？我先不說。只是我們這一堂課，是根據錢先生所提出的，從《論語》開始。

那麼，再下來要談的，是錢先生何以說《論語》是中國學術最重要的經典，也是打開中國學術的一把萬能鑰匙？不讀《論語》，除了不能做人，不知道怎麼做人，不知道怎麼成為人，也進不了傳統中國學術領域裡，為什麼？這是老人家太保守，誇大其詞，還是有其客觀性的構成要件？

如果從客觀構成要件來講，剛才我們說到，當他提出一個「學／覺也」字，作為開頭，就已經確定了中國學術是從人開始。而人不同於生物、動物，而是在生物的基礎上，走出生物、動物的限制，展現人所特有的「人性」的部分。人性是不同於生物性、動物性的，這個以後會再提到。

中國學術的源頭

此外，第二個部分：中國學術到底是從誰開始？

現在我們社會流行的，當然有的說是從孔子開始，而有的說是從老子開始，根據莊子〈山木〉等篇，說得很清楚，孔子向老子求學、請教。不要說是莊子了，《小戴禮記》當中，〈曾子問〉同樣記錄：孔子向老子問禮。所以漢朝的太史公司馬遷寫《史記》〈老子傳〉，直接說孔子向老子問禮，以作為開宗明義，透過孔子，點明老子的特殊性。

只是到了近代——其實宋代已有人質疑這種講法，只是沒有追究——至梁啟超再提出：《老子》這本書至少完成於戰國，絕不在孔子之前；而是在莊子之前。

至於莊子所講的老子，孔子向老子問禮；包括《小戴禮記》裡面〈曾子問〉所說的孔子向老子問禮，根據考證，皆不可靠，不是真實的信史。梁啟超之後還有好幾位大學者，都同意老子在孔子之後，在莊子之前，絕不在孔子之前，因老子一書所談的問題，幾乎多不是春秋、孔子以前，甚至孔子時代的問題。

從《史記》以來，老子成為中國學術第一人，只是中國傳統並不探討「誰是中國學術的第一人」，所以這個問題在過去並不嚴重。

不過到了民國初年，胡適之寫第一本中國哲學史，開宗明義，先秦篇（胡先生的中國哲學史也只有先秦篇，後來他沒有再寫）說，中國學術思想的第一個人：老子。

學術界為此曾經有過論戰，不過經過梁啟超還有其他人，包括郭沫若等，也都說老子這本書成書於戰國，因為老子書中談到的太多主張與議題，是戰國時代的問題，孔子時代沒有這些問題。

另外還有個關於學術源頭的問題，問到中國學術的源頭，比老子還早的代表是誰？我想在座大家一定有很多人認為是伏羲。為什麼？傳說伏羲的《易經》、八卦是中國學術之源。到現在凡是以《易經》為首的，無一不是這麼說。這也有根源，還是出於漢代。然而經過考證，八卦是否伏羲發明？沒有確切的證據。但是《易經》這本書分兩個部分：一個是六十四卦的部分，大約出於西周，至於《易傳》，《周易》哲學思想的部分，大約完成於戰國末年。

所以，透過考據、文獻、資料比對，孔子當是中國學術的創始者，如同古希臘的第一個哲學家泰利斯一樣。再說在孔子之前，還沒有人將人類的生命經驗，集結成為普遍而共同之理，以作為知識探索的依據，而且還是恆久的依據，以此而成為學術。

這個永恆之理，永遠是人類內在靈智最關心的生命議題。歷代的學說、社會發展、各種制度，無一不依此理，無一不是根據人類內在最關心的生命議題而有新建設。它成為在不斷變化、發展的時序之中、文化之中、社會之中、歷代歷史之中，屬於永遠不變的軸心。這個理、這個人類內在靈智最關心的議題，人是什麼？如何成為人？如何自我認識？由孔子將他之前幾千年的生命經驗集結，然後提出答案、拋出議題，此後人們皆依此探索、發展，所以孔子是中國學術的第一人、哲學思想的第一人，也是第一個傳統人學的創造者。

如同古希臘的泰利斯說，「水是萬物的根源」，他就享有了「西方哲學史上第一個哲學家」的地位。由孔子所教導的話語而集結成冊的《論語》，也就成為中國學術最基本的、最普遍的，也是人類內在最關心的議題的一本最重要的集結書本。

因此我們今天從《論語》談起，我們如此就能打開先人留給我們的，屬於中國文化的寶庫。

你看臺灣今日在世界上取得創作地位的藝術創作者，無一不是注入傳統中國文化的元素運用。這一點也是值得我們稍加注意的。在科學上，也有人嘗試用傳統觀點試著突破原有的科學限制，這都值得留意。

以上是我們講《論語》的序言。

問：在座很多人是老師，我們面對年輕學生時，該用什麼方式教經典呢？

答：這是很實際的問題。我就只能根據我自己的經驗來回答，因為我做了一輩子的老師，都很受歡迎，凡是來上課的孩子，如果肯聽，好像都很受用。

像我最近在捷運上，遇到一個女孩子，很熱情地跟我打招呼，她說她是北藝大舞蹈系畢業的，就要去德國柏林藝術學院讀書了，去學哲學！她說：「都是受你的影響，聽你講思想、講哲學，引起我好大的興趣，所以我決心去學哲學了。」我說，「學哲學吃不飽飯噢！」她說：「沒關係，我還可以教舞蹈。」

在藝術學院教這類課程，真的是要先做課程設計（編按：作者在北藝大任教）。當然我也教過初中、高中，在這個過程中，基本上，當我面臨今天的課題，一定會先想：孩子們最關心的是什麼？今天社會最動人心魄的事件，不論好壞，是什麼？但是我們不能只談事件，那是事物的表象。我們要設想議題，把所講的東西也設定幾個議題，然後藉著議題，把學生引進我們所談的範圍，再根據他們自身在現實裡所遭遇的各種狀況，提出例子。讓他們看到：

一、原來現代人的問題，古人已經講過了，古人跟我們距離不遠。

二、原來古今相通。

三、原來人性有普遍性。

四、進而意識到所謂的個人、所謂的生命、生命意義、生命價值。

我們今天所有課程都是專業知識性課程，很少碰觸生命的問題，以及知識與生命有什麼相關，頂多說，你可以考上好大學，然後有好工作，可以賺很多錢、出人頭地。然而這些跟自我生命的享有無關——當然不能說絕對無關；雖然有關，都只是生物生存性上的追求，讓自己生存得好一些，這與自身對自己的生命是不是滿意，並不全然有關。

我們讀書讀這麼多。我在建中當老師，專任大約十年，兼任社團四十年。建中最優秀的孩子最常問的問題，四十年如一日：我們為什麼要讀書？你真能保證我將來就有出息？活得就好？

這個問題，老師不能給予適當的答案，孩子們是躁動不安的；而且這個困惑一直都在，影響他一生，除非他自己覺悟。

不是故意誇獎自己，你們看我好像總是在講很遙遠的理想，我一定不是好的升學老師。不過有在座學生證明，我每年帶的班級，升學率幾乎都是全校最好的，有的班還可以全班考取，到現在全臺灣似乎還沒有人破過這樣的升學率。學校都以為我有魔棒，實際上只是幫孩子提供了他們感到困惑的一些可能的答案，他們對世界、自身充滿迷惑，我盡量提供了適切的回答。答案不一定合乎他們要求，不過是開放的，而且讓他們去想、去發展、去尋找。如此一旦他們情緒穩定，他們就像羚羊一樣地飛躍出去了。

站在教育學上說，人有潛能。人不同於動物，在於人不只有生物本能的機制、達成活下去的本能機制表現；人還有潛能，是屬於心智，屬於精神上的。人希望能將自我的生命能量全面展現。

其實作為一個老師，提供思考機會，讓學生覺得有可以自我實現的可能。所以當老師給了一份機會，學生們在心田中，就種下一個「自我實現」的種子了。

如何回答問題，同時將這些古老的東西，或有距離的語言，有時候不是馬上就懂的事件，化為生活周遭中的一件事，而後再拉出學生所關注的議題，啟發自我意識。

我在一門講莊子的課上，提到莊子超越現實功利價值。在談這個問題中，我問學生，你們認為現實的功利價值可不可能擺脫？不賺錢，不出名，不要有權力，可不可以？學生說：不可以！如此一路問下來，最後我抓一個臉皮較厚的男生，問他：你很英俊，一表人才，現在有一個女富豪，出十萬塊錢，要你做她的愛人，你要嗎？那學生說：十萬，誰要？至少要一億。我說，為什麼一億就可以？他說，做愛人很短暫，賺一億的話終生難得，如此做一陣子的愛人，就有一億，這角色結束以後，我可以海闊天空，去學股票，去學這個、學那個，賺不完哪！我可以成為金控公司老闆，有什麼不可以？

也有學生說，你這樣不道德。那麼「道德」也成為一個議題。

就這樣子帶入話題，然後慢慢說到莊子真正的議題是什麼，何以去做愛人換取一億不是一件好事，什麼原因？理由何在？提供他們參考。

問：這樣去做愛人以交換一億，沒有格！

答：什麼是「格」？為什麼一定要在那個方格裡？那個方格存在的依據是什麼？我們單單只說：「你沒有格！」無法說服孩子。我們今天面臨一個新時代，我們還要探討，何以沒有格，那個格是怎麼來的，格何以不能違背？

問：因為用錢買的愛情不道德吧！

答：為什麼用錢買的愛情不好？錢是人發明的，錢如果不好，就應該消除，何以人們拚命賺錢，政府也以發展經濟為主？這是跟我們要傳達的生命價值觀有衝突，孩子們自然就不要這個生命價值觀，去活出他們自己的。也就是依著他們的生物性、生存價值去追求。所以理由一定要講出來，講完了以後，我就告訴孩子們這是我個人的想法，提供大家作為參考，畢竟人生確實不只是現實的生存價值而已。

傳統中國在近代，總說：「自己文化不好，所以我們沒有科學，是以不能永遠稱霸世界。」對於這樣的說法，錢先生問我們同不同意？我們說同意。錢先生說：「你們真是一群勢利鬼啊！你們要知道，中國幾千年來一直站在全人類的前面，因為一時的不好，就全面自我否定，這是一個勢利鬼呀！」

按中國歷史的發展，其實很清楚地看到，中國到宋以後，慢慢不鼓勵全面技術性的開展，認為有害人心，為什麼有害人心？因機械技術開展一定與「利」有關，有「利」，人們逐「利」，心易澆薄。是以宋以後，不鼓勵技術性開展。而後元代不重知識，明代技術的發展就緩慢下來。同時，宋以後則又把一切科技性的活動，帶向藝術，讓技術去創造美的世界、藝術的世界，加上老子、莊子學說，也認為科技雖有利於現實人生的開展，但是也壞人心術，道家甚至於要求停止不做，這才顯現人真正的自主性，這才是人的生命能量的展現。

進一步說，今天人類在科技的發展上可是日新月異，快速前進，如同搭上一列磁浮列車。然而人性的那一份善意的發展、超越現實物質功利的能力，卻發展得很慢。今天世界人們的技術產品、科技產品，都從利益的取得考量，不然就是以戰爭的殺傷力為主。中國傳統認為，若科技產品只有殺傷力，只有「利益」，以引人競爭、失去愛人的精神，那寧可停止這類產品的生產。

傳統中國要求平齊，利益與愛心的平齊，如果技術是會違害人生的，甚至於寧可放棄科技。從中國科技史，甚至於到十七世紀，中國的科技其實一直遙遙領先於西方的發展。十六、十七世紀民間學人要求人心的重建，全面的、真正的去做好一個人，這就是王陽明「致良知」最重要的觀點。而後滿州入關，清朝建立，他們為了政治的穩定，走向閉鎖政策，他們停止思想研究、科學研究，中國進入另一個狀態。

今天我們的現實環境，不是正好也看見這人類利與生的問題嗎？美國的科技所達到的程度是驚人的，美國的炸彈甚至可以深入地下，影響地震，地球氣候也在高科技影響下產生變異。這是不是正好說明了人本身，在功利價值的推動中，人心、人性跟不上科技進步的腳步，甚至還墮落？

所以我們可以說這是一個很好的時代，因我們看到古人所憂心的事物，現在都讓我們看到，也親身體驗了。

因此，我們在這個時刻，談錢先生提出的基本觀點，錢先生說發揚中國傳統文化與生命價值觀，是中國人對未來世界，特別是以西方目前控制的這個世界文化，有一重新省思的園地。

自覺、自我意識

我們上個禮拜說到，特別是在現代，一般讀《論語》的時候，很容易以為它是一本隨意編纂的書。

中國的東西有趣就在這種地方——它具有高度的生機性。所謂的「生機性」就是「活的」。

你們今天都吃「生機飲食」、「生機營養」。為什麼？因為它是活的。吃礦物性的藥，化學藥，對人體會產生強烈的副作用；而吃生機飲食，很快就會被人體吸收，因為它跟我們的人體組織吻合，它是活的，它很快地可以銜接上。

那傳統中國，我們上次也說到，是以人為主，從人出發，從人談宇宙，談人看的宇宙，所以中國人的宇宙論，特別到了漢代，更加完整，這個宇宙論也是一個具有生機性、有機的宇宙論。

所以中醫其實談的是一個有機的宇宙論。如果有朋友們對中醫感興趣，就可以去讀《內經》，它是一個完整的、有機的宇宙論，以我們人體作為一個實證。

甚至於可能朋友已經對《易經》滾瓜爛熟。我們上次說，《易經》是到了秦漢之際，完整地完成的一本書；而不是伏羲時代的著作。站在考據學上，如果伏羲氏是《易經》的創作者，那時也不過就是結繩記事而已。今天說先天八卦、後天八卦，也都是人回溯上去，而後再從人的思維來作推想，一切也都出自於人的觀察、所看到的世界。

如果以西方的學術作為一個例證——它所有科學的部分，其實也是從人的角度看出去的結果，沒有人怎麼會有這些成果呢？所以我們說這是「唯人論」，中國學術以人為主體，它的知識場域，就都是具有生命性，而且都是以生命為場域的觀察研究成果。

從這個角度，我們可以看到，生命的本身：第一，他是複雜的；第二，就人來看，人本身所謂的生命性，其實是多層次、多階段性、多樣性、多元性的，就如人有生物性生命，以至於人性，而後人可以走向創造，這是神性的表現。

如果朋友們讀《老子》，常常會看到《老子》書中，談到「沒身而不殆」，說人的身體會消失，然而他的生命並沒有就此消亡。許多大哲學家認為人的生命有不同的層次。我們從生活中也可看到，人從「生物人」，進而成為所謂的「人」；《論語》、《孟子》中，「人」至少有「小人」、「君子」之分，然後再有「善人」、「賢人」、「聖人」之分。如果把莊子的觀點放進來，還有「神人」、「真人」，進而還有「博大真人」。

我們從中國傳統學術來看，就人而言，他可以有這樣的複雜性，因此，人的生物性生命，基本上沒有疑問，是人的生命基礎，只要出生，即是一個生物人：然後人從一個「生物人」，成為一個「人」，而後成為一個「小人」——小人就是普通人，而後發展成為「君子」。那麼真正屬於「人」的生命到底是從哪裡開始？因為單單從生物性生命，不足以概括、框住屬於「人」的生命。

那麼在這樣的一個情形之下，《論語》告訴我們，人脫開「生物人」的關鍵，而後能夠全然發展「人」的生命，就在所謂的「自覺」上。

從現代心理學來講，所謂的「自覺」就是「自我意識」的開始。

或許朋友們對於考古學、考古人類學感興趣，知道跟我們最近的人類——尼安德塔人，他們在四萬年前到三萬年前之間還在生存；而我們這種「智人」，在四萬年前到三萬年前之間已經開始。可是尼安德塔人到三萬年前完全滅絕，他們跟我們重疊了一萬年，他們是如何滅絕的？今天不知道。地球何以全成了我們這種「智人」？最重要就在於人的「自我意識」，以至於人的聰明、人的語言、人的各種特質……全然地發展起來。如果就一個生存競爭的自然演化來講，「智人」因而取得優勢，而活到今天。

人類的意識，如果從藝術史來看，尼安德塔人雖然也有製作出簡單的東西，然而相對於人類，就看到人類在三萬年前雕刻出人自己的身體，甚至於也雕刻出人與人之間、男女親愛的雕像。這一種所展現的是什麼？就是人對自己有認識，人認識了自己；因為認識，人可以確定自己。藝術是人對生命的一種側寫，是生命的反映，它反映了這點。

所以從「自我意識」到「生命意識」，這才是屬於「人」生命的開始，然後才有諸如小人到君子，到最後的博大真人，這一連串的發展。

而這點成為中國學術重要的議題，而這議題甚至於成為中心線，貫穿整個中國學術，也是從《論語》開始。《論語》第一篇「學而時習之」並不是無意義的、隨機的編排，而是扣住了人的這一個特點，以及扣住了人的生命的開始來談。

這觀點是我非常強調，提供給朋友們了解的，傳統中國學術，第一，不只是一個道德問題，道德是在自我意識之後才能產生的，它是一個結果，不是一個起因；所以在這個當中，我們單純從道德去看中國的學術，不能說不好，卻有所不足。

我們今天好多人說：「哎呀，你看這個社會，就是標榜西方人的開放。」開放到大家都沒有道德了，而後成為人類的災難，所以談中國學術應該從道德重新講起。

這話是不足以說服人，甚至於是功利的，而不是站在理性以及人類普遍之理上，能夠為全天下的人在知識上以至於在生活上，都可以作為依據的前提。當然更不是我們之前說的只是解決人與人之間的糾紛、人與人之間相處的一種伎倆。

中國學術的重點，應該是放在人的自我意識的開展上。換句話說，屬人的生命是從「自我意識」開始，那麼什麼是「自我意識」？「自我意識」就是你開始意識到自身到底是誰、自己的獨特性、自己所要尋找的生命意義與價值！

以華人籃球高手林書豪為例，他很感謝他媽媽對他的全面支持，然後他說，我就是喜歡打球！甚至於他好像還說過，我在球場上，才知道我存在在哪裡。換句話說，他如此生活，才覺得自己活著，活得有價值。

這就像我們看到很多的人，像吳寶春，去做饅頭，還要做麵包，他不愛讀書，然後終於找到自己就是喜歡做麵包的特長。就在做麵包中，他覺得自己無限廣闊，有無限的可能。我們學校還曾請他到北藝大通識課程談做麵包。那些學藝術的學生說，將來如果在藝術的舞臺上沒有發展，可以改做麵包。哈哈！說不定一個舞蹈家其實是一個更好的麵包師。

學而時習之，不亦悅乎？

所以孔子講「學而時習之」，指我們生命覺醒之時。「學」字就是「覺」字，「學」者「覺」也，就是覺醒。同時，又說「學」者「效」也，人生命覺醒中有一個不可忽略的部分，就是「效」，「效」就是「行」。為什麼不用「行」而用「效」？從文字意義上講，「效」比「行」更多一點什麼？效有「實踐」的意思。就是當我「覺」了，我是這樣，我就自然全力去做，我的生命開展起來了。或說當我們覺醒，而後能夠因時而行。請朋友們注意這個「時」字。

我們小的時候，老師總說，學了以後，回去複習，就會高興。我想在座聽過老師這麼講的，沒有人會相信老師的話，也沒有人會相信孔子了，因為實在沒有意義。沒有人回去複習功課就會高興的，對不對？

我個人就有自己的特殊經驗。我數學一塌糊塗，我有數字盲，對數字符號不敏感，所以我數學沒有考過三十分以上，然後天天叫我做數學，啊！那將是人間地獄，何「悅」之有？所以讀到這裡時，會認為孔子亂講，我想我們在座的也有共同的經驗吧！

（下課的樂聲響起）剛才我看到，有朋友聽到下課音樂聲，手就開始彈桌面，你有沒有發覺你的音樂性很高？有沒有注意到你有天生的那份旋律感受？一聽音樂手忍不住就動了起來，這就是——「時習之」了，因時而習了。

「習」是「實踐」的意思，不是「複習」。這「實踐」，宋代朱子解釋為「鳥數飛」。小鳥羽毛豐滿了，忍不住想飛了，想飛出去展現生命的可能。人的生命達到某個階段，忍不住要飛，我們因而「因時而習」，經常實踐，不斷發展，不斷試探，以尋找我們的可能性。當我們獲得了，「不亦悅乎？」這是不是一種會從內心感到開心的事情？「悅」是內在之樂，來自內心的悅樂。

那麼換句話說，當人在自我覺醒，然後開始意識到自己的某一種能力跟可能，透過不斷實踐，然後隨時隨地——「因時」是隨時隨地或在適當的時候，不斷實踐，不斷嘗試突破，而有所得、有所成，凡如此時，是不是讓我們覺得：活著真好？這是《論語》學而篇第一段：「學而時習之，不亦悅乎？」的意思。這確定人對生命的肯定跟感動，是來自於這樣的過程所獲得的。以至於這個「學」才變成我們一般的「學習」，其目的也同樣就是透過一個程序，引導我們不斷開展，鍛鍊實踐。

人因有「覺」所以有「學習」，傳統中國六歲開始學識字，七、八歲開始學數學。

古人們春天開始讀《詩》，學樂；冬天開始讀《書》，學騎射。以至於像現代的學校學習，西方也有知識的學習，只要是有文明的地區，都有知識的學習。其真正的核心，就是人類有「覺、行」，「覺」「行」是人類所共有，是界定什麼是人的依據，同時也是自我的建立。

有朋自遠方來，不亦樂乎？

第二段，其實也是對人的生命活動而言，是屬於人性的部分，有另一番對人性發展的提醒。「有朋自遠方來」。「朋」，我們今天講來，就是朋友的朋，即朋友。不過在古人，同道曰「朋」。

像今天大家都來聽《論語》了，這就是同道。聽《論語》聽到最後，大家成為能夠談心的朋友，這就叫作「友」。「友」屬於知己、知心的。其實單單這個「友」字，就能知道人的生命真正從自我意識開始：你了解我如同我了解我自己一樣；或者你了解我超過我對自己的了解，像這樣的人就是「知心的」，古人言朋，必包含友。

「有朋自遠方來」。在自我生命的開展過程中，慢慢與人相交，慢慢地有朋友同意你的說法，覺得你說得很好，願意跟你往來，所以「有朋自遠方來」。「遠方」代表你的聲名的建立。換句話說，你被社會所肯定。

那麼「不亦樂乎？」你樂不樂啊？會不會覺得高興？這是第一層意思。

第二層意思：人不能孤獨地活著，人的社會性生活是人活著的一個重要的憑藉。人在這個社會中獲得肯定，是人與人之間往來的一個重要的依據。在這個前提之下，當你獲得了這些，代表自我社會性的開展。當人在「學而時習之」的自我的建立中，能夠進而與人交往，為人所認同，你樂不樂？所謂的「樂」，悅樂於外，曰樂，就是高興得表現出來了，這個叫作「樂」；只有心裡的開心，曰「悅」。

換句話說，「學而時習之」是一個自我的認識、自我的建立；「有朋自遠方來」是自我的建立，而為人所認同。這是人基本上生命開展的一種狀態，也是人社會性的開展，有此兩者，人的性格才健全。

人不知而不慍

但是還有一種狀態——等發展到某一個地步，可能你走得太遠了，別人不認識你，不能理解你。「人不知而不慍」。「慍」是生悶氣。你不會因為別人不了解、不知道你，而喪失了活著的喜悅，甚至於遺忘原來認識自我的那份生命喜悅，與得到別人認同的快樂。如果是這樣，你就不是個君子了。如果不會，你就仍然保有「你覺得活著真好、活著有可能、活著是一種希望。」——那麼「不亦君子乎？」你不也就是一個君子嗎？

那什麼是「君子」？在這裡也請朋友們特別注意！傳統中國說「君子」，至少可從《詩經》讀到，我們從西周談起吧！君子就是領導者，或者貴族，或社會菁英。可是到了孔子，這一句「不亦君子乎？」的君子，就是孔子給君子一個新的定義了。這個定義是什麼？就是「一個有高度自覺而獨立不倚的人」。「不倚」就是「不依賴」，「無所依賴」，沒有任何依賴。也就是說，他能自我肯定，他超越了對自身社會認同的需要，全然地對自身有了解，有肯定。

如同莊子在〈逍遙遊〉裡面講的列子，「舉世譽之而不加勸」，全世界讚譽他，而他不會多一分努力，這個「勸」作「勤勉」講；「舉世非之而不加沮」，全世界否定他，而他也不會有任何沮喪；「定乎內外之分」，他非常清楚，自我的尊嚴是在內在的確定，而不在外在的給予。

莊子雖對列子有所批判，但我們還是以此來解釋孔子談到的「君子」的新義。換句話說，莊子繼承孔子，但在他的觀點上又賦予「君子」一個新的意義——〈逍遙遊〉中的逍遙者。基本上都是在自我覺醒的過程中，逐漸真正能夠確定了自己。換句話說，這才有真正的「我」的確立，並且能突破孤獨與寂寞感，成為一個真正的獨立者，有了自我的「主體」性，這是自我的確立。

所以我們如果這麼說，孔子所說的「人」，是從「君子」開始，有了真正的我，有了真正的主體。

之前我們舉了一個例子：如果有人給我一億，我就跟他做一天好朋友，北藝大有位同學說：這何樂而不為呢？剛才有朋友說，這簡直是沒有格！那我就向大家報告，今天對孩子們，你這樣去說他：你沒有格，他會覺得：「你在說什麼？」

我們今天在民主、自由觀念推動下，在教育上，沒有像西方教育，建立自我的主體性。西方在他們現代教育中，配合了其民主、自由的觀念，他們的教育強調一個個體不容侵犯的主體性，這是整個教育的中心點。但在我們的教育中，這點沒被強調。

朋友們最近看到歌手的新聞，惠妮休士頓去世了，於是電視上播出好多她的歌。你聽美國這一位歌后唱的歌，不只是愛情的，她常常唱到：即使我愛情失敗，我都不喪失自己，即使你不愛我，我能確定：這就是我。他們所有人的歌曲幾乎都是這類的歌詞。

我們的流行歌詞比較少這種觀點，多半是只有死去活來的愛：而當沒有愛的時候，那自我怎麼辦？

西方至少美國也透過這樣子的歌曲，去教育美國民眾：你的自我的確定性是不容侵犯的。

因為從西方現代哲學中談人的問題的時候，他們最重要的一個觀點就是：必須是一個完整的個體。這完整的個體不是道德性的，是指對生命能不能做一個真正的選擇者。人一生有很多的選擇，你能不能作為一個真正的選擇者？依照你自己的個性，這是第一點。第二，如果選得不好，也有力量承擔這不幸的錯誤，不怨天，不尤人。第三，努力擺脫這不幸。這才是一個完整的個體。而何以能做到？有一個真實的我。而這真實我的構成，就是自我真實的主體，能掌握自己的命運最重要的元素。其實他們所說的，跟《論語》講的有許多相近之處。

孔子在西方一些哲學辭典上，似乎是世界三大哲學家之一，有些辭典還列為第一個哲學家。因為西方在這個部分的觀點中，大量吸取孔子的思想，以確定、豐富了他們現代對「人」的詮釋。

那麼《論語》〈學而篇〉第一章這三段話，進一步也就展現，「學而時習之，不亦悅乎？」是自我的確定。「有朋自遠方來，不亦樂乎？」則確定了自我在社會中的可能性，是自我社會性的開展。而這些也呈現出個人在生命上的順境。然而生命一定是平順的嗎？

我常常藉佛學的話：「無常」，一切無常作為註解。你看惠妮休士頓走了，鳳飛飛也離世，這就是世界上的無常性。

那麼作為一個君子，作為一個自覺者，面對這個無常，該怎麼辦？「人不知而不慍，不亦君子乎？」是一種「逆境」。〈學而篇〉第一章中前兩句也是言「順」境，第三句則是「言逆境」。在順境中能夠自我建立，在逆境中還是建立自我，這不就是一個獨立不倚的君子嗎？

所以〈學而篇〉第一章，我們說，第一句是一個自我認識的建立；接下來是自我社會性的開展；再下來則是自我的確立與完成。〈學而篇〉開頭這三段話，就是如何做一個完整而獨立自主的我；然後讓人從生物性，走向人性；然後成為一個真正的「人」。所以我們說《論語》是「成人」之學，「如何成為一個人」的理論。

在座有些朋友看起來比我年長，但是我還是從這個前提說，當你們今天如果覺得自己這一生還有遺憾，那你們還沒有徹底覺醒。一個徹底的覺醒者是沒有遺憾的。那是不是十全十美？不！是指接受自己，不會因為這些缺憾，而否定自身「活著」這件事及生命價值。它基本上提供了這樣一個重要的觀點。

問：所以真正的覺醒是沒有遺憾，是他對自我生命的接受？

答：是，他能接受！「人不知而不慍」其中包含了對一切不足的接受。人在日常生活裡通常會遺忘、忽視自己已得到的，而只記得自己沒有得到的，並且感到遺憾。就像有人常說：「人生好苦啊！都沒有一點快樂，我這一生都沒有快樂過！」不可能吧？這是人們不記得快樂，只記得不快樂的結果。

那我們如何了解不快樂，同時還記得快樂？「想想看自己這一生有沒有快樂的事，至少這一生會有一件快樂的事！進而發現自己一生有好些快樂的事，雖然也有許多缺憾，只是這些缺憾卻促成我感受到快樂。沒有這些缺憾的事，我還沒法像這樣快樂得要命！」這是真正人生的喜悅。

所以當年錢先生問：「你們快樂嗎？《論語》就是一部生命的喜悅之道。」還告訴我們，如何可以獲得真正的快樂。

問：剛才說到對自我的肯定。現在的年輕孩子，許多人都有強烈的自我，這是不是自我的肯定？

答：不是。

現在我們的教育中，當然包括歐洲、美國等，不是說每一個學校老師都能夠帶動「自我」教育，做一個老師。今天的老師可能只變成了一份職業，也沒這份多餘的心教孩子建立自我，說不定連老師自己都還沒有建立自我呢！他們也只是隨著這個社會的潮流搖擺著。

但是一個民主社會，在今天所謂的社會哲學上面所談的，「沒有自我，沒有民主社會可言。」因為民主政治是每個人去投一票做出選擇，這是民主政治的基礎，而要做出清楚的選擇，基本上得需有清楚的「自我」，是以近代西方的「自我性」、「個體性」是伴隨民主政治而來。因此在教育上、社會教育上，就強調個性的開展。所以每個孩子都被引發以展現自己的個性，但任性就不是自我認識下的自我建立。

可是在哲學上，在心理學上，一個個性的開展，是從真正自我認識後，了解到「我」這個獨特性開始，就像蘇東坡在〈赤壁賦〉裡所寫的，他們大夥坐船出去看月光，看到美得不得了之後，有一個朋友就吹起了簫，然後大家和而歌，唱著「美人哪！在天一方」，唱到最後，結果那個吹簫的人不但不高興，越吹越悲涼，他們問他：你為什麼吹到這個地步，悲涼到這個地步？他說，你看這樣子的景色，這樣子永恆的宇宙，相對於它，人太渺小了，「渺滄海之一粟」啊！我們活著還有什麼意思？

這就是佛教說「無常」的前提，所以人會渴要求上西天極樂啊，阿彌陀佛等。可是蘇東坡說：不！你從這變化不斷、流轉不停、無垠無限的宇宙看來，人真是滄海之一粟，不過這只是一個觀點；如果你換一個觀點，雖然我們的生命有限，但相對於這無限、無垠、流轉的宇宙來講，每個人的當下，即使只一剎那（彈指），但有誰能代替這一剎那？即使我們不在了，有誰能代替我們？每一個個體都是這個宇宙中獨一無二的啊！哪怕有人生了十個、二十個孩子，那些孩子也不足以代替他們的父母在宇宙、世間的位置。每個人在宇宙中的個體位置，是獨特、不會消失的，個體曾在的地方，曾度過的那個時代，都無可替代。因每一個個體都是這世界上獨一無二、無可替補的。

這和西方的當代個體哲學相近——這是西方講到人，慢慢透過東方的思想，開始意識這個體存在的問題；他們強調的「個性」其實也還是在這觀點的基礎上。

然而在整個個體教育發展的過程中，特別是在臺灣社會，在教育中又是什麼情況呢？在電視談話性節目有人就說，林書豪如果在臺灣，我們能造就出這樣的孩子嗎？很多人就說，我們的政府、我們的教育下怎麼可能嘛？結果有一位教授說，你們老在罵政府，老把它推到政府上去，實際上我們的社會，包括你我，你會容許你的孩子打球嗎？

他說，我們的價值觀是偏差的，我們社會的價值觀、人生的價值觀是扭曲的。這說法講得真清楚。

像我們的老師在教孩子的時候，是偏重在專業知識，還是有「自我的認識」的提醒與教導，並將生命和知識連接起來？父母和教師會不會教孩子們意識到：我這樣拚命用功，不是只為了將來賺錢？

我到中學去帶社團，有新來的學生，他高一，我問他：你為什麼進建中？他看看我，說：這還要問哪？我說：你說說看，我不認得你啊。他說：那當然是讀好學校呀，建中比較好，我就來了。我說：建中為什麼是好學校？他說：哎！比較容易考上好大學啊！我說：你為什麼要考上好大學？他說：老師你在問什麼啊？我就說：你說說看啊，怎樣是考上好大學？他說：臺大電機。我問：為什麼要讀臺大電機？他說：可以賺錢啊。我說：你賺錢要幹嘛？他說：我賺錢可以過很舒服的日子。我說：真的嗎？你的舒服日子是什麼？他說：買車啊，有房子啊！可以不缺錢啊！我說：還有呢？他就笑起來：娶個好老婆。

正好那天有一則新聞，臺灣有一位成功企業主的孫子要求與妻離婚。其妻亦是一位企業主的千金，他們結婚時被說是公主與王子的天作之合，男方要求離婚，理由是，結婚三個月不到，太太就打他，他被家暴。太太的律師就說，他胡扯，他劈腿。不論劈腿或是家暴，總之原來的美夢破碎了。兩個人都不缺錢，兩個人也都出身自好學校。

於是我就問那個孩子說：當你有了你追求的一切，你能保障太太不打你嗎？你能保證自己不劈腿嗎？他瞪著我看。我說：你從來沒有想過，對不對？你認為順理成章這麼上去，一切都會擁有。我說：你卻沒有注意到，事情不一定是這樣。

因為當時社團課上另有學生提了一個老子的問題。我就跟他們講，這常常被我們忽略的，就叫作「無」。世界的構成，是「無」跟「有」同時的。

就像我們只看到了這些所有的社會事物跟在座的人，可是我們忽略了能容納這些人事物的這個空間。所以我們看事情常常只看到一半。然而哪怕是一個完整的人生，還有一個我們看不見的部分，通常是被忽略的。

我跟那些孩子說，這就是我們這個社團存在的原因，讓他們看見「無」，把生命跟學術的關聯締結起來，不要想得那麼簡單。

在我們的社會發展中，通常讓我們只看到了「有」，而沒有看到那個「無」，那個人的精神層面的發展。

而真正成為一個人，還得有這個精神的層面；不只有身體，還得有精神的層面，合起來才是一個完整的人。所謂精神層面，就是「自我意識」。

今天孩子沒有被提醒自我意識，是因為父母不了解「自我意識」是「自我建立」的一個基本元素。

有些年輕的朋友也在我們這個教室裡頭，我要說的是，將來你們為人父母的時候要記得，不能寵孩子。其實不能寵孩子不是不要愛孩子，而是給予適當的愛。適當的愛就是適當的時候要告訴孩子：這是不可以做的。為什麼？因為小孩子的自我不是天生的，自我是透過人的自我意識而凝聚出來的。小孩子六個月大的時候，開始有「生物意志」，於是會向外拿東西。

因為生物向外拿，才能擁有，才活得下去，這叫作「生物意志」。「生物意志」的背後，是「生物快樂原則」。我們的本能滿足，我們就快樂了。可是這個快樂下面，我們只是本能的滿足。在這個前提下，如果我們沒有拿到，我們就不會快樂。

所以孩子開始有生物意志，向外拿東西的時候，你說，噢，你看婆婆的眼鏡好漂亮喔，小孩子一把從婆婆的臉上抓下眼鏡，說不定媽媽、奶奶還開心，說：噢！你看他的小手好有力量！實際上這就是讓他只停在生物的快樂原則底下，如此發展的是他的生物意志，而非自我意識。

所以你應該跟他說，不可以！這是婆婆的眼鏡。即使他哭鬧，你也堅持說不可以。慢慢他就從可以、不可以中，開始發現有一個他生物意志無可跨越的界線；然後從這個分別中，開始分別：這個可不可以？那個可不可以？就在分別裡，那個「自我」就慢慢顯現。

所以我們說：「三歲看大」，因為自我意識的基本凝聚、最重要的時間，是六個月到三歲之間。孩子在說不聽時，你不能總是用打來懲罰，這會造成自我的萎縮。

當然自我的建立是終生的事。只是這個階段中，我們要強調的是，今天在這一個流行過度放任孩子的社會風氣底下，因為沒有了舊有的教導孩子的方式，對新的教導方式又還沒開展，人們基本上就只是放任孩子，以為這是合乎自由的教育，並誤以為所謂的「生物意志」就是「自我」。是以現在有些孩子非常放任，而沒有節制力，但他們並不剛強，反而非常脆弱，一遇到打擊就哭，一遭遇挫折就崩潰。原因即出在這個地方。

所以今天教育要加強的是，如果是做老師的，要用啟發式教育問學生。如《論語》〈學而篇〉第一章的三段文字，都是用「乎」字結尾。

其實中國傳統經書中很多結尾都用「乎」字。論語、孟子、莊子、老子，包括墨子，在句子後面多以疑問詞作結，為什麼？這是要問你：「是不是這樣啊？」這是啟發式教學。

在跟孩子談話時，這種對話，容易帶動孩子的自我意識，讓他們自我回想。

有一部法國電影《山中猶有讀書聲》推薦大家看。我們可以看到，一個老師，從三歲教到十二歲，在阿爾卑斯山的一個山村裡面，因為農戶很窮，辦了這麼一個學校，只能請一個老師，父母都要工作，所以孩子三歲就送去學校，那個老師要教三歲的，還要教十二歲的，一個教室裡面，一行就是一個年級。法國國家把他的故事拍成新聞紀錄片，什麼原因？因為這位教師教學很成功，他任教的那個學校，學生每年出去，都能送到很好的公立學校，幾乎百分之百錄取。

一個貧窮的山村，教材也都不足，怎麼可能做到這樣的教學成果？後來發現，他就是像《論語》這樣，不斷透過問題問孩子。譬如兩個孩子打架，他就讓他們打，之後，問他們：現在可不可以停了？他們說還不行；他就讓他們再繼續打，再問：可不可以停了？他們說可以停。他就問：你們為什麼打架？兩個孩子氣得互相瞪著看，他就問：哪一個願意先說？一個孩子說：他罵我媽媽！老師就問：你為什麼要罵他媽媽呢？另外那個孩子說：我沒有罵他媽媽，我只是問他，他媽媽是不是這樣、那樣，他就打我。老師就問：為什麼他這樣問你的時候，你就生氣呢？那個孩子不說話。老師就說：好，我們等一下談。

然後老師轉向打架的另一方說：你為什麼要去告訴他，他媽媽是否這樣、那樣，然後問他呢？孩子說：因為村子裡大家都在流傳。然後老師就說：那你是基於惡意還是善意，他是你朋友嗎？孩子說：我們是朋友。老師接著問：那你應是善意的，但你在嘲笑他嗎？那孩子說：因為大家都這麼說，他是我朋友，所以我就要告訴他。

於是老師就跟打人的孩子說：你有沒有聽到？他不是在罵你，他不是在嘲笑你，他有善意，你可不可以接受這一句話呢？那個孩子還是氣嘟嘟，不說話。老師說：那我們先說到這邊，好不好？他是善意噢！然後就叫這個孩子回到座位。

原來這個孩子的爸爸很早去世，媽媽是個寡母。村子裡的人對他的媽媽有些流言。之後，那個老師把這個孩子帶到一邊去，問他：「你是不是不高興？」等等，就這樣逐步去了解，最後那個孩子釋然了，他看到他自己為什麼生氣，為什麼打人的原因。最後老師問他：你能夠接受他對你的道歉嗎？他說：當然，於是就接受對方道歉。

我們常常把這一種教育當作道德教育，或者我們常常認為這種教育跟升學考試無關，所以做老師的就忽略了。其實這不見得要多花時間，只要有耐心。當孩子們心中的結被打開，他自然也就容易發現閱讀的喜樂、學習的喜樂，因為那是開啟一個新天地，最直接而簡單的方式。

這個法國鄉村教師通常先教年齡較大的孩子，大的孩子教完了，再去看三歲的小孩子。他給三歲的孩子先玩玩具，玩色彩，那個孩子塗得滿手、滿臉都是，玩得不亦樂乎！他說：我們現在要吃點心了，可是你這樣子能吃嗎？那孩子看看自己的手，然後說：不能。他就說：那你要幹嘛？孩子說：要洗。他說：知道在哪裡洗嗎？孩子說：知道。他就陪著孩子去找教室後面一個水龍頭，然後讓孩子自己去開、自己去洗。洗完了以後，小孩說：洗好了。他說：你還有什麼事沒有做？小孩子回頭一看，噢，水龍頭沒有關，就回去關水龍頭。他又問：你真的洗乾淨了嗎？小孩說：洗乾淨了，可是手一伸出來，噢，這裡還有，那裡還有。他說：你現在要怎麼樣？小孩子就自己走去再洗。

這個片子很有意思。實際上這也就是《論語》所提供的觀念，《論語》為什麼用對話的方式記錄？也就是從對話的過程中進行生命的啟發教育，這是意識思考的教育。

問：剛才老師提到的建中孩子，他為什麼選擇這個人文性社團的課？

答：我沒有問他，不過有幾種可能。在現在這個人文性社團因為要配合十二年國教，所以像北一女是完全把人文性社團，編進正式的課堂裡，變成學分制，人文性社團就結束了。

建中還好。建中保有了原來的學生自動參加社團，通常來的人就是對人文有興趣。但是現在建中為了配合十二年國教，把社團變成兩類，一類是學分制，是對功課有幫助的。還有的學生來參加這個社團，他們誤以為是上作文課，為了加強作文分數而來的。當時我沒有問他為什麼來這社團，他們既然參加這社團，就讓他們實際經驗一下。

問：人性跟宗教有關係嗎？

答：人性跟宗教有關，宗教是由人性延伸出來。宗教之所以能夠存在，就是因為它是從人性探討自我的這一條線延伸出來。只是它會停留在某種神祕、超然於現實之外的領域，因為這裡面含藏著人類無法決定自己命運的部分；在無法決定自己命運，成為人的軟肋，是人們恐懼的部分。因此，當人沒有力量的時候，很容易就歸附到一個超然的力量上。宗教基本上就是人心理的依附，這是從人的生命之道所延伸出來，也可視為人基本的需求。

宗教在於通常有一個教主作為信仰依賴的中心，宗教中也有聖賢，只是聖賢是在對教主的奉獻與依歸的表現上。這聖賢跟儒家的聖賢不同，與道家的聖賢也不一樣，他們是以教主為中心，而終生仰望、信仰教主。如德蕾莎修女，一生為貧苦病患服務，其實這是她一生奉獻給上帝，她終生為上帝服務。

所以天主教也好，基督教也好，他們的理論中很清楚地說，終生信仰上帝，而這信仰之知不是科學之知。科學之知不足以認識上帝。哲學之知也不能認識上帝。從這前提裡，宗教說明人的「知」是不可能知上帝的，只能信仰。

有時當傳教士來傳教時，有人會說：請你拿出奇蹟吧！因為傳教士通常會講上帝的神蹟，人們就說請拿出奇蹟來！但傳教士會說，看見奇蹟，只是一個事實，但看見事實就不需要相信了。如果人看見奇蹟才信仰，這太功利了！真正的信仰是，什麼都沒有看見，就相信了，而後就作全心奉獻，這才是真正虔誠的信仰，這種信仰才能被上帝祝福。有興趣的可去讀基督教《聖經》裡的《約伯記》，你就懂這個道理了。

傳統中國說：「人人皆有人性。」佛家也說人人皆有佛性。人人皆有佛性是大乘佛教講的；小乘佛教則不強調這點；佛教也是講「覺」，它講的佛性就是覺性，所以「佛」是「覺」的一種成就，只是佛教的「覺」在於認識由感覺、知覺對自我的認知，佛教認為這種自我不真實，要消除，一旦消除後就沒有生物性、「無明」的衝動，也就沒有人生的痛苦，因此佛教要人離開日常人生，以求消除虛我。而孔子、儒家則強調在日常生活中「覺醒」，建立真實自我，使日常人生更呈現它的真實性、生命性。這和佛家所說又有一番不同。

西方近代的大哲學家尼采講「新人類」、「新超人」的誕生，他排除上帝、排除基督教的道德規範，強調「超人哲學」——沒有上帝的新人類。

而《論語》即是孔子依覺性而講的「新超人哲學」，所謂「君子」就是「新人類」、「新超人」，我們用此來比擬一下。

《易經繫辭》傳和《春秋公羊》傳的最高理想，是講人人皆有士君子之行。《易・乾卦》上六：「見群龍無首吉」，這是在說大吉之世。如《禮記》禮運篇裡面講的「大同世」。大同世之達成，就是人人皆有士君子之行。人何以能有士君子之行？就是從《論語》所教、從生命的覺醒做起，而後人人皆能行龍之行。行龍之何行？至少是君子能進退存亡而不失其正，而更進一層表現就是與天地合其德，與日月合其明，與四時合其序，與鬼神合其吉凶。這是《易經》的終極理念，也是人的大覺。

其為人也孝弟

在《論語》裡面，只有有子、曾子兩個人稱「子」。所以有人就說，《論語》編纂的人中，可能大多數是以有子學派和曾子學派為主。但那沒有太多的考據，我們就按照舊說說吧。

第二章有子的談話，當然它可以單獨成立，可是你們千萬不要把它完全獨立，它其實跟前面藕斷絲連，是有關的。

《論語》每一段章節都是藕斷絲連的。藕斷絲連，也是中國的一個編纂體例，也是文章體例，也是中國式的傳統邏輯。中國文字中用這個「體」，就是「生命體」的意思，它如同一個活著的生命，像人一樣，以此作為一本書的基本樣態，其中的聯繫，不是西方的形式邏輯，而是人生命成長的程序，是生命邏輯的聯繫。

那麼這個怎麼連呢？有子說：「其為人也孝弟」，在句首點出孝、弟（通「悌」）二字，基本上就是人的覺性，而「覺醒」從什麼地方開始？通常來自於愛。在中國，孝悌就是「愛」的統稱。而「愛」起自於家，是從家裡面開始，它的起點從家裡開始。小孩子小時一定依戀媽媽，不一定依戀爸爸，而後一定希望得到爸爸的肯定，這是人之常情。是以母親當以慈愛多給予孩子。

現代社會的婦女跟男人一樣辛苦，下班回到家，孩子們還是多依戀媽媽。所以媽媽恐怕要多擔待點。我曾經有一段時間常被邀去參加現代婦女座談。與會婦女常責備我：

「你真是封建餘孽！你難道還要我們婦女回到從前嗎？我們現在跟男人一樣打拚，從小和男孩一樣背著軍用書包，穿著軍用式制服，和男士一起拚上來，考試沒有任何優待。在職場上也得奮鬥。但回到家，還得抱著小孩子做菜，現代婦女得兼兩份工作。而男人還是一樣回來，翹著二郎腿，然後說：飯做好了沒有？餓死了！怎麼還沒做好？要他抱一下孩子，就說：哎呀，小孩不要我啦！」好多婦女面對今天的工作狀況，很是不平，並說：「在這時代，你還在講傳統中國文化，你是封建餘孽嗎？」

一方面我很感念她們，她們讓我更去觀察母親懷胎十月，抱著、餵著，以致孩子絕對依賴媽媽，除非你真的是一個奶爸，不然那個孩子在自覺、不自覺的記憶深處就有媽媽的味道，他自然與媽媽親近。孩子從媽媽的愛，獲得直覺的對生命的肯定與認同。媽媽多擔待對孩子的愛，在情感上是最自然不過的。當然這樣做，現代媽媽是辛苦些。

而人的愛最早的感受是「孝」，「孝」廣義說，就是孩子感受到父母的愛，特別是來自母親。所以這裡用「孝」為句子的起頭。我們以後還會再深入講「孝」。而「孝」起於家庭。

「悌」，是對父母的愛擴散到兄弟，以至於擴散到社會。那是在社會中與人交往的相互情感的表達方式。「悌」又稱弟道，就是為弟之道，面對哥哥，自己像個弟弟能退後一步。換句話說，在與人交往時，有讓、有不爭的能力，這是傳統社會與人交往的一種重要方式。所以《大學》這篇文字中說：「朋友之道，先施之」（按，《中庸》：「所求乎朋友，先施之」），交朋友，就是你先伸出手，那麼這就是弟道（悌道）。或說能退後一步，讓人先走，不與人爭先恐後。

所以「覺醒」基本上因為有「愛」，更容易促成。也就是透過愛，容易讓我們更開展出自我意識。比如，能看到：我和媽媽特別親、我喜歡兄長！

林書豪的成功，就是他爸爸、媽媽無形中教導了孝悌之道，他用到打球上，一炮而紅。連美國總統歐巴馬都注意到他。

歐巴馬為什麼會注意林書豪？在美國來講，籃球、橄欖球、棒球這種帶動美國社會群體性的運動，其實是美國的國家政策。他們會設計思考，國家社會需要怎麼樣的人。甚至即使聘外國球員如姚明、林書豪，除了考慮到中國的廣大市場、經濟收益，此外還有宣揚國威。他們總是非常完整地以國家為中心，設計出一套美國國家文化的戰略規劃，並教人競爭。

林書豪參加的球隊，原本是一支不好的球隊，其中還有人耍老大，不與人合作，致使球隊常輸。但令人驚訝的是，林書豪在一個禮拜之內，就讓整隊改觀，他們團結起來打團體戰，因而取得勝利。

當到了球隊七連勝時，美國總統歐巴馬也加以觀看，並研究是什麼樣的力量，會促成這一老朽的隊伍，一下子改觀？而改變之因是起於一個黃皮膚的人。林書豪說：「我感謝我的爸媽；我感謝上帝；我也感謝我的隊友；我也感謝教練，都是他的指導成功，我謝謝他們助我成功。」他用情誼團結了大家，而這就是「孝悌」之道。

「孝悌」就是「愛」的意識。覺醒中最重要的，莫過於「愛的意識」。因為這是決定自我和生命能量開展最重要的認知與力量。

沒有「愛」的認知，人無法善待自己，也無法善待別人，如此所作所為就會帶有否定性、排他性和毀滅性。

所以這裡就說，「其為人也孝弟」，「其」是指稱詞「那個」，是泛指「他」——「那個人」。「為人」是做人，在做人上。「其為人也孝弟」是說他在做人上呀，若是能行孝弟，帶著「愛」，帶著溫情與敬意。

今天講「孝」、講「悌」，不要只講孝順父母，友愛兄弟，而當擴及於「愛」，在生命覺醒中，人意識到「愛」，意識到「生命和關懷」。學生就更受用了，且有了「生命教育」、「愛的教育」。

這章對現代的父母也是重要的提醒，現代父母很多自己可能是被放任長大或被嚴格管教，在教養孩子中，不一定有「適當的愛」，以致孩子們心中沒有真愛。孩子們對愛沒有意識。這章說有愛，才有正向的人格、正向的生命力。

「孝」就字詞而言，「孝」字是「耂」、「子」兩個字合起來的。「耂」是「老」字的省寫；「子」就是嬰兒。這老與少的結合，是續，談的是人生命的延續。《詩經》、《尚書》裡面所談的「孝」，以「延續」、「傳承」為主。所以《孝經》這本書，一打開，開宗明義，「孝者，續莫大焉」，就是一個「續」。至於孝順父母，是在這個前提裡延伸出來的。

「而好犯上者」。一個人，他有了「愛的意識」，有「溫情與敬意」，而他卻喜歡用頂撞的方式待人或待父母。這「犯」是「干犯」，用今天的話來講，「干犯」就是「頂撞」。而以頂撞父母，頂撞長輩，頂撞老師，甚至於頂撞朋友，頂撞一切事與物，喜歡用這種方式，待人待事者「鮮矣」，「鮮」是少。「鮮矣」很少的呀！換言之，一個充滿愛的意識的人，會喜歡用頂撞的方式、觸怒別人的方式待人處事，這是很少有的。

「不好犯上，而好作亂者」。不喜歡用頂撞觸怒人的方式與人交往；而喜歡全面否定，「作亂」是全面否定，是以全面毀壞的方式去處理事情。「未之有也」，從來沒有過，絕不可能的，換言之，當一個人有愛的意識，喜歡與人為善，可以與人情意相通的時候，他絕對不會採用全面否定、全面毀壞的方式去處理事情。這全面否定、全面毀壞，就是有著恨意的方式。而頂撞、觸怒的方式，就是充滿憤怒的方式。

從近代史上看，一些人認為孫中山不是一個真正的革命者，因為在革命之前，他還寫信給李鴻章，建議他改革這個、改革那個。這種說法應是沒有讀過《論語》這一段章句。造就孫中山先生的革命事業的，是出於愛，而不是出於毀壞、憤怒與恨，他之所以寫那些建議給李鴻章，是出於尊敬——對為政者、對國家的尊敬。而後眼見實在不行，於是選擇另一條路徑。

許多革命者一出手就毀壞，他很可能從小有積怨在心，一肚子不平，充滿憤怒。於是革命的方式，就是毀壞一切。毛澤東的方式，就似乎是帶著強烈的憤怒與否定。

所以從這兩個「時代的創造者」來講，孫中山和毛澤東的心理模式是不同的。

所以傳統中國的史學要「知人」，才能來「論世」，談史必須知人。而西方人則用一個哲學的普遍之理，懸之以論世，與中國不一樣。所以中國的歷史是「人」的歷史，西方的歷史是「事件、事理」的歷史，是不同的。

「君子務本」。作為一個君子，想要有生命覺醒的君子，一定要從基本做起。「務」

是專務，也就是專求。為什麼一定要從基本的做起？「本立而道生」，當基本的基礎建好了，生命之道自然產生。這個「道」就孔子而言，就儒家而言，指的就是生命之道，而生命之道的中心，就是「仁」，仁愛的「仁」。孔子以「仁」為生命的圓滿覺醒。

所以下面說，「孝弟也者」，這份愛的意識，這個最早、最初起的，來自家庭，來自兄弟姊妹相處的這份愛，「其為仁之本歟」，就是行「仁」的基礎。「本」就是基礎。「為」就是行。行仁的基礎。行仁，一方面是能夠將「仁」實現，叫作行仁；另外一方面，也就是在做人的當中，有一份仁心。得有這份仁心，就從孝悌開始，是以孝悌也者，該就是行仁的根本了吧？這也是問句結尾，「歟」是疑問詞，與第一章用三個「乎」結尾一樣，問大家你認為如何呀？有子與孔子一樣用問句結尾，你們看如何啊？也就是要讓大家去思考。這是中國思想教育的啟發式教育。讓受教者想想，是教導生命覺醒的方式，也是人與人一種和諧的對話方式。

最近考古人類學講得很清楚，提到智人為什麼會有壓倒其他人種的發展，是基於兩點。第一點，人類喜歡對話。不只是因為人類有語言，而是人類喜歡快樂地聊天、對話。

第二點，人類喜歡繪畫，喜歡藝術。而藝術無關乎直接生存的需要，他是人類感受自由、感受快樂、感受生命之愛的方式。是以人類從三萬年前就畫個不停，雕刻不停，在藝術審美的創作上不停！人類在生命中因為有對話，有相與之情，是以發展不間斷。

人類的文明可能基於這兩點，就不同於其他人類——人類有很多種啊。就只有智人存留了下來。Talking，對談，基本上是人與人之間相親的一種直接行為範型。人與人相親，是群體居住的要件。群居是人類能戰勝自然最重要的要件。審美的創造，是人類生命情感中的最高情感，人類對生命有嚮往，所以才展現這個部分。

所以《論語》〈學而篇〉的第二章，點出生命覺醒及愛的意識的呈現。而構成人生命中最重要的核心，就是「愛」——這個「仁」就是人「覺醒」的圓滿性。

巧言令色，鮮矣仁

所以第三章「巧言令色，鮮矣仁！」是從反面來說。前面兩章是正面；第三章是一個負面、反面。當我們還停留在，見了人，馬上說好聽的話——「巧言」；然後「令色」——剛剛還在生氣，而後馬上臉上堆著笑，討好人。這樣的人，他們缺少「仁」。

所以在這裡，他給了「仁」一個基本定義，雖然他沒有正面的說什麼是「仁」。

我們都說，老子：「道，可道，非常道；名，可名，非常名。」是人類哲學史上最高的哲學定義，因為它不說「道」是什麼，因為你一旦說「道」是什麼，就限定了「道」不是什麼。它先告訴你，「道」不是人類語言可以概括。透過這種「指示」的方式，將「道」的可能性開展到最大。在此如同以此思維方式，指出「那不是仁」。

當然，「道，可道，非常道；名，可名，非常名。」是比起「巧言令色，鮮矣仁！」更抽象、更寬廣、更完整的一個哲學性議題，不過實際上前者這種說話的方式在後者已經呈現。他一見到人，就說好聽的話，以討好人，不顧自己真實的認知、感覺等等；然後馬上就有討好人的表情出來。那麼這在「仁」上還有欠缺，表示這種人還欠缺圓滿的生命自覺。換句話說，他還沒有自我，他的自我還是依賴著討好別人，求人肯定而來；第二，他還沒有真正從自我發出的愛。

這裡就是說，「愛的意識」是構成「自我」的充分而必要的條件。一個有真正自我的人，心中一定有愛的意識。所謂的「愛的意識」——是對生命的肯定，對自我的肯定，對世界社會的肯定，對已有事物的肯定、對生命的關懷。

如果說朋友們中間有人，當別人對他說：「你好棒喔！你過得好好喔！」他說：「哪裡有？」「為什麼沒有呢？」「我也不像王永慶！」那就是他還沒有自我，他的自我是在他可以成為他人這一點的假想上。

所以為什麼那麼多人要去追星，多半是欠缺自我。所有的追星族或許都在尋找他假想的自我。他看到鏡子裡的不是自己，是瑪丹娜，是Lady Gaga或其他明星。他去選一件衣服，穿上身；戴一頂帽子在頭上——鳳飛飛出來了，他沒看到自己，他看不到自己，他看到的是鳳飛飛的影像，是他嚮往的那個人的影像。

「鮮矣仁！」他為什麼要像明星或去模倣？這是值得思索的。

而人又要如何做到保有自我呢？這就是第四章談的，通過反省。《論語》用曾子的話。「吾日三省吾身：為人謀而不忠乎？與朋友交而不信乎？傳不習乎？」來說。

我們看到，〈學而篇〉第一章是孔子說，第二章是接有子說，不是因為有子的地位崇高，而是有子的這一句話正好點出「學而時習之」的「學」是從人的愛，是從人的自我意識中，才真正開展起來。人認識自己，認識世界，要是沒有愛，那是一個不完整的認識。這是什麼意思？如說一個人認為「我就是要好！我就是要成功！我就是要作為一個成功者！所有的人，只要擋著我成功，我都不要（理會）！」如此他還不是完整的擁有自我。當我們真正知道了自己，同時了解自己所關注，從性情出來的愛好，真正有了自我，會關切、看得見周遭的事物；如此處理人與事上會比較周到，使事物比較會有圓滿的結果。而要如何走向圓滿呢？

是以第三章還是孔子的話說「巧言，令色，鮮矣仁」，以此檢驗自我的成熟度；然後接下來是曾子說：「吾日三省吾身」的具體方法，總結孔子提出的自我的建立。這代表有子、曾子是平列的；更重要的是，表明整部《論語》是就「自我生命覺醒」為核心，以建立健康完整的自我所形成的義理，串聯起來的，所以讀《論語》重要的是在義理的認識與了解。

然而非常神妙的是，這義理也就是中國從人體的觀念出發才能有的，你也可以每一句、每一章單獨看段落，它有獨立而完整的意思。猶如我們的手，有它獨立而完整的作用；猶如我們的腳，有它獨立完整的作用；猶如我們的五臟，有它各自獨立的作用，合起來則是一個整體。就像中國字，可以從右邊寫到左邊，也可以從左邊寫到右邊，你要從反面寫起也可以，你要橫的也可以，它是從人體的生命形式發展而來。

吾日三省吾身

人的生命覺醒真正的起手處在哪裡？就在反省。〈學而篇〉第四章，「吾日三省吾身」。這「三省」就是依三件事反省，傳統中國原本以三、九為多數。不過這裡這一句的「三」，是具體的三條，而不是「多」的意思，不是指一日多多地反省，而是就這三件事為主。

「為人謀而不忠乎？」「為人謀」你與人共同規劃事情、共同做事，而不忠乎有沒有盡了全力？這個「忠」就是「盡己曰忠」，古人的解釋。用今天的英文來說可能更清楚一點："Do my best."中國社會通常說：盡我最大的力量；西方人則講：盡我最好的力量。其實兩者都可以涵蓋在內。所謂的「忠」，盡自己最大、最好的力量。當我們跟人交往，我們的愛展現在哪裡？展現在當共同謀畫事業，或者共同做事的時候，有沒有盡了自己的力？最大、最好的力？這是關乎自我的本質性問題，你的自我有沒有超乎功利之上？不受「功利」束縛而努力去做份內的事，是人覺醒的表現。

「與朋友交而不信乎？」指你跟朋友交往。前一句「為人謀」的「人」，不只是指朋友，還包括一般人。這朋友，是指知己朋友，「與朋友交而不信乎？」與知己朋友交往，你能不能守信？這是第一層意思。而「守信」包含：做人真不真實。「信」者，實也，你真不真實。換言之，與知己朋友交往，你心中尚隱藏著陰影嗎？你能面對自己嗎？這也是關乎自我的本質性問題。

「傳不習乎？」這個「傳」，古人說「六寸簿」，六寸筆記本，就是小簿子、小本子。這是指當跟老師學習做筆記，表示記下要點。因此「傳」就是指實際學習。這句就是在學習上有了心得，有沒有去實踐？並在實踐中擴大自己的生命狀態？這也是自我本質性的生命問題。勇於實踐也是自我覺醒的表現。

這三句有關自我成長的本質性問題，可以很清楚地檢驗自己「自我成長」、自我覺醒的狀態。其中包含的心理涵義非常豐富，值得人自己深深玩味，由此而更深一層地認識自己。

道千乘之國

第五章「道千乘之國：敬事而信，節用而愛人，使民以時」，從表面上看，這第五章跟前面四章有一點不同。其實前面四章就是〈學而篇〉的提綱，是《論語》這整本書最重要、也是達成自覺最重要的提綱。第一章是總綱，後三章則是自我覺醒方法的入手處。前三章所談的是人類自我的覺醒問題，其實這也是滿個人的問題；它跟社會與國家有沒有關聯呢？還是單純只是一個個人主義下的自我覺醒呢？在中國，作為一個人，不可能走向絕對單獨存在，因為在中國的宇宙觀中，就講陰陽和合而生，在社會上則講家庭、朋友，進而擴及國家天下，如此才是一完整的生存，一個絕對孤獨的個人，不是完整的生存、生命表現。這和西方上帝是絕對的，宇宙本質是絕對的，因此社會中絕對的個體才是真實存在等，思維上是不同的，個人一定會跟社會有關。而社會是群體性的生活，群體生活中的和諧的關係，重要在為政者、帶領者。

是以〈學而篇〉的第五章，進而提出當人有了生命自覺之後，還有一社會責任需要承擔與完成。

是以孔子說「道千乘之國」，道是導。「千乘」是千輛兵車，是指大國而言。歷史事實上，早期晉文公、齊桓公時代，頂多也不過是七百輛兵車。到了孔子時代，最大的諸侯已經有四千輛兵車了。不過一般諸侯基本上也多是千輛兵車了。這個「乘」是兵車，是指車子而言，千乘是指一個大的諸侯國家。

這句我的標點是「道千乘之國：」冒號表示下面是三個治國基本原則——「敬事而信」，面對所有的事物，都充滿著敬意？什麼叫作敬意？敬者，專一、慎重、絕不掉以輕心。「而」作轉語詞，代表「同時」。透過這種專一、慎重的做事態度、方式，將做事做到真實不虛，並建立起政府的公信力、使人民對政府有所信賴，這是「信」。這是領導、為政上的第一原則。這「敬」是「自我覺醒」，以及生命覺醒中的心理表現。這種心理的表現在於，人在自我覺醒後有能力自我掌握，並專心致志。

我常問建中的孩子們，你們爸爸、媽媽給你們最大的財富是什麼？他們說「聰明」、「教育」，我說都是，還有就是能專心；只要靜下來，他們「忽」地就進到知識裡去，然後成效就出來了。

第二個原則，「節用而愛人」。前面第一個是對為政，是事務的執行原則。第二是經濟規劃原則，錢、資產是否能有效而適當地處理。「節用」透過有效而適當地處理，就是達成對人民的關懷、對人們的體恤與愛。

今天世界許多國家的預算，時間到時，非花光不可，其實那是對人民的不體恤。政府要怎麼處理，不必非花光不可？「節用而愛人」，這連美國都不能做到。看看這次華爾街金融風暴，美國的財富多集中在百分之一的人手上，一般人的財富多是靠銀行貸款。現在銀行不貸款了，因為銀行虧空了，所謂民主政治的中產階級也窮了。只是政府預算還要花那麼多，特別是在武器的研究跟製造上，所以美國政府的作為，從《論語》這一句來看，絕不「愛人」。美國的前總統卡特說：「從第二次世界大戰後，美國至今只有十四天沒有打仗，美國的錢都花在打仗上了。」而其目的只是為了維護自己的霸權。這不是「愛人」的政府呀！

當然，孔子的理想能不能做到，這又是一回事。有些宗教提出對人類的愛，孔子也提出，並落實在實際政治上，人類今天已成為一個世界村，那我們能不能拿剩餘的糧食，無條件地去救助許多飢餓的地區，而不要丟棄，可不可以不要為了維持糧食的價格而毀棄它。

儒家孔子提出，在一切經濟的規劃下要適當，這樣才能展現對人民的愛。「節用而愛人」，這是一種高度的生命覺醒才能做得到的理想，這也是人類無條件的愛的表現。

「使民以時」。中國是農業社會，農民要依時耕田、生產，在古代，百姓還有義務為國家服勞役，而政府要勞動百姓服勞役，不可耽擱了正常的生產時間。這不耽誤國家生產力，才是「愛」的一種表現。

弟子入則孝

接下來第六章。「弟子入則孝，出則弟；謹而信，泛愛眾，而親仁；行有餘力，則以學文。」前面談到所謂的「學」、所謂的「覺」，從實際的人生如何表現，孔子說「弟子入則孝」，弟子就是年輕人，也就是十幾歲到二十多歲的這個階段，「入則孝」的入，指回到家，或說在家能表現對父母的關懷和愛。

我們仍以林書豪為例，他雖是虔誠的基督教徒，但回彰化老家，仍隨祖父母、父母祭祖。沒有因信仰而拒絕。這就是在出入中有孝弟之行了。

今天德國人仍對二戰進行檢討：德國不是高度崇尚理性的民族嗎？怎麼會發生這樣的事？所以德國在從二次大戰至今已六十多年的紀念活動上，拍了幾部電影。一部是《帝國毀滅》，就是描述希特勒最後七十二小時的故事。電影讓人們看到當時的情況。並提出一個問題：所有當時的精英何以如此支持希特勒？

第二個問題，何以全德國在當時，會去相信一個近乎瘋狂的希特勒？那時候希特勒其實已經近乎瘋狂。他們不是從責備德國本身作為檢討，如說：啊！那時的德國人好爛！笨死了！愚蠢！就如我們近代罵自己的先人和歷史一樣。而是提出一個問題：這幾近瘋狂的性格，是人性的哪一個部分？人性在什麼樣的狀態下，會造成如此大的認知上的偏差？

第二部叫作《惡魔教室》。當德國歷史課教到希特勒的時候，反省認為我們已在這麼民主開明的狀態下，人類會不會重蹈覆轍？然後做實驗，結果發覺：會。所以那不只是希特勒個人的問題，那似乎是人性中的缺陷。

而是什麼造成了這種人性的缺陷？就是第三部電影，叫作《白色緞帶》。片中從十九世紀的德國社會說起，這時的德國，父權主義至上，實行絕對權威式的教育、社會封閉保守，同時以基督教為絕對真理。

至於《英雄教育》，則從希特勒時代對德國青年教育的激情與殘酷性為例，可見德國近來也做了非常理性的反省與思考，以提供現代德國與人類共同思考。

回看我們現在談中國，談中國的歷史，似乎仍充滿各種責備與偏見，社會上對事物的討論，也多是以責備居多。

父母、教師對孩子不是縱容，就是責備或批評，年輕人回到家，能不能展現他的愛意？到社會上，能不能夠表達他的關懷？這兩句話，不要鎖在「孝」、「弟」兩個字上，而是在溫情、敬意或關懷的表達。

然後「謹而信」。「謹」是慎言，為什麼慎言？注意這個「慎」，是從年輕人的心境去說！年輕人心中有愛嗎？還是充滿憤怒？他是有一個「敬」意，或者「儆」意。「儆」是指有一種儆醒、自我意識。有這種情形，就是有高度的自我意識。簡單地說，就是謹慎；但在這種謹慎之中，同時不虛假。通常謹慎時容易流於虛假、做作，以避免自己犯錯，然而他謹慎而真實。「信」是「真實不虛」。

「汎愛眾」。「汎」是廣泛，汎愛眾能夠表達出對人類的愛與生命關懷，有一種人道關懷。在這種人道的關懷中，重要的是，仍能明辨是非。舉日常生活為例，他不會說：「好啦，不要再說了，不要再這樣批評了，你幹嘛那麼認真在意是非呢？好啦，慈悲一點好嗎？」許多人用慈悲來隱藏鄉愿與糊塗。

「而親仁」，「而」是並且，能夠親近覺性圓滿的人。這「仁」是真正有覺醒、覺性而有愛的人。在此指能知人、識賢，不迷信、盲從。

請朋友們注意，「弟子入則孝，出則弟；」到這裡是做一個分號，不做逗點。「謹而信，汎愛眾，而親仁。」做句號。透過一個生命覺醒跟自我實踐的過程中，逐漸「學而時習之」而做到成為一個生命覺醒者。

當我們做到了，「行有餘力」。「則以學文」這句說法，我與古人有所不同。許多人就這一句說：「你看，中國只注重道德不重視知識。」他們把前面說的全歸入道德，而我把前面所說的不歸入道德，而歸入「認知」。這是生命自覺的認知，這不是專業知識上的認知。這是人對生命、對事物、對自己所處的世界的一種覺醒認知。當我們的生命覺醒認知到這地步，使最好的生命狀態展現出來之後，「則以學文」，「則」作「乃」，

「乃以學文」，「乃」是「乃要，乃有加強語氣之意」，就是一定還要學知識。「文」就是指學術性的知識。

中國古傳統說「文學」是指廣泛的知識：人得有生命的覺醒，但不可忽略知識。為什麼？因為知識也是人類文明的重要展現，也是人類文化中精彩的部分，中國人統稱為「文」，這個「文」就是紋采的「紋」，指的其實就是文（紋）采，人類創造出的文明、文化，乃是美麗圖像，是不可忽略的。

「則以學文」的「則」作「乃」字講；或者直接作「就」，就一定要學知識。表示不忽略知識。

古人們因為時代的問題與發展，在某種生活方式定形的局限下，常常為了社會生活的安定，會強調道德性高於一切。但是孔子絕不忽略知識，因為知識是構成人不可缺少的另一要件。一個人需要生命覺醒，但也不能沒有知識。

我個人觀察許多人開始失智之前，似乎通常會說：「哎呀！自己老了，人生就是這樣，沒多大意思，不要再想、不用再求知了！」然後慢慢如此發展，逐漸就開始認知減退、分辨能力變差。我也看到有許多人始終堅持在知識的追求中，活到很大年紀，腦力還非常好。近來有人亦研究確實如此。

美國醫學雜誌上真的這麼說，雖然沒有臨床實驗的最後確定，可是確有數據證明。醫學界研究腦神經，發覺人除了左腦、右腦之外，似乎還有一個特殊的、有關意識的部分，這部分越開發，人的意識知覺越清楚，人的思維也清清楚楚，這是人不易失智的原因之一。

行有餘力，則以學文

問：之前老師說到「行有餘力，則以學文」，「行有餘力」是說在每個人生命自覺的建立，「則以學文」是使生命境界擴大，這點能否請老師做更深入的說明？

答：這包含兩個部分：一個部分是人的感性層次，人基本上要比生物複雜、比動物複雜，就是人的感性；一個部分是人的理性層次，這是動物沒有的。人有感性，也有理性。感性，簡單地說，就是屬於人的感情的部分；理性的層次，基本上就是我們對於事物，不受來自於感情的影響，可以真實地面對事實，並加以分析、推證。

之前有則新聞，報導立法院為了美牛瘦肉精案，有三位立法委員占領主席臺杯葛。又有一些立法委員聲援，以致早上沒有討論任何議題。而後經過政黨協商，先讓行政院院長做施政報告，行政院長答應不用行政命令來決定含有瘦肉精的美牛進口。

這是一件事實。但有好幾個所謂的新聞評論者，針對這個問題，各有各的說詞；面對這一事實，我們可以看到各有不同意見，有的批評這邊，有的批評那邊，有的有強烈、感性的好惡表達，有的則就事件本身分析、推證，感性與理性的各自表述。

如此我們要如何認清是怎麼回事？莊子說：「此亦一是非，彼亦一是非」，「莫若以明」，不如超然如日月，由高空照耀。

由此來面對事實，這是說讓自己主觀的情感或者主觀的期待、要求等先擱置，不阻擋自己對事實的認識，這就叫作「理性」。我不用很定義性的語言來說，就從日常生活裡的經驗來談。

而人基本上有感性和理性。感性通常是感情的，比較偏向個人的主觀。可是我們面對的世界，不能說完全依我們主觀要怎樣、就怎樣來看，任何事都有一個外在的、客觀的特殊性。人要能完全看清楚事實，就要將感性的部分減低。這減低就是理性作用，以助成人達到較為確實的認知作用，這是理性作用，是理性認知。

從認知角度，人的人生其實是從認知而開展，從吃喝拉撒開始。而怎麼吃喝拉撒，其實都是一種認知。

譬如我認為我的生活就是要很high，那我就總是以high的方式，開展出我high的生活，每天讓自己處於情緒亢奮之中。有的每天分析、思索，不動感情地分析事物。

這些都是在認知下的結果。

又譬如，有人覺得自己的生命應該仙風道骨，於是就活出仙風道骨了。如魏晉南北朝的人以瘦骨清相為美，就開展出那樣的生活形態。

是以人在生活上有感性層次，有理性層次。而人不可能沒有感情；古希臘哲人認為把感情放在「非理性」的領域裡。這非理性就是依人的本能的衝動行事，無法合成在這個大宇宙的秩序之中，也不在人類社會的秩序之中。

所以西方人認為悲劇來自於非理性，是人感情所促成。

有一部影集，叫作《CSI犯罪現場》。影集以犯罪現場所遺留的蛛絲馬跡而偵測犯案，清楚還原其犯罪情節。為什麼？其實其中有其秩序性的問題。所謂「凡走過必留下痕跡」，這俗語實際上即說明事物的自然秩序。這部戲讓人看到這點。

今天科技發達，美國有一家公司推出「去外太空旅行」，有一部戲就是去了外太空旅行，在太空艙，有一個人死掉了。回來以後，警察調查死因，然後在完全被淹沒的事實中，一樣一樣查，查到最後，原來是這個死掉的人是因堅持要跨越作業程序，去試一試外太空的情況，以致造成對其他人的威脅。最後其他人索性把他推出去，讓他死在外太空！

我這麼說的意思是，是說在生存中有一定必然的規律，不遵守，就走向死亡，這不是感性所能決定。

所以西方人認為，在這宇宙秩序中，人只要任性依我們個人主觀感情的衝動和意願，一跨越，就會發生悲劇！是以西方古來有嚴格的宗教規範、社會法律，科學興起後，十七世紀更強調科學理性主義。

上一次，有人問，為什麼現在的孩子任性、很自我？我講了一部分，還有一部分來不及說，就是當代西方，在西方兩千五百年下來，強調理性是唯一而真實的人性——沒有理性，不是人。而理性基本則要切除感性，因為感情太危險，所以西方人直到今天，基本上理性與感性是對立，不可融合。

當代西方的「現代主義」是反西方傳統；反理性；要求一切解放，包括男女平等的解放；反道德；還有反價值。所以一般的社會上、通俗性的活動、娛樂節目，就很自然地推動這觀念，認為慾望是人活著唯一「展現人」之基本。這是當代西方哲學的觀點。

只是在中國是另一條發展路線。雖然我們近代有「新文化運動」，在「新文化運動」

中，對著清代的禮教權威，有所謂的「反孝」、反禮教、打倒孔家店，並要求道德解放。這與西方當代主義結合。可是近代走到現在，中國人不論自覺還是不自覺，都不會認同：一個人一定要high到底，都會覺得這不是正常生活；人總該有感情，但也當有理性在我們的社會中，我們似乎（自覺或不自覺地）總是維持一種平衡，理性跟感性的一種平衡，而行中庸之道。

即使在面臨選舉的時候，各種運動尖銳對立，臺灣基本上仍沒有暴動。一旦有太大衝突，輿論就會說：太過分了！推動暴動者立刻就會收斂些。甚至於在家庭裡面，爸爸是一派，媽媽是一派，哥哥又是一派，姊姊又是另外一派，甚至宗教信仰上，媽媽，佛教徒；爸爸，無神論；哥哥，基督教徒；姊姊，天主教徒；弟弟，一貫道。大家在家裡也仍相安無事。大家會維持一個最起碼的秩序跟和平，說：「日子總是要過下去。」

這就是我們社會文化的特殊性。何以如此？我們傳統文化始終不認為「感性」是屬於「非理性」。而是認為人就是有感情的，這是人性的一部分；而人的感情有欲望，但又不純然是欲望，欲望基本是生之動力。而人透過理性，了解感性，才有真感情。感情支撐理性，才能見到真實的人生。

人如何可以有完整的、對於人生的觀照？很重要的就是，人要有感性的教育，要有理性的教育，以致開展出自我覺醒，這才叫作「做人」，人不是生下來就是人，人出生只是個自然人，而教育就是教做人，教育就是教做一個完全的人，所謂的學以成人。而做人不單有感性，教育要教導人的感性的適當性，不要任性妄為；同時，還要有理性，人的理性要有能力認識人的感情及感性所認知的材料。而後反省，開展人的「意識認知」，使人在「意識認知」的運作下，有了「生命自覺」。

我記得跟錢先生上課的時候，有比較好事的同學，拿了鄧麗君的錄音帶，說：老師你聽！我們已經反攻大陸了，鄧麗君的歌聲已經響徹整個大陸。就放給錢先生聽。錢先生聽完了以後，上課時就問我們有沒有注意鄧麗君已經風靡大陸？

當時，我們都是碩、博士生了，很多人都有一點不屑，除了對這個新聞不屑之外，我想很多人都是聽西洋歌劇或者交響樂，可能會說：「鄧麗君的歌算什麼玩意兒？一個小調！」

可是錢先生告訴我們，你們想想，下個禮拜上課來講講。到了下個禮拜上課，他問我們，有沒有真的回想這件事？然後他說，為什麼別的歌星的歌不能風靡大陸，唯有鄧麗君，她的歌有什麼特質？它跟大陸的中國人的內心可能有什麼樣的關聯？他說，你們研究人文的，不可以忽略這件事，不要因為通俗而忽略了。他說，這才是一個活的歷史的點。

今天桃園大溪做出鳳飛飛的紀念館。我們很清楚地知道，鳳飛飛呈現了我們那個年代，我們眾人的情意、渴望。她的聲音唱出我們好多的期待跟自我的祝福。你如果嫌她的歌有點土氣，不如那個莫札特的歌劇《夜鶯》的女高音，一路唱上去，那才是藝術，你就忽略了我們這一塊地區人們的感情。如此你看待事物，就會有不合的地方。

在這個當中，我們要如何讓感情成為動力，而不只是一個本能的衝動、成為悲劇的根本因素？我們要如何透過教育，讓我們有能力認識感情，然後認識生命整體性的知識？人有一個完整的認知，然後才能成為一個完整的人，使自己不會有太大的偏見。因為有偏見，常常會對別人造成傷害。完全站在自己的觀點與立場，即使對孩子愛極了，但任由一時情緒而說出口的話，仍會像刀一樣傷人。

傳統中國認為只要是人一定有感情，感情的認識、感情的教育、感性的教育就是造就德行教育的基礎。德行的基礎就是愛，愛最基本的表現在孝悌。

這一次林書豪讓我們看到了「悌」的表現，他的真誠使一個老朽、沒有人要的球隊，一下子成為紐約的代表隊之一。他帶好多坐冷板凳的其他球員都可以上場，都可以有十分以上的得分。他隨時告訴別人：「如果錯了，這事我願負責。」這就是一種「悌道」。

「悌道」就是能退讓，不僵持，不對立，不逞強，是愛的一種展現。

至於理性教育，來自於知識，所以基本上學校強調知識，知識學習的重點在理性的學習。

今天臺灣學校教育的問題在於較看重技術教育，而非理性教育。其實技術教育中間也包含了豐富的理性訓練。不論機械也好，物理也好，哪怕社會科學、人文科學中的某些規範、秩序、抽象概念，其實都是理性的鍛鍊。人的感性教育、德行教育，是自我養成的基礎教育，基本上自於家庭。理性教育偏重在學校。實際上，傳統從《論語》所看到的儒家，是比較接近我們今天的「通識教育」，大學裡所謂的「通識教育」，就是想教出一個比較完整的人。一些通識課程，各學校設置不同，基本該有的設計是：專業的知識教育或者技術教育之外，再補以非專業教育，然後教他面對人的社會，讓他有一個正向的人格，有能力處理人的問題。

所以傳統中國教育並不是只重視德行教育，而不重視知識教育。不過德行教育是作為成人教育的一個重要的基礎。而德行教育的完成，很重要的，不單單是教一個

「愛」，還要教認識「什麼是愛」，並適當表達愛的能力，這個教人認識「什麼是愛」，如何表達愛，就是「覺性教育」。「覺性教育」高過理性，也高過感性，因為它是教人認識什麼是愛，什麼是感性，什麼是感情，同時也認識什麼是理性。有了這個覺性教育，才能把感性跟理性溝通、調和。

所以在中國戲劇上來說，中國沒有悲劇，因為一切都可以調和，沒有絕對的對立和衝突。

中國所教的，就是教調和的能力。調和的能力就在覺性的教導。

剛才有人提出一個問題：知識教育是一個自我技能的擴大。我就藉著回答他的問題談感性教育、理性教育、覺性教育的重要性，給各位朋友作為參考。

弟子入則孝，出則弟

在第六章這一句「弟子入則孝，出則弟」，還要強調這裡提出了「弟子」。我們上次說，弟子就是年輕人，那麼這裡的「弟子」的第一個意思是指學生。因為孔子所收的學生中，有的只比他小幾歲，據說子路只小孔子九歲；曾參的爸爸曾點，也只比孔子小幾歲；顏淵的爸爸同樣也只比孔子小幾歲。這種小幾歲的，就如同弟弟。年紀小的更多的，像顏淵，小孔子三十歲左右，那就像兒子一樣，所以孔子視之如弟、如子，孔子如此待這些學生。

這裡還展現一個重要的、中國對師生的觀念：其實師生像是一家人。學校教育，能待學生如弟子，才有學校教育；而家庭教育，能待自己的子女如學生，才可能有家庭教育。這裡一是得有情、一是得有禮，也就是理性，才會有教育的成果。

這是為什麼老師與學生之間不是家人，師生間會有自然的距離，有自然的距離，好處是有客觀性，老師容易看見學生的優缺點，但也因有距離，沒有真正的愛、真正的關心，就不容易使學生信賴而加強學習。父母與孩子之間有親情，看自己的孩子容易陷入主觀，覺得孩子什麼都好，不容易理性客觀地看待事情，如果待子女如學生，保留一點客觀性，理性就出來了，再疼愛、再不喜歡，都能適當表達，這樣才可能有家庭教育。

而至於「待學生如子女，才有學校教育」，因為教師跟學生有了親人般的關係，老師對學生能真心關懷，隨時支持和鼓勵，孩子們感受到之後，會因為這份愛而努力。

「弟子」的第二個意思是指年輕人，因為這個年齡大約都是十幾歲、二十歲，這個年齡正好是一個反抗期，一個強烈尋找自我、排除父母、排除師長，想要自己竄出頭的時期。就像小樹奮力要往上生長，吸取陽光，所以這個時候特別叛逆，我們可以稱這個時候是狂飆期，有人說是「忘恩負義期」，想忘掉爸爸、媽媽對自己的愛。

譬如，從小做什麼都要黏著爸媽，抓著爸媽的褲子。現在，「幫媽媽去買菜好嗎？」「不要！」「媽媽拿不動了嘛！」「那妳就少買一點嘛！我要上網，我要跟朋友談話。」或說「唉唷！我都幾歲了，還跟媽媽出去？丟死人了！」如果是男孩子對爸爸，更是小夫子對抗老夫子，而女孩對媽媽也一樣不耐煩。

然而在這個時候，當我們說「弟子入則孝，出則弟」，就是一個完整的家庭教育的達成。因為在這個基本的家庭教育的達成，就是提供了充分的愛給孩子，使他的內心感受到生命的溫情跟支持。這是人活下去的力量。

心理學做過一個基本的調查：凡是選擇自殺者，多半是從小沒有真正的安全感，也就是生命沒有被肯定、認同。

是以「弟子入則孝，出則弟；」的重要性、意義性在此，同時其下是一個分號，這是一段。

「謹而信，泛愛眾」，是理性教育的完成，他能慎重——能「謹」；同時，他還能實踐自己的諾言，代表他有實踐的力量、能力，代表他主體性的建立，但又不是一個

「封閉的自我」，他對人類、對社會有一份廣泛的關懷、同情與關心。這個「汎」本義是「舟無所繫」，就是「小船在水上沒有繫住，隨水漂流」，叫作「汎」，引申就是「空汎」，意思是「開闊」。所以「汎愛眾」，是指在他的自我完成中，沒有走向封閉，仍然對人有著寬廣的關懷，可是在這個寬廣的關懷中，又不流於濫情。什麼叫作不流於濫情？

人要能「汎愛眾」而不濫情，進而能「親仁」。人要有慈悲心，但不濫情，並能「親仁」，這是表明有能力知道什麼是「仁」。什麼是「仁」？這「仁」，當然是以「有愛心的人」為基礎。此外，是「圓滿的覺醒者」。能夠達成圓滿的覺醒，並知道什麼是真正的愛，是有大智慧者。也就是人在「汎愛眾」的關懷中，還有能力分辨得出什麼是有智慧的人。今天是一不確定的年代，全世界不論宗教、政治、經濟、價值觀都在變動中，一般人們內在焦慮、漂泊，也因此，全世界新興宗教與新興聖賢紛紛而出，如何辨識誰是智者，真需要辨識能力。

其實，這也是教育中的部分，如何教導受教者，啟發學生能有「生命的自覺」，能有「自我生命主體性」的建立辨識力，是重要的學習與教導。

仁是「二人」，「二人」是什麼意思？是人與人。「人與人」是什麼意思？漢人解為雙人耦，就是兩人一起耕田。兩人一起耕田，在牛與大犂的移動中，兩人的動作必須相互配合。「仁」，二人，指的是人與人之間相互理解與搭配。這也包含人與人相互的尊重與溝通。這是充滿「心理意識」、「意識自覺」的表述。所以孔子以「仁」為生命自覺圓滿性的代號。「汎愛眾而親仁」，這句即有「生命的愛」，這是感性，但又不濫情，能保有理性，能辨識真正的仁者。這是智慧的開展。強調人與人可以相通，可以溝通，可以交流，可以互相理解禮讓。

而「行有餘力」。這是做人的基礎，在基礎上有所完成，不要忘記「則以學文」。「則」是「乃」，是「就」；就要學知識，就得有知識的學習。換言之，做人也不可忽略知識。

從意識與知識的會通，就開展出覺性。

在魏晉南北朝一直到後代，佛教寺廟裡面同時也教儒家經典，到現在，臺灣許多廟中還有這種傳習。你們猜第一本經典是教什麼？

學生：教《論語》。

老師：現在臺灣常常是從《論語》開始，但不是所有的廟。

學生：《弟子規》？

老師：《弟子規》，不是。是教《孝經》，從《孝經》開始，然後讀《論語》，讀《孟子》。從魏晉南北朝以來，他們說，沒有好人，不可能會有好和尚、好尼姑。所以「人」是基礎，成為一個「人」，不只是一個信徒的指標，而是作為「人」是一個最重要的基礎。

問：「行有餘力，則以學文」。我這麼大年紀了，前來聽課，基本上是帶著消遣性。「行有餘力」，這不是一個主觀的認定嗎？然而要到什麼時候才「行有餘力」？人生的完成是如此長遠，那這樣我們就不要再求知識了嗎？

第二個問題是，「學文」是求學問，學知識，我這麼大年紀了，還能做學問、求知識嗎？

老師：第一個問題很認真。我想這兩個問題的確可以讓我們再進一步地思考。其實「行有餘力」是一個主觀的認定，但是我們不要把它看得太死了，應該這麼說，可視為心中相對於我們原有的狀態，相對於我們起先沒有意識到的狀態。

譬如年長者：「哎呀！我沒有意識到，原來這是對孩子、對妻子，或是對老公，或者對什麼人的愛，雖然他讓我氣得要死，可是關鍵時刻我還是不放心他，原來這就是愛，噢！我懂了，這就是愛。」這就是有所「行」了，也就是有所「覺」了，而後自己感受因為「覺」而比以前快樂，這時就是「行有餘力」之時。「行有餘力」，雖是主觀性的認定，但仍有其事實「客觀性」的部分。而看太死板就是沒有「覺」，沒有「覺醒」。

當人有了覺醒，有了再認識，就是一種「行有餘力」。

「則以學文」。不要忽略理性的重要性。

如果我們不求知識；或者說求知識也只能翻翻書而已，畢竟我們沒有辦法像年輕孩子記得那麼熟。我們籠統地說，知識如同理性，不要忽略了理性。

我們有時候會看到，老人家上了公車，發現博愛座都被年輕人坐了。自己沒得坐，就很生氣地大罵年輕人沒規矩，再不然就是罵司機，有的甚至和那些學生發生爭執。

基本上，我們常常理所當然地認為：「我老了，所以你必須讓位給我。」而實際上，我們要能夠意識到，即使年紀大，人與人之間還是得有一份尊敬。哪怕孩子占了博愛座，長者真的站不動，仍可過去說：「小朋友，我實在站不住，可不可以讓給我坐？」

所以「則以學文」，不要忘記了理性的重要性。重點是在這裡。

再說，老了讀書、求知識，能做什麼？還能做學問嗎？其實這是實用主義，也是功利主義的觀點，求知識、做學問不一定要做什麼，或是有特定有用的功利目的。在求知中擴大自己對世界的認識，深入意識，感覺活著真好，不是很好嗎？

人不再求知，除了功利主義的誤導，忽略了理性的開展，有的時候其實是一種心理的怠惰。

「行有餘力，則以學文」。不要忽略了這個「行」。讀中國的文言文，尤其是唐以前的文字，一個字都不能漏。「行有餘力」是什麼？前面已經有「知」，然後有「行」。乃是有理解，然後實踐。這其實已經含有「覺醒」與「理性」的最大表現。下面強調不要忘記知識，不要忘記更明確的理性，這就是知行合一了。

賢賢易色

接下來看第七章。子夏曰：「賢賢易色；事父母能竭其力；事君能致其身；與朋友交，言而有信。雖曰未學，吾必謂之學矣！」子夏說：「賢賢易色；」下面是分號。「事父母能竭其力；」分號。「事君能致其身；」分號。「與朋友交，言而有信。」句號。「雖曰未學，吾必謂之學矣！」其實這講的是「人倫」的問題。這章雖然沒有提到五倫，可是至少挑出了四倫來說。人在這社會中，基本上有這四倫。

人的第一倫最重要的，也是人生命發展的重要前提，這指的是「夫婦」。賢賢易色，第一個「賢」，是動詞，就是能知什麼是賢德；第二個「賢」則是名詞，指的是賢人、賢德，人一般從生物性來說，女為悅己者容；男人對於美色當前，是容易被誘惑的，這是一個自然的生態。男人總希望娶到好看的妻子。當然，今天女人也一樣喜歡好看的男人，希望嫁給好看的丈夫，這是人很自然的心理需求，人能不能夠超越這個色相，看到人內在的德行或好性格呢？

簡單地說，其實再好看的人，總有年紀大的一天。再好看的人，看久了，也就變得普通了。這是不可逆的現實狀態！對不對？

其實人的社會中，常常因為追求漂亮的外貌者，造成好多好多的分離或者悲劇，但人的外表乃是不持久的。雖然有人說，三十五歲以前好不好看，要問父母，因為這是父母給的；三十五歲以後好不好看，則是自己要負責，這也對。可是再怎麼樣負責任，隨著歲月，還是慢慢就隨時光過去了。許多人際關係，以至於生活所造成的不幸，往往就是人停留在色相上，也就是停留在一種生物的渴望中，以色相，以一切會變化消失的現象為真實。

人能不能夠透過人的覺醒——在感性與理性交會中所產生出來的人的覺性，而從覺醒中看透色相，進而看到這個人內在的特殊性？如果看得見，人在男女的情愛上，就能久遠，就真的能成為老夫老妻，然後就能成為真正的情愛知己。

我們知道，戀愛的激情，按照現代心理學很清楚地計算，只能維持半年到兩年。結婚要不成為怨偶，不互相傷害，一定是在激情之後，仍有知己之情，這才可能久遠。

夫婦也能是知己好友，這就要能「賢賢」，能看到所愛的人特殊、正面的地方。你當年為何選擇他——當然也可能選擇錯誤，那選擇錯誤就趕快了斷嘛！再不然就設法減少衝突。衝突通常來自於自己的要求不被對方察覺與接受，所以很多人說：唉呀，夫婦就是那麼回事，欠了這人世間的債，這一世還你吧！

學生：老師真會演！沒有人請你去演話劇嗎？

老師：我看了一本教育的書，它說一位好老師必須具備幾種特質。第一，老師本身都在演講，演講就得有演；或者講演也得有演，老師必須是好演員。第二呢，真正動人的是老師的情感所帶動的氣氛，「演」才能充分展現，大道理講一番，事過境遷可能就忘了，可是演出來的情境，說不定孩子們一輩子都不會忘記。所以我很努力，我就靜靜地觀察一切，因為我很努力想做一個稱職的老師。第三，老師必須是公正的法官，能做個公平的裁判。第四，老師必須是位嚴父，能確立原則和立場。

我們再接回前面，想想看兩個來自不同家庭的人，啪！在一起，怎麼能沒有衝突？如認識對方的性格，特別是「賢」——正面性格，是很重要的，如此的選擇才不易有差錯。所以「易」是「換」。我們是否能將只看重、只被色相所吸引的那份注意力調整，而看到對方內在正面的性格，這才是夫婦相處、相互獲得幸福的很重要的一個關鍵。

我以前教女學生時，常常跟她們說，按照我們今天的社會狀態，一個女性比男性更期待幸福，因為男性到底有些野性，跑來跑去亂竄，但是家的穩定往往是靠女性的力量支撐的。所以女性的幸福與否，常常決定在她的抉擇，而抉擇來自於智慧。當女子有智慧，妳就掌握到這個家幸福的鑰匙，除非妳的對象很不好。妳如果預先看到他，去了解他，妳就能引動他，而逐步地維持住一個家的穩定與和諧，不然也是要有智慧地放手。

所以《詩經》的第一篇「關關雎鳩，在河之洲。窈窕淑女，君子好逑。」其實講的就是這「賢賢易色」的觀點。「關關」是雎鳩鳥的叫聲，古音就是咕咕，這個聲音可能是斑鳩。你們最近有沒有聽到斑鳩叫了？因春天來了，斑鳩發出求偶聲。當我們聽到：咕咕、咕咕——呀！春天到了。春天到了，人也興起談戀愛、結婚等等的念頭。於是詩人就說了：「窈窕淑女，君子好逑。」我要請問大家，什麼是窈窕？

學生：幽靜，性格美好。

老師：很好！什麼是幽靜、性格美好？

學生：懂得體貼。

老師：怎麼樣叫作懂得體貼？

學生：善良。

老師：善良就會體貼嗎？體貼得有聰慧的心、細緻之情，這就是「窈窕」，窈窕可不是「苗條」，不是「美麗」，而是聰慧細心。詩人用地上的小縫來形容。這是指女孩子的心很細。透過女孩子的心與直覺，見男孩子一搖頭，就大約知道男孩子在想什麼，除非妳不愛他，若是愛他，那一定知道。我想到以前我中學時候有一個女老師，她說：「哼！你們師丈，出不了我的手心！他那尾巴一翹，向左向右搖，我就知道他想幹嘛！」這當然太厲害了一點，不過，以此作為一個例子。女孩子除了心細，還有直覺性，能有敏銳的感知。

「淑」是什麼？是「善」。它也不是「美」噢！這善是善良，有同情心。這「善」就是英文的kindness，充滿了善意。換句話說，女孩子透過她特有的細膩，以至於一份女孩特有的愛而帶來的慈悲與同情，這種女士才是君子好逑！這句子這麼解——君子是充滿理想又具「生命自覺」的有為者。

「賢賢易色」，基本是談夫妻之間的事，但《論語》此事例引申出義理，「人如果能看透事情的表象，看進本質中去，這就是智慧的展現。

「事父母能竭其力」。「竭」就是盡；「其」是自己。照顧父母，你盡力了沒有？這句話著重在父母、子女之倫。這個「盡力」不代表一定要做牛做馬，做得死去活來。不是，而是當父母年老體衰了，成為弱勢者，你有沒有體諒？你可以去為貓請命，為狗請命，可是忽略了自己年老的父母，這就是未竭其力。孝道是人之所以為人最重要的，為什麼？因為它並不是純然的生物性，而是只有人才可能行孝。如果按照達爾文所談的生物性，生物是生存競爭，物競天擇的。人老了就該淘汰。而人如動物，會照顧下一代，這是生物繁衍的本能。

所以做父母的照顧下一代，是自然的生物之性。

因此如果沒有生命意識，人是不會回過頭來，照顧衰老的上一代。只有在人性，在人的生命覺醒下才有孝，孝有兩個層次：一個層次是孩子出生，自小依賴父母之情！第二個層次是人意識到活著真好，真感謝爸爸、媽媽讓我來到這個世界。由此，在感謝之餘：爸爸、媽媽老了，我們給予照顧奉養以表感謝。這第二個層次只有人才有，只有人在生命自覺中才會產生的。

所以「事父母能竭其力」，這是人生命覺醒的代表行為。

然後第三，「事君能致其身」。「事君」就是事奉國君。請朋友們注意，古代的「君」者，群也，不只是指國君，也代表人群，也就是人民，也就是社會。我們對這個社會，對這個國家，對社會人群，能不能致其身。這個「致」是奉獻，能夠奉獻我們的努力。

換句話說，其實這是講君臣之倫，而實際上更進一步，是我們個人與社會的關係，我們跟社會的關係可不可以超出利害，雖然我們在社會上工作，我們不只是因為利害而做事，我們能夠奉獻出我們該有的努力，以表達我們對這個社會的關愛。如果能如此，同樣是一種生命覺醒的表現，因不再只是為利害而做事。

最後，「與朋友交」。前面的「賢賢易色」是個人的問題。「事父母能竭其力」是父母與子女的關係問題。「事君能致其身」是一個人與社會關係的問題。至於「與朋友交」，則不同於前面那些關係，只是一個單純的朋友往來，是一種純粹的情感交流。在這種情感交流中，能不能夠「言而有信」，真實展現自己；同時實踐自己的諾言，成為一個可靠的人。

如果做得到，雖曰未學，雖然他還沒有學習，「吾必謂之學矣！」孔子說，「但我一定說，他已經有了生命覺醒。」「雖曰未學」另一意思，「未學」的「學」做學習、進學講。《論語》中的「學」有三義，一是「覺醒」，一是「學習」，一是「知識」、「學術」。這裡是第二個意思，做「學習」、「進學」講。雖然說他還沒有學習。「吾必謂之學矣！」我一定說：他已經生命覺醒了。

所以生命覺醒非常重要的一點在於，我們有沒有意識構成我們活著的各種特殊點、特殊條件，我們有能力盱衡自己的生命與構成生命的環境。

我不曉得未來的林書豪會怎麼樣，可是林書豪說，上帝在他身上實行了十七個恩典和奇蹟。第一個，他爸爸、媽媽都不高，哥哥、弟弟也不算高，只有他一九〇公分高，這是上帝的奇蹟，使他可以打籃球。第二個，他原先非常驕傲，他從小就有才華，也能打球，也能讀書，不過突然有一天他的腳踝斷了，讓他看到「無常」。這可不得了！他一下子領悟：一切不是理所當然的，他所有得來的機會一定都是因為特殊的奇蹟，其實這是「生命的覺醒」。

「生命的覺醒」，看到自身存在的特殊性。「雖曰未學，吾必謂之學矣！」大家了解這個意思嗎？當我們意識到我們活著的特殊性，從自己周邊的關係也好，或者我們獲得的各種活著的條件，進而珍惜它。「雖曰未學，吾必謂之學矣！」孔子如此讚美地說此語啊。

君子：不重則不威

我們再講一條。第八章，「子曰，君子：不重則不威；學則不固；主忠信，無友不如己者；過，勿憚改。」子曰：「君子，不重則不威。」有「生命覺醒」就是君子。所以〈學而篇〉第一章就說：「人不知而不慍，不亦君子乎？」而這也是孔子對「君子」賦予的新的定義。整部《論語》，如果從「君子」的觀點講，就是「成君子」之學。成「君子」就是成人之學。我們也可說就是新人類。這是針對人的生物性、動物性說的。

所以當一個人有了生命的覺醒，君子就是成人者，不再是自然人、小人的稱謂，君子下面當作冒號。一個君子在生命的覺醒後，自然會顯現從容、穩重。這個「重」可不是體重。君子「不重」，重是指穩重、莊重，君子要是不穩重、莊重，「則不威」，「則」是「就」，「不」是「沒有」，「威」一般解作「威嚴」；「威嚴」是一種「感動人的力量」。君子若不穩重則失去了感動人的力量。是以「威」不做威嚴講，而是一種威儀。什麼是威儀？大家不要想成擺官架子；而是重視感動人的力量的表現，是感動力的表現。一個君子，除非沒有覺醒，只要覺醒，表現出來的態度一定從容、穩重，而具有一種感動力和說服力。「則不威；」下面是分號，「君子」下是冒號，表示君子的表現。

「學，則不固；」錢先生說，我們在讀《論語》的時候，不要忽略了它高明的編輯。前面的子夏說，「雖曰未學，吾必謂之學矣！」這好像只要生命覺醒有了德行，就算是學了。這確實容易讓人誤解，是以下面緊接著「學，則不固；」這句話強調了「學習」，這「學」是「學習」，學習知識，對上一句有了補充。「固」字是固陋、固執，「學，則不固」，這確實容易讓人誤解，是以只要我們有所學、有所覺，就能夠破除固陋、固執，下面再是分號。

現在下面這句話我是這麼講解的。「主忠信，」逗點，然後「無友不如己者；」「主忠信，無友不如己者」，「主忠信，」一切以忠信為主，「主忠信」就是以忠信為主，而什麼是「主」？「主」就是準則，我們做人以忠信為準則。

舊的說法，「主忠信。無友不如己者」，「主忠信」下是句號。然後「無友不如己者。」這個「無」被解釋為「不要」，不要交不如我們的人。連朱子都這麼說；在日常生活經驗中，這或也說得過去：我們想要跟好一點的人交往，在日常經驗中確有這種狀況。

但在情理上，可就說不通了。我們不要跟不如我們的人來往，那麼比我們強的人，憑什麼跟我們往來，對不對？

實際上，這一句「主忠信，」可解為做人交友以忠信為準則，「無友不如己者」如此所交的朋友全是在忠信的領域裡，沒有不如我，與我不同的。這是我的解釋，提供大家參考。而「忠信」者就是真摯誠懇之人。交朋友只與真摯誠懇之人來往。「無友不如己者；」知己好友中沒有不如自己的，因大家都在這個「忠信誠懇」的基準上。

或許會說，難道不去傳道、教導別人？注意！傳道、教導別人是一回事，交為知己又是另一回事，大家不要忽略「友」這字，「友」是動詞，以什麼為友，為知己的意思。如我們在課堂上面，師生投契，是一回事；但師生會是知己嗎？又是一回事。我們在同一個學校教書，可能是同道，但不一定是「友」噢！我們在一個辦公室裡互相支援，是好同事，但不見得是朋友噢！好好壞壞，參差不齊。「以忠信為友」，「無友不如己者」，而後是分號。

接下來是「過，勿憚改」。「過是衝過頭，所以是錯的」，人生的過程，常常在錯誤中學習。明白了什麼是生命的真諦，也有的時候會衝過頭。不要以為以忠信為準則，我們就不會衝過頭，有的時候難免會如此。不過不要怕錯誤。人生最了不起的地方，除了在於我們有覺性，我們會知道什麼是錯誤，然後從錯誤中學習，從錯誤中成長。

有老人家說：「哎唷！我都九十了，還要從錯誤中成長？」沒問題，如果九十了，我們面對自身的錯誤，仍然是坦然而有勇氣，這就是生命力量的展現。「過，勿憚改」，是生之勇氣，這才是不自我限制。

問：古人說應該「經史並讀」，是什麼意思？

老師：「經」講的是永恆不變的經驗與常理。這個永恆不變的經驗，就是常理、常情，這是從人的生命基礎上說的。傳統的中國之所以稱「經」，就是它的紀錄是在人類的萬事、萬象或人類最普遍的典型事例中，挑出人永恆不變的經驗；而人永恆不變的經驗，與普遍的典型事例，即所謂的常理、常情。常理不是只有人之理，也有物之理，也有情之理，也有天之理，心之理、事之理等等，所以不要把它簡單化。

但是雖然如此，可是代代不同。就像吃飯，無論是誰，只要是人就一定要飲食。即使將來可能打一針就不必吃飯，那打針就是吃飯。但是因為時代不同，方式不同，為了使人能夠知「常」，知道什麼是不變的，這是經，讀經知其常；但也能夠知「變」，那麼就要讀史，史言變，所以古人經、史是合讀。讀史，知變；讀經，知常，古人說，「剛日讀經，柔日讀史」、「春夏讀經，秋冬讀史」，都有分配。

也有人以此講，「學而時習之」就是因時的不同而學習不同的知識。古人在解釋上也有這種說法，大家可作為參考。

而什麼是「經」，有五經，有十三經，我們常讀的四書也在經中，而後還有莊子的《南華真經》，老子《道德經》，而後佛學中有成經的，如《心經》、《金剛經》、《維摩詰經》、《六祖壇經》等等。但儒家則以五經、九經或十三經為主。儒家經中如《尚書》、《詩經》、《春秋》、《左傳》其實都具有史的成分。西漢時，太史公寫《史記》，今天大家都說是中國史學之祖，但當時，他卻認為自己是承孔子的春秋而寫，他在著經。此外，後世也有人將《孫子兵法》、《孫臏兵法》歸之武經。而凡「經」都具有原理原則性。偏重大覺醒性，是以也強調「德行」。

有些人強調帝王術，將一些書歸為帝王術，強調它的功利、實用性，尤其在政治的手段上。但「經」的重點在促使人「生命的覺醒」，其之用，在促成人有大智慧。

是以中國傳統，讀經也能有用，且能有大用，如治天下、治國等，且都是具有原創性；讀史反而有限，因為讀史重在變，變以至於到最後，無經可依據，那就成了陰謀，是小道了。所以「史」所展現的，古人說是詭道也。是以只言「變」，詭道也，孫子兵法所重在奇，古人也稱詭道也。古人讀書的時候，如果只是一味地求變，變到最後，連自己都搞不清楚狀況了，只有策略，沒有大本，只玩手段，最後甚至忘了自己的目的在哪裡，最後全盤皆輸，所以古人讀書所重在本，一定先從「經」入手，這不只是「尊德行」的問題，重點是立人之根本。

我們以前跟老人家讀書的時候，有的時候讀了這本之後，就要接著讀那一本，然後看它內在相互的關係性，所以讀傳統中國書是很好玩的。

譬如說，《詩經》跟《中庸》互為表裡，都談情感。《詩經》把所有人類的情感呈現；而《中庸》，則是認識自己的情感，以為人生的起點。為什麼要讀《詩經》？《詩經》是一部人類情感的總紀錄，讀《詩經》的目的：認識人類情感及其多變性。但《詩經》又把「關關雎鳩」放在開頭，為什麼？這表明人類對情感歸宿的永恆追求。

就像現在好多人的情感沒有歸宿，無可寄託，養一隻小狗、小貓，使自己的情感有所寄託。

情感的歸宿，按照現代心理學家的說法，是一種歸屬性，是人性很重要的一種需要。人如果沒有歸宿，生命將無可落實而空虛。

「關關雎鳩」就從人的歸屬性講起。所以如果只讀大毛、小毛詩序，而不知道詩序的特殊性，是為了漢代在大動亂之後，怎麼教這些取得權力的官僚及闊太太，包括王后、太后，做一個能母儀天下的、適當的心態、儀態，如同看到很多珠寶的時候，動心也不要過分，大毛詩、小毛詩強調的是這情感教育的部分。以前古人讀詩，老師講到毛詩的時候，一定要把漢代的特殊性點出來。

以前我們跟著老人家讀書的時候，歷代重要的註都得讀。然後看到每一個時代的註解所重視的部分，近代總說傳統中國不重視思想，其實中國講的是人，人雖有多變性、多階段性、多重性、多屬性、多元性，但仍有無可動搖的，這是不變的部分，「經」所挑出的部分，歷代會從其自身時代的需要去註，就是一種思想的方式——對人重新思考。所以傳統中國代代註經，代代整理經典，有關人的認識，也註，代代更新，一直到了明代還是如此。

清代堅決不准註經，一切以朱子註為主，那是思想控制。清代乾隆時有兩位太傅大學者嘗試註經，就被判死刑，後來皇太后求情，改發配邊疆，從此沒有人敢註經，政府也更嚴令禁止註經。

傳統中國代代註經，所以每一個時代的註有它的特點，你在比較的時候，就能看到：噢！這個時代是這樣，那個時代是那樣。就像我現在其實也是在註經，而因為這個時代不一樣，我強調的不同，但絕對不違背原有的傳承。

《詩經》從情感入手。以前說，《詩經》只講德行，我們後面也要講到《論語》有一條「詩三百，一言以蔽之，曰：思無邪」，這是說《詩經》三百篇，用一句話來概括，「蔽」是概括，「一言以蔽之」，用一句話來概括地說，是「思無邪」。但這句話成為「新文化運動」以後，直到文革，全力批孔跟否定傳統中華文化最重要的罪狀之一，甚至一直責備到現在。他們說孔子要求絕對的道德，「無邪」，他們解釋為「沒有任何邪念」。這是絕對的道德論，是違反人性的，所以藉孔子把傳統中國的創造力，全都用道德綑綁，桎梏了人性，以至於違背了人性，讓中國人這麼衰弱，科學不發達。

實際上，「無邪」就是「無斜」。古人沒有「斜」字，據說到魏晉南北朝才有「斜」字，古代「邪」就是「斜」的意思，「無邪」就是「無斜」。「無斜」是「不斜」。「不斜」者，「直也」。說「思無邪」就是說「思直」。不論這個「思」有意思、沒意思——在《詩經》裡面「思」是一個語詞，沒有意思；到了《論語》中，把「思」當作人的心思。「思直」就是說人的心思直。「人的心思直」是什麼意思？就是直出於心思。

換句話說，一部《詩經》就是人情感的直接表現，所以我說是情感的總紀錄，它不是道德性的。不信的話，我們看，《詩經．國風》除了前面的〈周南〉，〈召南〉談人的歸宿性情愛，後面有好多詩歌談的是男女劈腿的事啊！如果講道德，這要怎麼說呢？其中還講偷情。為什麼這樣？讓你看到人是情感的動物，人一生多追求愛，然而在感情的上面，人變化多端，然而所有的變化，最後、最深沉處還是渴望得到歸宿性的愛。所以「關關雎鳩」為第一篇，談生命之愛的歸屬性，人在情感上對歸屬性的渴望；同時也讓你看到人的「常」和「變」，同時他也記錄在《詩經》中。包括《詩．大雅》，那是人對政治上幸福和平的渴望；等到社會動盪，對政治的批判，對政府的嘲笑、責備、否定，對掌權者的諷刺，這是《小雅》。至於《頌》，則來自於對生命的歌頌，那都是祭祀之詩，就如同唱讚美詩一樣。

當了解這些之後，如何用之於心，用之於己，對人情、人心、人性的理解，這是知人的憑藉。《中庸》呢？中庸者，用之於中也，而什麼是中？「中」者，心也，情也。「中庸」者，用心、用情之道也，就是用心、用情者。人怎麼樣在了解了自己在心、在情感上的那份追求，與變動以及不滿意，然後如何尋找到讓自己不至於痛苦不安的可能，並將「心」與「情」提升到人最高的高度。

所以《中庸》一開頭的經文中說：「喜怒哀樂之未發，謂之中；發而皆中節，謂之和。致中和，天地位，萬物育。」我們不鬧情緒，這個世界就自然有它基本的秩序。

如果我今天鬧情緒，一進來，然後出言不遜，這個教室的秩序就被破壞了。

我們基本的生活生態，與我們的情緒與情感有密切的關聯，所以《中庸》與《詩經》互為表裡，我們是得配合著讀的。

從中國文化的觀點來講，人生重要的就是一個「心」字，就是一個「情」字！所以到了魏晉南北朝說：太上忘情；太下不及情——他們根本沒有真情，他們多半是有本能的愛，中者呢，常為情所困。

孔子說他非「生而知之者」而是「學而知之者」，這也可說是「覺而知之者」，他如同告訴我們：大多數的人都是「中間者」，會為情所困者，所以我們的功課，是要透過「覺醒」，可以有自我調整的能力；當我們有自我調整的能力之後，幸福就在我們手中了，生活的秩序、生命秩序會多一點。

佛教傳入，我們接受佛教，佛教成為中華文化中的一支生力軍，儒、釋、道能結合，有一個關鍵——「貪、嗔、癡」不就是一種愛嗎？佛家更深刻地剖析這個「本能的愛」；同時透過了「空」，來解「本能的愛」，來作為解「本能的愛」之良藥。

而「本能的愛」之最大者，除了愛情，還有生死之情，人多半不能擺脫生死的這一份分別跟困擾。所以第九章「曾子曰：慎終追遠，民德歸厚矣！」這是面對生死之情，用什麼樣的方式，能夠面對生死。傳統中國面對生死，以死為大；不過中國人在面對死亡，並不耽溺在死亡的不幸中，比如認為人生會死，人之生沒有價值，而是因有死亡而再回頭來肯定活著的價值，甚至於孔子說：「未知生，焉知死。」是因為在傳統中國的社會，沒有天堂，沒有地獄，人就活在自己能活著的實際人生中，而這只是一段有限的日子。

慎終追遠，民德歸厚矣

所以「曾子曰：慎終」，是談喪事。「終」是喪事。「慎終」，很謹慎地處理喪事，透過某一種適當的儀式，對死者表示尊敬，也是對死亡的尊重，是面對「死亡」最健康的態度。

換句話說，就人的生命、有限的軀體而言，人必有這一天，雖有這一天，但生命有其尊嚴。「慎終」是學習對生命的一種尊重，也是對人的尊重，也是對死亡的尊重，人活著，不因有死、有限，而就沒有意義。

至於「追遠」，現在為什麼有清明節？就是追遠，實際上也是一個生死的教育，這是就祭祀而言。在掃墓、祭祀的過程中，然後能夠帶著大家看到生命的來源與軌跡，就這麼一代一代下來。透過這樣的一個過程，老百姓對生命就不掉以輕心了。「民德歸厚矣」，「民」，人民，老百姓，在生命的這一份「覺性」、認識上，不輕率，而能嚴肅厚重。

《論語》從一開始「學而時習之」，古人言「學者，覺也。」說人的生命覺醒，到這裡告一個段落。這覺醒包含從作為一個人，以至於到最後，面對人有限生命，至此則是人自我歷史的完成。

傳統中國的學術重視歷史，因為中國文化、學術是以人為前提。然而人個體的生命有限，成為個體最大的特點，人類的歷史乃是人一連串的延續構成，這也是人活著的特點。所以個人的生命價值不只在個人，也在歷史的過程；而歷史的過程又是在個人生命的顯現中，逐漸串連出現。個人與歷史交互、穿插，交織成一片錦繡的生命、歷史藍圖，每一個人都活在歷史中，每一段歷史都是個人歷史的呈現。中國歷史始終是活的，是生命的紀錄。即使沒有天堂，沒有地獄，人們在短暫的生命中也沒有遺憾。

如果就歷史的傳承來講，西方或許是一連串抽象概念的傳承，中國則是一個既抽象又具體的生命大串連的傳承。西方以不同族群取代另一族群，每一族群都有其斷層，而中國在各民族自然融合、相互合作的生命發展中，活到今天。

大家都知道有一位老先生教書教到一百歲才退休——愛新覺羅毓鋆先生，他近日去世了。我從年輕時跟著他老人家讀經、子，讀了二十五年。他說：「你們漢人還有什麼不滿意的？我這個滿洲人到現在連一句滿洲話都不會說，我的餘生視傳統文化為主，我比你們漢人還強，我認為中國文化就是我們的信仰。你們漢人呢？我們給你們的，你們都丟光了，你們還好意思說？除了那個姓（愛新覺羅），不就也化成了這個大中華文化下的一支？」

這個歷史的力量是來自於生命本身，此生命本身不是個體，不是個別的族群，而是人群體的力量。中國人肯定歷史，全世界沒有像中國人這樣子做歷史的紀錄。單從歷史的紀錄，這就是中國人創造的人類性，也是人類的奇蹟。

到這裡為止，一切的構成其實就是在「人的覺性」：這涵蓋所有從個人的自我覺醒，到整體的生命覺醒，個人的「生命覺醒」是作為一個人的生命基礎，並對生與死有正確的了解與完成。這其中包含了認識與接受生命的有限與永恆、生命的短暫與繼承。

為政以德

接下來要說的就是，我們說過《論語》篇章之間是藕斷絲連的，它是一個有生命的有機體。第一篇從個體的建立、個體的生命覺醒開始；第二篇，談個體一定是生活在群體之中，人類生命沒有單一可以存活的，人的生命也是一個群體生命的完成，所以在這種情形下，第二篇以〈為政〉為綱，因為「為政」在群體活動中極具關鍵性。為什麼人們會對政治很看重，基本上是因為政治是達成群體生活的一個樞紐，是以〈學而篇〉下來，是〈為政篇〉。其間是一生態的關係、生命的聯繫。

〈為政篇〉一開始，就提出子曰「為政以德，譬如北辰居其所，而眾星拱之」。「為政以德」，這是傳統中國對政治的要求，在《論語》中提出，但繼承於西周。「為政以德」，為政的前提在於生命覺醒後的行為展現。「德」是行為的表現。如果你真的懂得生命了，展現生命的同情關懷與看重，透過為政的行為，以達成人類對生命的要求，那為政者的地位就會如北極星在天下的位置一般。「譬如北辰」就是有如北極星，「北辰」是北極星。「居其所而眾星拱之」「居其所」「居」是「坐」「坐落在」，「其」「那個」，

「位」「位置上」，這是指北極星就坐落在那個上天的最高處、最中心的位置。「眾星拱之」所有的星星都拱著他、支持他，向他感謝朝拜。這表示大家支持這樣的為政，因他照顧達成全民的幸福生活。這不只是傳統中國政治上最高的理想，也是中國政治經驗上的最基本的認定。

我們看到中國的歷史不是如西方，一個民族替代另一個民族，而是不同民族的不斷相互融合。不說遠，就從堯、舜、禹、湯的相互繼承，他們原先都是各民族的部落領袖，然後建立成一個部落大聯邦，開創出不同的新時代，將人類向前推進。

到了西周，創立西周的周文王，周文王的「文」，即是代表他為人們帶來了一個新的理想和平的時代，沒有經過戰爭，而是提出了一個人類共享和平的號召，故諡號為「文」。這是傳統中國史學的說法。

現在因為不相信經典，認為這說法不一定真實，而想另立新說，並且要靠考古出土，及西方的方法學來說。還好現在好多出土器物上的銘文都證明了經典上的紀錄可靠。

就譬如周原被發掘之後，出土了好多青銅器，裡面直接記錄了周武王以及諸侯去攻打商紂，確實不出三天就解決了。《史記》太史公司馬遷將此事記載無誤。

為什麼我非常強調西周？因為西周是中國上古時代的近代，或許有人會說，它是三千年前呀！三千年前是上古的中國近代，我們可說它總結了上古，開出了上古時的近古，因為此後三千年來的中國文化是從這樣出來的；不是從商朝；不是從夏，是從周朝開始的。

「為政以德」，是從生命的覺醒開始，我們看《詩經》生命自我覺醒，其實可追溯到周文王，《大雅・文王》清清楚楚寫著，「穆穆文王，於緝熙敬止」。說美好的文王呀，你既清明又恭敬。「敬」指的就是在人「生命自覺」後的精神集中，對事謹慎、認真。如此而後受天命賦予的責任，對人民照顧，並且一統天下。這一切來自文王生命自覺後能行德的結果。《詩經．周頌》的〈清廟〉，似乎成為此後中國的大憲章。不論你是明君也好，昏君也好，都不可越天而行。而天不是神，是民，民的需要就是天的需要。「天視自我民視」，「天聽自我民聽」。天是君的最高準則，民的需要也就是君的最高準則。這是古中國至今還有活力的原因。

中國《詩經》、《尚書》談西周的歷史，其實是非常浪漫的，一切以人的生命幸福為共同理想、大同世界，政治為人類謀福利，盡量減少戰爭，資源共享，糧食共食，大家為和平而努力。這是自古從西周到孔子、墨子、孟子、莊子、老子，及生命自覺的君子人的夢，與宇宙天地合一的境界了，是所謂中國古人的夢。

今天我想再談〈學而篇〉，把〈學而篇〉其中不可忽略的幾段，提供大家參考。〈學而篇〉的「學」，我們說過就是覺也，效也，談的就是知行合一。換句話說，真正有所覺，自然會有所行。

這一個觀點發展到王陽明，用了一個很簡單的例子，他說，如聞好的味道、壞的味道。譬如突然有惡臭味，大家自然就會走避；誰家熬的、燉真正的土雞湯，香氣四溢，人自然就會多聞兩下。王陽明說這是真有所覺。中國人所談的那個「覺」，請大家可以從這裡體會。

這「覺行合一」是深沉意識的認識，也是佛家所說真正的「悟」，亦即現代心理學所說的，人的深沉意識下的覺醒。這個覺醒的核心、起點，在於對自我特殊性的完全意識、意會。這個自我的特殊性不能被金錢所掩蓋，不能被權勢所壓制，不能被現實社會裡的功利價值所蒙蔽，或社會主流所淹沒。

這不是說我們排除金錢、權力；或者說金錢就是不好，排除吃好飯、生活享受，不全是這樣。而是這一切當和我們的覺下的自我相牴觸的時候，我們會自然地放棄，會自然地意識到我之所以為我的特殊性，唯有這個特殊性才展現自我真正的生命性和生命的理想性。記得二十世紀初，英國有一個至今受英國人尊重並喜愛的大畫家勞倫斯·史帝芬·洛瑞，他的畫反映英國工業都會的現象，還有勞工的林林總總現象。他自認為是人類偉大的圖景。而他母親討厭他的每一幅畫，不理解他為何喜歡畫這種不合他們中產階級的勞工，但有趣的是，他的畫，每一幅都是為他母親而畫。他的母親甚至要他燒掉那些畫，但這時他拒絕了，他說這就是我所看、所感，是我要畫的，我是一位畫家。

就像朋友們可能為了現在的某一種舒服的生活，委曲求全，可是忍到某一天，終於不忍了！或說，還是堅忍著，因已清楚看到，未來不會這樣，就暫時忍著吧！

所以這個自我的特殊性，是深沉意識下的覺醒中的起點，而後進入覺醒中的核心，人就全然地走向自己了，人並且還會自覺或不自覺地珍惜。因為這特殊性會帶我們走出不一樣的生命道路。

講個最簡單的例子。在座有幾位八、九十歲的長者，請問有沒有想過有一天會來這裡聽《論語》？而竟然來了，在這麼冷的天——這是一種創造，生活的創造，讓我們從不可能變為可能，這是生命力的開展與擴大，不受限於年齡。而這一切是在我們的內心，有了基本的自我生命覺醒，即使八、九十歲，我還是可以開展出屬於我自己的特殊的生命道路。這是自我的生命創造。人一旦有「覺」有「行」，自我就會有神奇的變化。

因此，「學而時習之」放在《論語》的第一篇。我曾經跟朋友們說，這個「覺」，從自我的覺醒，到生命的覺醒，貫穿整本的《論語》。

君子食無求飽；居無求安

今天想要跟大家介紹的，「子曰：君子食無求飽；居無求安；敏於事而慎於言；就有道而正焉。可謂好學也已。」這也是有爭議性的一章，但也是很重要的可作為一個人覺醒的指標。

我們說過，《論語》中，對於指稱貴族、政治領導者或菁英份子的舊名詞——君子，那是從西周以來的舊名詞，但是到了孔子，他賦予君子一個定義：是在生命自覺後，能夠自我獨立者，「人不知而不慍」，是一個自我獨立者，一個因生命自覺的獨立者，在自我覺醒後，能夠無所依賴、不依傍在某些現實價值上，不倚靠別人認同也能獨立自主、自在活著的人。

在現實生活中，有的媽媽依賴著孩子，有的先生依賴著太太，有的太太依賴著丈夫，有的……就像前陣子的兇殺案，一個二十九歲的男子愛上了一個僅十五歲的女孩，女孩要跟他分手，他憤而行兇。表面上看，這個男的雖然兇狠，實際上他卻是一個缺少真正獨立自主能力的人，所以他對「失去」有最大的恐懼，於是就想和女孩同歸於盡。然而，喪失自我、內心空洞而充滿恐懼，那是導致生命走向全面毀滅的心理狀態。

所以當一個人能夠生命自覺而獨立自主，孔子賦予他作為君子。那麼如何成為生命自覺獨立自主者？也就是〈學而篇〉一開始的「學而時習之，不亦悅乎？」當一個人能「學而時習之，不亦悅乎？」的時候，他心中不會對生命成長懷著太多恐懼：害怕長大、害怕孩子長大、害怕未來變化、害怕不可知的可能。一個「學而時習之，不亦悅乎？」展現內心沒有恐懼，沒有害怕，敢於嘗試，敢於讓自身的生命走上一個未知的道路。因為人在「學而時習之，不亦悅乎？」中感到的悅，是從生命本身而來的喜悅，有此喜悅，人就有了自信。這「生命的自信」就會使人不再自卑，不再有恐懼，而敢於向前走去。

又譬如大家無所疑懼地踏進這間教室，和大家一起切磋《論語》的課題。而不是：「唉喲！論語！什麼時代了，還論語？好可怕唷！」對不對？很多人是這樣。

所以「學而時習之，不亦悅乎？」滋長出一個沒有懼怕的心靈。

同時，「有朋自遠方來」代表著對社會的肯定，對群體生活和諧的認同。社會中有製造動盪者、喜歡只是不斷批評者，基本上他對這個社會群體的認同，我想在成分上會比較少。

反之，如果能心中沒有恐懼，進而對社會群體和諧穩定生活的認同，以至於到「人不知而不慍」這份獨立性。

有了這份獨立性的人，「食無求飽」的前提，「君子食無求飽」，可能有人會說：「哇！完蛋了！不要求吃飽飯，那可憐死了！那我做君子幹嘛？我寧可做個飽漢。」其實這個「飽」是豐腴，吃得非常好。作為一個君子，在飲食上是不會一味去追求豐腴的口味，就是不會一味追求美食，也就是說不會以美食為自己一生唯一的、非要不可的享受，甚至是人生意義的憑藉。

「居無求安」，在生活的居住上，也不會一味追求安逸。這個「安」是指安逸，極其舒適。不會認為唯有住豪宅，才是生活。而在生命自覺中享有生之悅樂。

然後，「敏於事而慎於言」，「敏於事」，對於自身必須完成的事情，絕不怠惰與耽擱。「敏」是快，引申為絕不耽擱，不怠惰。

那麼事情來了，毫不猶豫，就去完成它，甚至不怕事，這就是敏於事。

「而慎於言」。因為語言有好幾種功能：有一種功能是人與人的交往的媒介；有一種功能是思想的確定，將我們的經驗，用語言確定下來，用語言中的元素——語素，就是我們的語詞，把它確定下來；可是還有一種狀況：人通常會藉著語言自我誇耀，或說透過語言尋求自我存在的感覺。

在這裡，「慎於言」，一個君子對於自身所關注的問題，是清楚的、有意識的。以至於他在沒有弄清楚、沒有更深刻的理解以前，不太多說，因為他不會讓自己流於輕率或僅是輕薄的批評，不論正面還是負面，因為一個負面的批評者，只是不斷從負面去批評：這個不好、那個不好……通常是自己被負面情緒所籠罩，以及他可能對他自身有很大的不滿，是以他所有的憤怒轉而成負面的語言，包括我們所說的那些吹牛者，他們通常都是內在缺少真實感。

此外，再接下來「就有道而正焉」。在語言之後，接著「就有道」。換句話說，我們希望能夠真正看清楚事情，認識事情。這是人覺醒中很重要的表現方式。

「就有道而正焉」，「就有道」是有能力分辨、認識「有道之人」，而接近他們，向他們請教。這是「就有道」，「就」是接近，「有道」是有了生命自覺而走上正確的生命道路。「而正焉」，「而」是「並」，是「然後」、「而後」，「正」是調整自己可能的錯誤，

「正」是「修正」、「調整」。

換句話說，凡覺醒者，都得要有能力分辨、真正覺醒而走上正確的生命道路。並向他請教、調整自己。

如此，「可謂好學也已」，可說是一個喜歡追求生命的自覺者，也就是一個生命的覺醒者；「好」是喜歡追求。一切都展現出生命正向的發展。這一章句從「君子食無求飽，居無求安」開始，說是當「生命自覺」後，真正享受到生命的喜悅，這是超乎感官知覺所帶來的享受。同時內心在充實喜悅下，面對事情也就不會逃避，且有能力承擔，不必從浮誇的言語去獲得虛榮的滿足。此外有智慧地認識有道之士，進一步求道，調整自己，使自己在人生大道上走得更好。這種人可是真正的生命覺醒者呀！這是真正的君子人呀！

上一章把一個真正因生命覺醒而得道者的形象完整地描繪出來，這也是今天我再講〈學而篇〉的原因。下面我們以〈學而篇〉最後的結論作為結束。換句話說，〈學而篇〉最後的結尾是回應前面「人不知而不慍」的那個獨立自主者，他說，「不患人之不己知，患不知人也。」「不患人之不己知」，不擔心別人不了解自己，換言之，不追求社會的知名度。雖然社會知名度可以給自己帶來許多現實利益，不過一個真正的生命自覺者，在自我認識後，是無所求於人的，重要的只是掛心自己沒有足夠的智慧，去了解別人，認清事物的本相本質。

不患人之不己知

「不患人之不己知」。進一步說，一個真正的生命覺醒者，他享有自身天性中的那份才華，而不是從外在尋求各種名聲利益來填補內在的空虛。「患不知人也」，只怕自我封閉，將所有的焦點都放在自己的身上；而應要打開自己的心靈，嘗試著去認識別人，對世界仍充滿關懷與好奇心。

所以〈學而篇〉最後這一句：「不患人之不己知」，說一個生命的覺醒者，不擔心別人不了解他，只擔心自己不了解別人。他關懷其他的人以至於整個人類世界。〈學而篇〉以此句結束，表示自我的覺醒、自我的建立、自我的完成的重點，不是建立一個封閉、絕對的個體，而是一個健康開放的個體。

貧而樂，富而好禮

此外，第十五章：子貢曰：「貧而無諂，富而無驕，何如？」子曰：「可也；未若貧而樂，富而好禮者也。」子貢曰：「《詩》云：『如切如磋，如琢如磨。』其斯之謂與？」子曰：「賜也，始可與言詩已矣！告諸往而知來者。」談的是，生命本身的成長需要切磋琢磨。這是回應第一章的第二句「有朋自遠方來」，朋友間一定要切磋琢磨，這才是健康良性的友誼。

這句話是就孔子的弟子子貢而說的，子貢很有錢，他大概是人類世界最早的期貨大王，孔子曾讚美過他，說他「億則屢中」，這是指子貢每一次說：這東西能賺錢！一買就大賺。有一天，他突然告訴孔子說，呀！我突然覺醒到「富而無驕」，有錢人最容易犯的毛病就是驕傲：自己有錢了，有成就了！很得意，而且忍不住要讓人家知道自己的成就，如果富有的人，自覺而不驕傲；「貧而無諂」，「貧」就是欠缺者。「貧」字從分、從貝。貝是財富。財富被分掉，就是「貧」，所以是欠缺。

「貧而無諂」。貧者容易羨慕別人，又忍不住討好別人。「諂」就是討好。如果貧者在自覺後對富有者沒有了羨慕，「老師你看如何呀？這是不是就是高度的自覺呀？」

孔子說：「可也。未若貧而樂，富而好禮者也。」「可也」，孔子說「這還可以啦！」只是不如「貧而樂，富而好禮」。

「貧而樂」，貧呢？大家都知道貧不容易快樂，因貧代表什麼都欠缺。不過孔子讚美過顏淵，「一簞食，一瓢飲，居陋巷，人不堪其憂，回也不改其樂。賢哉回也！」孔子最讚美顏淵，幾乎視顏淵為傳人。在如此貧困的生活中，顏淵「樂」什麼？這是說，在於生命自覺後，人真的享受到活著的快樂，不會因為自己貧，便覺得自己活得不如人，覺得老天爺不公平。

所以孔子說他自己「飯疏食飲水，曲肱而枕之，樂亦在其中矣。不義而富且貴，於我如浮雲。」這也是孔子自述即使生活很貧苦，但仍能擁有快樂。這話不是他否定富貴，而是當生命自覺、真正享有生命後，才能真正享有富貴，如果真正享有生命的喜悅，即使沒有富貴，生活也是飽足而幸福的。

所以這一句話就說明，當一個人貧還能樂，他一定有了生命的覺醒，富能知禮，知人與人相互的尊重。這讓我想起一個例子，清末被譽為財神爺的大臣—岑春煊，他的小女兒在大陸解放後，一切財產被沒收，並發配到他家邊角一個小角落，這角落就在抽水馬桶收集污水的下水道上。她先生也去世了。在貧困交加，實在不想活時，看見就在污水道的蓋子邊竟然長出兩朵粉紅色小花，在屋子破縫中灑下的陽光中搖曳生姿，就這一剎那，她決定開心地活下來，而後她一直住在那，活到九十五歲，並成為一位種花的達人，同時也畫花寫字，成為一個藝術家。她說，她在富貴時，不知生命的可貴，也沒有生命的喜樂，待她一無所有後，反而享受到生命給她的一切。

這也使我想起一則故事，我有一位老同學，他家已富了三代，他在高中就體認自己善於經商，並開始做這方面的研究，而後也果真發了大財。他常請我們幾個好友吃飯。但時間久了，次數多了，大家都推託有事不去了。他有一次約我們問說：「怎麼回事？」我們說「不好意思，總讓你請！」

他想一想說：「這樣好了，我們吃小館子時，你們請，但吃大館子時，我請，大家務實些，你們都是教書的，薪水有限，而我和家人吃一頓飯，費用很高，你們就來參加我們的家庭聚餐吧！因我在乎我們的友誼。」我們就如此與他相聚好多年，直到他搬到國外居住。

一個富有的人，能「知人」，能「體諒人」，這也是「富而好禮」之一例。這其中都有著「生命自覺」。人唯有在「生命自覺」中才看得見人，會體諒人。是以孔子說「貧而樂，富而好禮」相較於子貢說的「貧而無諂，富而不驕」更加深入。

當然更重要的，在於師生的「切磋琢磨」，生命之道的學習就是「切磋琢磨」。

接下來，我們說過，《論語》每一章都有它自己的獨立性，可單獨解釋，也因此，我們今天常常就以為，《論語》或傳統經典僅僅是一種道德的教訓，或是一種箴言、格言之類，這個在西方的知識裡面，是不能作為知識的。

我們看到在西方哲學界或者知識界裡，他們談到中國哲學的時候，均認為：第一，中國較缺少知識體系基礎。現在包括大陸和臺灣的學者在內，基本上也認為只是一些道德教訓而已。

第二，這些道德教訓只是一種現實世界的零散經驗的集結，它受限於人的個別經驗、特殊經驗；而西方確定知識一定得有一個形而上的理論基礎，也就是一個普遍的概念為前提。所謂的普遍概念，就是「普遍而有效，不受特殊時空條件的影響，放諸天下而皆準的定律、公理、觀點」的理論，西方認為中國沒有這前提。

我們曾說，受西方文化、學術的影響，近代中國人都只能從西方的知識論、方法論的規範來討論問題、研究學問，無法超然而出來看問題。以致到今天許多學院中的學者還在說，中國以「仁」為學術核心，但一個「仁」字單單在《論語》中，就有數十個可能的定義，這怎麼能成知識，是以中國沒有「學術」。

這是今天華人地區談學術的一個問題。如此，華人談中國學術，在世界的學術界與西方相比，恐怕會覺得自己知識不如人或矮人一大截。

而西方說得更清楚。它說，何以中國人只停留在經驗的階段？因為中國還沒有跨入任何的科學世界；雖然中國有很多創作，但是還沒有知識。雖然二十世紀之後，他們有些哲學家也同意：必須平等面對人類文化，其實中國也有它的哲學，不過不在孔子，而在老子，因為老子提出了一個有效的普遍概念，放諸天下而皆準，那就是「道」，所以他們認為中國的哲學、中國的知識得從「道」開始。

或許在座的朋友們也認為說得有道理。我們也曾經提過，這個說法不能說錯，可是這個說法是站在西方的知識前提下。我們也說過，西方的知識前提，實際上是以具體的、物質性的基本本質，來作為如何建立對世界認識的開始：這個世界由原子構成；這個世界由分子構成；這個世界由粒子構成；這個世界由「能」構成。我們看他的物理學，甚至於看他們的天文學，每隔一段時間，就得全面修正。何以故？隨著人的認知越來越豐富，哎唷！發覺原子是個可笑的認知，還有更小的粒子；現在只能說是「能」；再往下呢？面對這麼浩瀚的宇宙，今天看到五十億萬光年，下個禮拜變成六十億萬光年，我們所看的五十億萬光年也是不正確的，不足以作為知識的前提。哇！五十億萬光年，六十億萬光年，七十億萬光年……面對如此浩瀚而變化萬千的萬有世界，他必須先設定：就從分子開始，然後尋求一個普遍性的概念，以作為認知這個世界的開始。因為他們面對的，是人以外的一個世界。

現在他們的科學界也開始探討這個問題：沒有絕對的客觀性，一切都是相對的客觀性。而這些相對的客觀性之所以形成，是因為一切都是從「人」開始。這是中國知識的一個前提。

「人」在西方的哲學裡，是一個具體性的存在。因為它不認為人可以離開人的具體性而做「人」的研究。人會變化不定，他們認為「人」無法有最普遍的人性定義。人到底是「善」，還是「惡」，都搞不清楚；人的理性與感性要怎麼解決？

可是在中國呢，從「人」作為知識的前提，因為一切都是從人看出去，所以人要尋找一個正確看出去的角度，而不是去認定：這個世界是什麼，而是我們怎麼樣才看得清楚這個世界。你們看從孔子的《論語》，到《墨子》，到《楊朱》，到《孟子》，到《莊子》，到《老子》，到《韓非子》，到《呂氏春秋》、《淮南子》，哪一本書不是強調：真正看清楚這個世界，才是「明」？人的主觀性的聰明，還不足以代表你看清楚這個世界，你的理性也不足以看清楚客觀事實，要看清楚事實，得去除各種來自感性的主觀好惡等等，與來自理性固執的認定，並將感性、理性會通，以反省性認知，也就是現代心理學上的意識性認知來認識才有「明」的可能。傳統中國用「反省性認知」會通一切又超然一切，所以孔子說：「知之為知之，不知為不知，是知也。」又說：「毋意」，「毋必」，「毋固」，「毋我」。莊子說：「莫若以明」，如此你才具有「明」的能力，而看清事實。是以傳統中國的哲學，不是以西方的宇宙論、本體論為先導，而後才有知識論，傳統中國哲學是以「人」為前提，而後以「認識論」為先導（借西方哲學名詞）。

所以老子這句話說得很清楚，老子說：「知人者智」，在於對人有認識，如同我們只看到外在事物，只會一味向外看，那只是人聰明的表現。而當你能回過頭來看，檢查自己真看清了嗎？那才是「自知者明」。注意這個「明」字，今天的華人能看清楚人類知識的各種前提了嗎？

老子第十六章，人如何能夠「明」？「致虛極」，只要把自己所有的成見清除，把自己所有的經驗清除，把自己所有的期待清除，讓自己在認知的領域裡能「空」開；然後像鏡子一樣，讓外界的事物自然映到鏡子裡。沒有達到這一點，至少不要讓你的經驗、你原有的期待、你原有的觀念、你的情緒等等，干擾了原本的外界事情，遮蔽了自己對外界事情的清楚認知。就像戴了有色眼鏡看世界一樣。

老子又說：「守靜篤」，能夠把這個不起雜念的認知心守住，讓它不亂動。「篤」者，厚也；或者堅也，堅固。讓它不亂動、不增添，然後就能看到一個客觀世界的真相。

人要怎麼能做到？全世界最早講人具有這種特色，人做得到，就在於人有「覺性」，就在於人能夠「覺醒」。很簡單，我們常常反躬自省：我看的對不對啊？我有沒有看錯？所以傳統中國人以「人」作為知識的前提；而「人」能作為知識的前提，在於「人」的人性之中，是從「覺醒」開始。中國人的「知識」是從覺醒之知的前提裡發展出來的。

所以「從西方的角度，論斷中國的知識」會不準確。我們今天一定要從這裡意識到，而且要醒覺。聽到西方人這麼說的時候，我們要有能力說：沒錯！你們說的沒錯，因為你從物理性，探索這個世界的構築材料──那個"archi"談起，那個本質談起，這是可以看到這樣子的一個角度，並由此成一個知識系統。不過我們如果從「人」看起，那麼我們今天談這個問題，是可以從這個角度開始。

莊子有一個非常有名的故事──他跟惠施兩人在橋上看魚，莊子說，哎呀！這個魚可真快樂。惠施問莊子，你又不是魚，你怎麼知道魚的快樂？莊子說，你又不是我，你怎麼知道我不知道魚的快樂？惠施說，一點都不錯，就因為我不是你，我無法知道你會知道魚的快樂；以此推論，你不是魚，你怎麼知道魚的快樂？按照邏輯，惠施贏了。

但古來大家何以看重的是莊子說的呢？現在講莊子這一段話的人，也都不會講了，都說莊子強辯，莊子的話不合邏輯，中國人的腦袋就是沒有邏輯的概念，才看重莊子的話。其實，莊子說，來來來！我們再回到那個原始的起頭，也就是前提。我說，啊！魚真快樂！你問我說，你怎麼知道魚快樂？我說，我就在這裡當下看到魚活潑潑地游而感知牠們的快樂。這故事的對話裡有語言學上的有趣問題，一、就是一句話可包含的雙面性，二、是從語言原本的雙面性上，又可回溯到另一個假設，另一個前提。傳統中國肯定認同莊子，是肯定認同其「感知觀」，其次又認為，莊子展現了語言的全面可能性。

談生命，不只是推論，而有另外一個系統，這系統就是感知體認的認知系統。

那麼，站在中國這一個以「人」為前提來說，中國也有其知識系統的。

所以我們看到的《論語》，它的篇與篇之間，藕斷絲連，是有聯繫的，不是散漫的；甚至於章與章之間，也藕斷絲連，因為這是生命性的一種連接。這種藕斷絲連出於人心理的必然性。或者我們說它是「生命的邏輯」、「心理的邏輯」吧！

中國的知識方法論是以心理的必然性為前提。西方的知識方法論是以物理的必然性為前提。心理的必然性不只是一個推理，而是一個生命感受的發展，也因此似連非連，似斷非斷，我們稱之為「像藕斷性的聯繫」。這個詞不是我發明的，是我的一位老師、文字學家、史記大家魯實先先生說的。

這位魯先生對我的影響也是巨大。魯先生從甲骨文教我，然後讓我看到中國造字結構的基本認知的意識狀態；再到鐘鼎文的發展；到篆書的開始；到文詞的結構；到文句的結構；到篇章的完成；最後到一本書體例的完成。他展現了一份生命的邏輯圖例。

可惜魯先生死得早，我每想到他，都會掉眼淚。原來我拚命鼓動他寫中國知識方法論，但他老罵我：中國人不講這一套，你是學西洋哲學的，老要講知識方法論。

相對於我們現代的中國人，其實這個很重要。因為我們被西方洗腦洗成這樣，沒有方法論，不知道該怎麼辦！

所以我現在依照魯先生、錢先生的教導，正在整理中國的這些東西，希望把方法論的東西提出來。

我們看，《論語》前面講自覺，其實就是一個生命個體性的建立。

墨子反對孔子，就是認為孔子只從生命個體性說起，他不能去除人的自私性——來自於生物的自私性。墨子當然有他的道理，我們暫且不談。

不過孔子在個體生命建立的第二個篇章，也是學生幫他編輯出來的一個重要的連接點，就在於「為政」，也就是人的群體性——人的生命的群體性。群體性中最關鍵、最具有核心力量的，莫過於政治。所以第二篇接著的是「為政篇」，談人的群體性，以及政治根本的核心在什麼地方。

剛才有朋友提問，我講的《論語》是不是受到佛學的影響？曾經有一個小朋友問我：我講《論語》是不是有著強烈的基督教教義在裡面？因為我談愛，談生命的愛，那不是基督教講的嗎？那剛才朋友說，講「覺」，講「悟」，講生命的覺醒，這不是佛教才講的嗎？

所以你看我們現在多慘！我們不知道這些都是我們文化中、學術中最重要的主體、主題，這百年來，不要說百年，甚至於從清代，我們就陌生了。

就像王國維。他雖然很有成就，在中國近代是個大學者，然而他說傳統中國文學中，只有《紅樓夢》是唯一一本達到世界文學水準的小說，因為只有《紅樓夢》合乎西方的悲劇性。他當然有他的理論依據；不過我們從這裡來論，他已經沒有了對中國小說傳統的觀點。

哪怕就以西方的「悲劇論」來作為小說評點的論據，其實也能說得通中國的悲劇性，是中國美學上某一種重要的表現方式。可是在中國，悲劇的最高表現方式不是《紅樓夢》。

最近我看了北京崑劇院演出新編《紅樓夢》，但真是不好。朋友跟我說，你不要那麼過分好不好？人家能保存到現在已經不錯了，你不要那麼嚴格嘛！我說的「不好」，除了說戲不好看；更重要的是，參與這一齣戲的製作者已經不懂什麼是崑曲，而且不懂什麼是中國傳統在崑曲中的展現。

我的這個「不好」是有一點主觀成分，那個主觀成分在於焦慮：哎呀！怎麼會是這樣？此外還有一點，但這一點不足以讓我做決斷的憑藉。或許這麼說，也算是跟朋友們報告，為了提振傳統中國的文化，我曾參與製作、整編青春版《牡丹亭》，也就是白先勇老師所展現的《青春版牡丹亭》戲劇製作，那是一個集體製作的完成，我也是其中的工作者，我參與編劇，及美學建構的部分。後來演了兩百場，去法國，去德國，去美國，去日本，也都造成轟動，讓西方的觀眾流連而不忍離去，所以西方人也能懂情感的，懂中國式的美。在大陸更是演了一百多場，每一次都爆滿，但這似乎對北崑沒有影響，這令我有些吃驚，他們展現的全是話劇式的，所吟唱的曲子，也多以崑歌為主，幾乎可說已不再只是崑曲了。

這裡的例子就可以看到，如果今天華人仍具某些強烈的、先入為主的成見，也會阻隔了跟自身歷史的銜接，而不易有新的展現。

而我們在前面說過，王國維認為只有《紅樓夢》具有西方美學上的悲劇性，是唯一合格的悲劇，但在傳統中國未被如此看重，因為它只是兒女私情。再說《紅樓夢》也不能算是悲劇，它仍是中國傳統的悲喜劇。

為什麼是悲喜劇？因為一般認為它是悲劇，是因為賈寶玉未與黛玉成婚，寶玉被欺騙，榮國府沒落被抄家，最重要的是賈寶玉出家。賈寶玉出家在於他對萬法皆空的了悟，當他脫去俗世衣服，從此了脫一切，隨一僧一道走入茫茫的白雪世界，依佛家講，這該是進入清靜涅槃世界或空性世界，並且這依佛家說，這是大喜劇，不是悲劇。至於賈寶玉、林黛玉、薛寶釵、榮國府、寧國府，本來在因緣聚合、成住壞空的世界，一切都會自然消失。是以《紅樓夢》在開始就以神話始，再帶入一僧一道、空空渺渺，整部作品情節說明了現實世界本來就如夢幻泡影。

《紅樓夢》的關鍵之一，即在佛家說的「一切皆空」，即使從明代中晚期後，開展出了在無常的生命中，唯有「情」是真實的，但到了《紅樓夢》，又回到「萬法皆空」，即使「情」也是「空」的觀點上，明白這點，生命覺醒，放下一切回歸「空」中，這才是歸宿、才是大圓滿。

相對於《紅樓夢》，明初成定本的《三國演義》是強調在這渾渾、渺渺的宇宙中，就這麼唰地一下子就過去，人真如滄海之一粟，而誰是這個時代的主角？曹操當政將近五十年，權傾一時，而今安在哉？諸葛亮智比天高，然而跨越不了天命對他壽命的局限制。誰是這個世界的主角？誰也不是！這是傳統中國認為的悲涼！

傳統中國也非常看重明初為定本的《水滸傳》，認為它是古小說中的第一名。何以故？因它談的是一個「人」的世界，一個陷入沒有覺醒的世界，一切必將淪於黑暗；在這樣的亂世，所有的良家子都走上邪道成為盜匪。《水滸傳》中展現人類社會政府腐敗，以致官逼民反，但反民只是盜匪，也毫無生命理想可言。最後雙方握手言和，一起合作。這將是什麼世界呀？這是人類生命最大的悲哀。

我們從這裡看這些小說的深沉性不下於西方小說。可是你看，從王國維、魯迅這些在清成學的學者就已經抓不住了。

前次那個學生問，我是否把基督教的愛摻入《論語》來講。剛才有朋友問：你是不是把佛教的「覺」講進去了？其實都不是。這也正好請朋友們把你們原來的看法拿掉，然後試著從我們這觀點來看《論語》；再說，《論語》所講的是中國學術最原初的發展。大家試著讀看看。

至於為什麼基督教徒聽了之後說：哎！這是基督教；佛教徒聽了之後說：唉！這是佛教。那就說明人的事情都有相通性，因為人有共同性，對生命有一致而普遍的想望與追求，「愛」與「覺」，乃是人的「良知」、「良能」，這是孟子揭櫫的大義。所以「人」的知識仍具有相通而普遍的可能。這在孟子就已經確立，只是今天大家講孟子，不是從孟子的觀點去說而已。

今天臺灣因為做麵包得第一名就高興極了！上次第一名是把桂圓揉進去了，西方評審沒吃過桂圓，覺得稀奇極了！這一次把宜蘭的鴨賞、鹹鴨肉，還有其他一些什麼揉進去了，讓法國的評審也說，啊！味道好特別，因而得到第三名。下次再要揉進什麼呢？揉皮蛋進去嗎？大家認為這是創作，但桂圓、鴨賞，是我們生活文化中的素材。大家拿一些來就令西方世界驚艷！

如果我們認識了傳統文化，也揉進現代文化中，不也是一種創作嗎？

就像十多年前法國人到臺灣來玩，看到在臺灣演出的崑曲。那時崑曲在大陸都衰微了！臺灣新象藝術公司就把大陸六大崑劇院邀請到臺灣來演出，據說法國人看了，驚為天人！然後法國人跑去大陸，再教大陸崑劇院及政府如何向聯合國申請認定「非物質文明遺產」。當他們把《遊園驚夢》的片段在聯合國演出，結束後，聯合國全體評審委員站起來鼓掌達十五分鐘，並認為這是世界最美的表演藝術。

此外，大概三十多年前，當時臺灣的南管已經沒落，也是幾個法國人到臺南去玩，當他們走過小巷，突然聽到奇特的樂聲與歌聲，他們循聲走入一尋常人家，看到一群老人在彈奏，一婦人隨樂唱著。他們認為這是天籟，聲音中怎麼沒有任何情緒？於是一問，才知是南管，於是邀請他們去法國表演，而轟動歐洲。而後在法國印製出CD，就是南聲社的演唱。而後他們聯絡當時任教於師大（現已故）的許常惠老教授，並把CD給這位教授。而他再推廣，今天臺灣各地的南管，才再度被人注意傳唱。

〈為政篇〉：溫故而知新，可以為師也

子曰：「溫故而知新，可以為師也」，「溫故」，「溫」是「溫焨」，「焨」是以火熟物。「溫焨」是「慢火燉物」，「溫」就是用「細火」、「小火」、「慢火」燉東西。「煮」是「大火熟物」。

因此後人引申「溫」也就有「複習」的意思，一般叫「溫習」。「溫故」，「故」是指舊有的所知、所學以至先王典籍、禮樂制度。溫故對舊有所知所學，以至先王的典籍、禮樂制度有所複習，且能悟出新義，並與新時代有所融合。這是溫故而知新，如此即可以「為師」，擔任人師的工作，教導啟發人的心智了。「知新」是能有所悟，且能與新時代結合。換言之，為人師必須「溫故」。「知新」也是指展現新的可能——我擴大一點講——如此才能真正成為生命的導師。而生命的導師包含政治領袖，中國人說「為之君，為之師」，它是一體的。要作為一個好的政治領袖，你恐怕也必須是一個好的老師。因為好的老師「溫故知新」，才能將人帶進一個完全的認知與發揮全然認知的可能性中，如此這個社會、這個族群、這個群體才具有創造性，才有未來。

所以讀《論語》要請大家注意：嚴格來講，中國在西周時代，一千九百多個諸侯，其實就是一千九百多個部落族群，能夠聯合成為一個共同生命理想的大群體，以至於之後可以相融相存，這是何等了不起的成就！這起頭於西周，奠定在孔子，從「人」出發，如此融合了所有的地方民族。然後化天下各部族、各民族為一大家族。

中國在三千年前透過異族聯姻，破除族群的差異性，破除階級性，建立天下一家，所以中國沒有奴隸，也不殖民，因大家都同樣是人。

借用錢先生的話：我們將來真的站起來，讓大家從人的立場看看，想一想人類為什麼沒有和平的可能？

這是我努力到現在，希望大家了解的事。錢先生說這是二十一世紀中國人的責任。美國前國務卿季辛吉曾說：「我們控制世界的石油，就可以控制全世界；我們控制世界的貨幣、金融，就可以控制全世界；我們推廣基因改造作物的種子，控制了糧食，我們也就可以控制全世界。」

中國三千年來從來沒有這種想法。中國有內在衝突、內在會分裂，但不會殖民，傳統中國在西周平天下後就建立，發動戰爭得師出有名。此「名」是為了正義、為了和平才行，這就是「征」、「伐」，「征」是正其不正，「伐」是伐其有罪。基本上，孔子提出一個和平共存的哲學，就是《論語》第二篇，「為政以德」，政治不是權力的集結與展現，而是一個德行的連結。這是中國在政治哲學上提出的一個與西方不同的重要的命題——用西方哲學的名稱，叫作「命題」；用西方政治社會學，叫作「議題」。為政是以德作為中心，作為標準；不是權力；換句話說，政治不是權力的集中，而是人「善意」和「善行」的表達。是人追求幸福的集結。

我請問朋友們一個問題：什麼是「善」？

基督教《舊約聖經》是以上帝的意志，以及遵行上帝的意志為「善」。在基督教《新約聖經》裡，耶穌補充這一點，而提出：要愛你的鄰居、愛你的仇敵，提出了「愛」。到了十一世紀，開始十字軍東征，面對這麼複雜的異族、異族文化，加上軍人長期在外，所以聖母瑪利亞成為軍人最大、最普遍的信仰與安慰；到了十二、十三世紀，變成天主教的重要依據，僅次於耶穌，甚至於超越耶穌的「愛」的直接化身。

而原始猶太教，「善」就是上帝意志力的展現。

在臺灣，如果在座有基督教徒，你們的禱告一定是：親愛的天父啊！請祢愛我，賜我以慈善。

我小時候在教會的禱告是Angry God，憤怒的神哪！請祢原諒我的信、我的罪、我的念頭，違反了祢的旨意的罪。現在有些基督教會，基本上還是有這樣的禱告。這是依據基督教《舊約》中的上帝，是憤怒的、表現意志的、高高在上的絕對真神。

所以西方統治世界，天經地義。因他們依憑的是這樣的上帝。上帝是最高的、是一切權力的絕對標準，不可動搖。

傳統中國的信仰只是一個「天」字。「天」是什麼？每個人頭上一個「天」，是人人所有的；不但如此，閩南話「一枝草，一點露」，代表每個人都有生存的權利。真正的「天賦人權」是來自於傳統中國，所以「為政以德」。而什麼是「德」，就是善意、善行；什麼是善意、善行？大家看這個「善」字，上面是「羊」，羊下面是兩隻手，兩隻手下面是一個嘴（口），抓著羊吃，覺得美味啊。這是什麼？有利於生。

西方人說，唉唷！你看這多麼形而下！吃肉就是「善」，太下乘了。然而這個下乘也代表某一種普遍性。你吃不吃？吃。為什麼吃？有利於生。全人類哪一個敢說自己不吃？為什麼說這是一個具體的行為，就不足以作為普遍性的代表？

中國人是既具體，又是全面的，從人的角度出發，甚至於從動物的角度，也就是從生命出發。凡有利於生者，曰「善」，這就叫作「善」。

所以為政最重要莫過於有利於生。如果你能有利於生，「眾星拱之」，所有的人都支持你。如同北極星在天際的中央，為眾星所環繞。

道之以德，齊之以禮

為政者最重要在「為政以德」，國家政治的領導執行原則，在這個前提底下，要能「道之以德，齊之以禮」，而不是「道之以政，齊之以刑」。「道之以德，齊之以禮」，這個「道」就是「導」，也發導音。「道之以德」，就是要引導人們逐漸走向能認識到人的善行和善意。

現代西方社會學、政治學，並不贊成政治得有這種目的。以前我們跟老一代學的時候，他說，現代西方談教育，一定要價值中立，教育不能有善意的引導，一切要學生自己抉擇。這個也對，但你要是不告訴他這是好的、善的，他如何去分辨什麼是善、什麼是惡。傳統中國國家大政，當以善為前提。要知道政治使大家活下去，固然是好，但還得要活得幸福。是以「道之以德」，而後「齊之以禮」。「齊之以禮」也就是「以禮齊之」，用禮來整齊端正人的行為、建立社會秩序。這樣百姓就能「有恥且格」，有恥，有羞恥心，自己不會去做壞事。「且格」，「且」是「而且」，「格」是「正」，能行在正道上。

「道之以德，齊之以禮，有恥且格」，這種為政治理的方式，是能就人心、人性、人情的理解，制定制度與政策，引導人們逐漸走向生命自我覺醒的道路，知道真情，對社會生命有適當的關愛，一切都有適當的分寸，人們自然有羞恥心，能自我要求，走在生命的正確道路上。

不然的話，就像一般「道之以政，齊之以刑，民免而無恥」。

很多還活著的老一輩，都會告訴我們說，其實日據時代，社會路不拾遺，夜不閉戶。我們如果深入去了解，是怎麼達成的？據說偷竊三次就處死，再不然就抓去做苦力。而當時對待流氓的方式，如我被記錄為流氓，我今天要來這裡，先得到戶籍地的派出所說，我現在要出發去臺北市立教育大學，還得登記時間。到達之後，還要到這裡的派出所報告，我現在到這裡，並登記時間。然後在規定的時間回去，也一定要再回戶籍地的派出所報告：我回來了。

「道之以政，齊之以刑，民免而無恥」，用制度嚴格規範，然後再以刑法整齊之，使人民免於犯罪，但是心中沒有羞恥的覺識，就沒有羞恥的覺醒，沒有意識到這是作為一個人不該犯的行為。

今天有許多犯罪行為是起因於無禮的教導。有些事是政府官員不能做的，即使法律沒有規定，自己自律不做，這是禮。我小的時候就被教導「瓜田不納履，李下不整冠」，才六、七歲就懂得避嫌，知避嫌也是知禮。

如作為一個教師，就得捨棄去夜店的嗜好，以免別人誤解。如果實在還有熱情，真想high一下，也都必須不去，都得捨棄。真能捨棄，那是一個自我的覺悟，不是靠規範，其實面對欲望，規範也是禁止不了的。

所以錢先生說，如果決心作為一個知識份子，有沒有自己的生活和個人生活裡的樂趣？特別是讀中國文史，讀下來，要不是談社會的關懷，就是有極高的社會水準，那份孤單，能不能承受？要隨時思考，要消化得了；然後建構出一個情有所鍾的生活方式，才能在正道上久長，也才能專注於學問。

所以「道之以德，齊之以禮，有恥且格」。人們會有羞恥的覺悟，能自我節制。在傳統中國的政治制度中，或者國家政策裡，必須涵融人的一個生命覺醒的可能性。大家千萬不要以為這只是個夢。

「中國」，也可說是中道之國，是展現傳統中國自古以來，以文化理想去完成的一個群體。「中國」的「中」是指中道，仁道也，生生之道也。

而中道者，也是人道，這指是的華夏禮樂文化，這是春秋時，從齊桓公到孔子所強調的。什麼是「華夏禮樂文化」？就是大家能互助合作的文化，而不是以掠奪的方式取得經濟利益。是以在當時就說：「入夷狄則夷狄之，入華夏則華夏之」，這是進一步打破血緣關係所建立的民族界線。也就是說：「即使是父子、兄弟，如有人以掠奪的方式為經濟生產方式，那就是夷狄了，不是一家人了。即使不是父子、兄弟，是不同民族，但大家認同互助合作的華夏文化，那就是同一民族了。」所以《論語》裡面說：「夷狄之有君，不如諸夏之亡也」《論語・八佾》，這是說，即使華夏沒有了領導者，甚至幾乎是一個無政府狀態，都比「夷狄之有君」來得好，因為它不侵犯別人，願與人和平相處。

如果一個國家拚命提倡人道、人權，但在關鍵時刻卻總藉著人道、人權的名義，分化、侵略別的國家。他們對待許多國家，特別是有色人種國家，仍都是以對待殖民地人民的方式對待，毫無顧忌地掠奪、侵占物質，如此就是夷狄了。

視其所以，觀其所由，察其所安

接下來談第十章。子曰：「視其所以，觀其所由，察其所安，人焉廋哉？人焉廋哉？」為政的有效，在於知人。即使談法治，我們今天老覺得，中國人不行是因為中國人重人治，其實弄錯了，西方人也一樣重人治，因為制度是人執行的，人的訓練的完整性才能使他完整地執行法治，依法行政，才能使法治有效。我們今天的問題是人的品質太差，而人的品質差，是覺識的教育的不足。

讀《孝經》有言：「非天子之法服不敢服，非天子之法言不敢道。」什麼意思？這是說接受國家任命為公務員，不是國家規定的言語，絕不多說；不是國家規定的制服，絕不能穿，一切得合乎國家利益與規定。

臺灣今天不重視禮教。許多人只知人權不知分寸，女老師穿的衣服非常暴露，這忽略對青春期的男孩子的心理壓力，如果有校長提醒一下，還會說：「這是我的自由！這是我的權利！」其實在歐洲、美國、日本，都有適當穿衣的分寸。這是禮。

在西方人，雖然講自由開放，但是人們在某些特定場合，是非常嚴格的，這也是禮。我們在學西方時，忽略了這點。這不是法律，這是一個「禮」。我想有留美的老師一定知道，美國的老師、教授通常多是自由派的，自由派的衣服，較不拘謹，至於貴族學校則有嚴格規定。一般的平民中學，沒有特別規定，但約定俗成，不可違背。

我們的社會從大人到孩子都太隨興了，就如《論語》所說的「禮樂不興，則刑罰不中；刑罰不中，則民無所措手足。」：沒有禮了，「民無所措手足」，大家不知道該怎麼做，怎麼活才好，生活中好多的錯誤就是這麼來的，實在值得同情。

至於知人。孔子說：「視其所以，觀其所由，察其所安，人焉廋哉？人焉廋哉？」在此注意，「視」、「觀」、「察」這三個字都是「看」，但是程度不同。「視」比較專注在小地方看；「視其所以」，看這個人之「所以」；「以」，行也，也就是「用之以行」的這個部分——他平常的表現，習慣性的表現在什麼地方。

這「視」為什麼是比較專注在小地方呢？這是文字學上的問題。「視」字从「見」，从「示」。「示」是祭祀，像供桌，上面擺祭品。用之以祭，代表很專注，如同祭祀般地看，代表很專心地看。「視其所以」，我們看這個人的所行所為，他的特點在哪裡。

而後呢，總體地看——「觀」。「觀其所由」，這個「觀」為什麼是總體地看呢？「觀」字的本義，「觀」從「雚」，「雚」是送子鳥，有沒有看過送子鳥？眼睛好大、嘴巴好大，牠們喜歡站在樹的高處，在那邊觀看，所以「觀」是全面地看，總體地看。

「觀其所由」，這個「由」就是他做事情的前提。

「觀其所由」，從所作所為中，觀察出他行事的理由。

「察其所安」，這個「察」就是清楚檢視。「察」字是在屋中以祭，如此一定要把家裡掃得乾乾淨淨，因為要在家裡大拜拜，總要把家掃乾淨吧。「察其所安」，然後看他在所行所為之後，他的心情之所寄。「安」，心情之所寄。

所以當能夠從對人的認識、了解，看到一個人的內在人格特質，「人焉廋哉？人焉廋哉？」「廋」是隱藏。沒有人能隱藏起來。它的另外一個意思：你會看得清清楚楚每一個人的性格。這也是屬於傳統中國教育中基本上滿重要的部分。

君子不器

再說一條，子曰：「君子不器」。站在高度的生命自覺下，所謂的「君子」必須能達到不封閉、不局限，有高度的創作性。

換句話說，作為一個為政者，或作為君子的教育中，一個人有沒有興趣為政，是一回事；有沒有興趣做老師，又是另一回事；或說有沒有興趣去做股票市場的CEO等等，但是如果有些是在做人與社會中必需的訓練，就可儲備起來，一旦有天需要用了，就立刻能入手，去完成工作。這是君子不器的一種解釋。

此外，諸葛亮基本上並不想從政，卻是一個成功的政治家。王安石一心想從政，卻是個失敗的政治家。我們看王安石從小到大，才氣縱橫。而看歐陽修，他的興趣是在文學，但在經學上也有獨到見解，史學更是有史才、史德、史識，而在政治上，北宋能開展而穩定，歐陽修的貢獻極大，他還提拔了所有那個時代的重要人物，包括提拔了王安石。即使王安石看不起他，他也無所謂。我們再讀他的〈醉翁亭記〉，似乎他真正的生命興趣是在藝術；然而在他的工作之內，他不僅把事情做好，且有創造。這是君子不器的另一種典範。歐陽修的內心是開展、開放的。人的內心只要是開展、開放的，他就能不受局限。北宋另一位人物范仲淹，他是文學家、政治家、軍事家、教育家。他提拔大教育家胡瑗，辦大學，培養出北宋最好的國家政治人才。

再如清的曾國藩是一介文士，在太平天國時被逼著組織團練，帶兵打仗，消滅了太平天國使中國擺脫當時的政治動盪，而後安邦定國、建立翻譯局，將西方當時的新思想傳進中國，又出版被清朝禁制的圖書，有系統地整理傳統中國思想，成為一代的承上啟下者。這些都是「君子不器」的典型。

孔子說：「君子之於天下也，無適也，無莫也，義之與比。」這句話也就是一個生命高度的覺醒者；他不會固執己見，沒有非做不可或絕不做的事，一切以公平、合理、有利於生為準則。（在此，「適」指可以，「莫」指不可以，「比」指從，義之與比，指一切以義為準則。）

是以又提出：「毋意，毋必，毋固，毋我。」（孔子杜絕四種私見。見〈子罕．四〉，子絕四：毋意，毋必，毋固，毋我。）

當人生命覺醒後，面對事物，能不憑空臆測、不剛愎自用，不固執、不自我中心。是以孔子又說：「攻乎異端，斯害也已！」，遇到不同對立的觀點、看法就去研究，那對立、衝突之害也就消失了。「攻」是「研治」、「研究」，「異端」是「不同對立的觀點、論說」，「斯」是「這」，「害」是「傷害」，「已」是「止」。這些「覺醒」與「開放」都是「君子不器」，不受限制，走向自我創造的原因。

〈八佾篇〉

我們接著談到〈八佾篇〉，〈八佾篇〉談的是「禮」。何以〈八佾篇〉是接在〈為政篇〉的後面？這是因「為政的中心」，在「禮」不在「權」，傳統政治不認為政治是權力的分配。但在西方，政治是權利、權力的分配。傳統中國則認為「道之以德，齊之以禮」是為政的大原則。政治的制度，當以「禮」為中心。

這觀點基本是來自西周，西周的大一統，其建構即以禮樂制度為中心。孔子繼承了，也認同，又有了新的解釋。所以說：「道之以政，齊之以刑，民免而無恥。」「禮樂」才是政治國家的樞紐。是以〈為政篇〉後接著是〈八佾篇〉。

我們曾經說過，〈八佾篇〉以禮為主。什麼是禮？全世界各文化中，大約都有它自身的禮。但是如果講中國文化有什麼特色，我想禮學或禮樂制度是中國文化、中國社會所特有，別的社會所沒有的。

傳統中國談情、理、法，和「新文化運動」以來所談中國人只重情，其次還看重一點理，把法放在最後，所以中國人都亂了法治。無法如西方依法行政，走向現代民主法治社會。其實這是對傳統中國社會的一個極大的誤解。

清朝鴉片戰爭之後，列強紛紛來中國。德國一個學者到中國，大吃一驚！這麼龐大的一個國家，政治制度這麼鬆散的國家，整個社會卻沒有警察，但秩序安然。他後來回去寫了一本書《沒有警察的國家》。

清代中央政治、地方政治都走向鬆散，然而整個社會仍然是不紊亂的。這是什麼原因？其實就是「禮」。也就是在整個教育中，被教導——從家裡，以至於到家族，以至於到村落，到大社會被教導：一個人得有禮；凡沒有禮者，刁人也。

而禮，基本上有三層意思。第一，對內自我要求。第二，對人敬重。第三，尋求溝通，以達成和諧。孔子說：「禮之用，和為貴，先王之道，斯為美。」

我們今天在社會上，還可以在許多社會新聞裡，看到這種文化的遺留，只是大家已經不知道了。那是什麼樣文化的遺留？譬如有對立兩方打起來了，媒體去訪問了，警察也去了，然後有一個事主出來，訴之於媒體與警察：「按呢敢會使？按呢敢會過分？哪有這款代誌，按呢無理麼？」（閩南語）這是什麼？就是訴之於理，也是訴之於禮、訴之於社會公論。這是傳統中國社會人與人之間的相處之道，而後公論出來，雙方各自接受，而後和諧，到今天仍然保留著的一種方式。

所以這三層意思，實際上是出自於傳統中國社會很重要的一個部分，就是我們是一個以人為前提的大家族大民族。三千年前西周化天下為一家，人與人之間的關係是以倫理性的關係為主。如此人與人之間自然保有「禮」的相互關係。「禮」的相互關係是以人之情、倫理之情為前提，不是像西方，一切以個人權力、權利為主，一切得以法律分配裁決為主。而這個禮的文化系統一直流傳到今天。換言之，人既然在一個大家族之中，何須用「法」去做人與人之間秩序的唯一維繫？而是從眾人的共同心理需要和反應，然後抽取出大家可依循的道理或原則為依據。此外，當擴充得更大，才再用「法」加以補充、規範。

前面說過西方人強調「法」，因為他們以權力、權利的合理分配為主，近代社會又是以一個一個獨立的、隔絕的個體為主，如何維繫？只有在法的釐定中維繫起來。然後成為一個組織，成為一個社會，而後建立一個國家。

所以是在這種情形下，東西方兩個大的社會文化系統有其不同的組織性，表面看起來都是現代國家、社會，但因「文化」的不同而有各自的特點。

中國自古以來，換一個朝代，就要重新檢討，在這個時代該有的禮樂與法制。傳統中國不是沒有法，而是理在前，法在後。中國不是看輕法，而是從人情出發，「人情」指人之大情，即人的共同、普遍之心理需要，以至於理而後再講法制。是以中國古人言情理法。這「情」不是私情，而是指人類、社會的共同心理，或說心理反應。這也是要知道清楚的。

所以我們如果從社會學的角度談起，講中國社會，一定得從「禮」去理解，而不是從「法」談起。「禮」幾乎等於是中國的社會學。

至於「禮」，我們剛才說，第一是自我要求；第二是對人的敬重；第三是尋求一個和諧的完成。不過《論語》裡面，孔子說：「知和而和，不以禮節之，亦不可行也」。他說，「禮之用，和為貴」。「禮」的最大功能，是「和」，就是「和諧」，是人與人之間和諧的尋求與確定，「和」為貴，「貴」是重要，這是指人與人之間行「禮」，最重要就在於和諧。「先王之道，斯為美」。先王之道，也就是堯、舜、禹、湯、文、武、周公所行之道，他們能建立大時代、大朝代，就因為有禮，建立禮樂制度，使社會達到和諧的關係。「小大由之」，是指整個社會、整個天下的事情，不論大事、小事，一定都依禮來進行。

換句話說，禮可以用於大事，也可以用於小事。所以禮，大至國家規劃與制度的完成，小至我們的事物，生活的禮儀規範，都依禮表現，一切的終極目的就在「和」——整體人類、社會的和諧。

但是有一個問題：「知和而和」，是指我們了解人類生活中和諧的重要性，因此只為了和諧，當事物有所衝突時，於是不分青紅皂白，只求妥協，以便取得一時的和諧，而不以禮加以節制，加以調整，那是不可以的。

這是什麼意思？這裡的禮，呈現出禮中的一個內在精神。禮的外在功能，在於和諧的達成；禮的內在精神，在於內在分寸的掌握，這是有內在的分辨性、自我的節制性。用今天的西方哲學來講，這分辨性、節制性，接近西方所言的理性。透過理性的認知，可超越主觀情感的限制，看到事情的真相，再加以分辨，並適度調整，以求更好狀況，否則就不是禮了。是以「禮」也是理性的反省，以至超越的反省，讓自己處在真正和諧的適當處。

我們所言、所行，與自己的內心達到和諧嗎？這是「禮」、禮者「體」也，一個完整、和諧的生命整體。自我個體中沒有對立、衝突，在生命自覺中達到自我生命的和諧。這是「禮」也。

這禮的和諧的前提，有一個重要的、不可缺少的元素，在於對生命的認識、生命的覺醒。

「分寸」，即所謂的「適當」，得體是禮的一個重要的核心。而這核心是在於生命的自覺。以至於每件事，它的適當分寸在哪裡，它最恰到好處的是什麼。這要經過我們自己的觀察、理解、分析、綜合之後，再做判斷。這展現人清明的智慧、清明的頭腦。

或有人問，鄭板橋好言「難得糊塗」、「糊塗是福」，是因到了他所處的時代，太功利主義了，這是因為清代政治太過功利，又不准漢人有太多表現（其貴族也有壓抑），清代社會失去了生命理想，一切以政治權力或現實世界的福祿壽子為最高的理想。一切都功利化、庸俗化，於是大家都斤斤計較於自身的利益，個個要顯示出精明，人要糊塗不容易，相對於精明，糊塗有時是一種幸福，是以鄭板橋，辭官回家鄉，以畫畫為生，並說出「難得糊塗」、「糊塗是福」的警語。

而「禮」，就是透過生命自覺，清明分辨出分寸、適當，以至於每一件事該有的清明認知與判斷，這裡又可以回到所提的「知之為知之，不知為不知，是知也。」以至「溫故而知新，可以為師」的句子上。

〈為政篇〉：「溫故而知新」，也可從禮的角度來看，達成「溫故」、「知新」，就是認知所完成的一種表現，這是禮。我們看孔子的另一句「子曰：由，誨女知之乎？知之為知之，不知為不知，是知也。」這真正的知，在於個體清楚知道自己知道什麼，不知道什麼，真正能清楚分辨，這須何等的自我反省力，如此而確知自己能知道多少，哪些事物是我不確知的，還有哪些事我還不知道的，更有甚者，人類都還無法知道的。

人從「自我覺醒」中，在「可知」與「不可知」中達成「自我之可知」這何嘗不是禮之體現？

換句話說，這是在「知」上合乎禮的表現。

實際上講來，這是「禮之大者」當中的一項，確定到底知道什麼，這是一個分寸，甚至於是作為一個知識分子的分寸。擴大來說，這也是傳統中國社會中，知識論最重要的一個「知」的準則，傳統中國以人為真理、知識主體、主題、其重點之一就是要弄清人的「認知」，人如何能有清楚的認知。

這也是西方在他們知識論上的重要課題，不過他們的重點是什麼是「知識」？人的知從何而來，知識和真理要如何建立？

其實今天的西方知識，我們無須排斥；它也可以加強輔助中國的認知論，只要我們不要以為西方說的才是真理，或者甚至用這個真理，來推翻中國傳統文化系統下的知識和真理。至於東方是如何把它納進來，亦可檢驗我們原來之所知，這樣才能夠合乎於這個時代認知的適當分寸。生命的成長，不論個人還是民族、國家，都是一連串生命覺醒的過程。

從這個角度，我再拉回到孔子說他自己：「十五而有志於學，三十而立，四十而不惑，五十而知天命，六十而耳順，七十從心所欲，不踰矩。」每個階段所到的那個狀態，其實就是一個「禮」的展現，一個個體成長最適當的狀態；而且它又是合乎人的生理年齡的，這不只孔子自述，又是人類共同普遍的經驗。這是人在生理上、心理上、精神上可以共有的自覺歷程。

十五而志於學，做教師的一定有這經驗、十四、五歲，以至十七、八歲，甚至到二十歲的學生仍會不斷地問：為什麼要讀書？讀書的意義何在？這是人自覺強烈表現的時候。

到「三十而立」。這在二十六、二十七歲，邁入三十歲的時候，大家一定會想自己在那個時候是否自我的生命有其獨立性，是否對自我生命有認知的覺醒、確立方向，以立身、立業、立家。

「四十不惑」。年長的朋友們再回想一下，越來越靠近自己了，記憶中，四十歲左右，有的時候三十五、六就開始，有的時候超過四十，突然覺得：自己人生的意義到底是什麼？甚至於：從事這個工作要不要繼續下去？要不要改換跑道？要不要重來一個生涯規劃？甚至於包括婚姻，我還是不是要繼續這個婚姻？四十這充滿疑惑的年紀，是人本有的生命自覺的表現。

再來談：不惑。此階段如有惑，通常就是生命感到有點混亂，七上八下，拿不起、放不下，而「不惑」其實就是一個人生修養、智慧的展現。因為通常到四十歲，人生大惑不解：人生到底是怎麼回事？怎麼會是這樣子呢？想想我當年遇到他，也是一種偶然，哎！就糊里糊塗過來了，我的人生到底是怎麼回事？這困惑反而促成人的反省，而有生命自覺。

「五十知天命」。天命是什麼？天命就是上天所賦予而不可違抗、拒絕的命令：噢！原來我這麼特殊，是老天爺給的！

也請朋友們注意，中國人看事情是雙重的。為什麼？「我怎麼那麼倒楣？被規定成這樣！」是消極的、無可違抗的。可是認識了自己：「原來這就是我！好，我就從這裡發揮！」所以它本身又是積極的。

了解自己的局限，了解自己的特殊。而後就從自己的特殊，開展自己真正的人生，因為那樣子的人生每一分、每一秒都是自己的。

就女性而言，有些女士可能到了五點鐘左右，就得趕回去做飯，家人回來要吃東西了，認為自己還是在為他人做事，心理不平，不過另一方面，這也應可視為自我生命的一種展現，我有能力做飯菜——有的人沒有能力做飯菜。為親人付出，可以想想，自己是有能力可以照顧人的；至於我想不想照顧，那是另外一回事，可是自己有能力照顧他人，這是自我確立，也是自我認識。

人如果反省意識到這一點，再怎麼活，都具有主動性，而不是被動的，是在自己的生命覺醒中，看到自己的特殊性發展出來的。以我個人為例，我在服兵役時考上軍校教官，去教國文，發現自己很能教書，而後走上教書一途，在過程中也經過四十之惑，五十時我確定自己的特殊性就是教書，於是我全力以赴地教書、看書，做個盡職的教師。是以「天命」不是宿命論的「命運」，而是上天所給、無可拒絕、使自己成為自己的特殊性，其既有限定性，又有全面開展性。這是「自覺」於天命的第一種表現。

第二，我們生在這個時代，生在這環境、這社會，生在這家庭，似有點無可奈何。這也是天命之一，我們是不是就此屈服？並不盡然。但是我們是不是就去抗議，就去革命?也不盡然，只要自覺反省，我們可以根據自己的特殊性去抉擇而後全力開展，說不定又是另一番光景。

第三，自身的命運，那是來自於天。我們能夠活多長，實在不知道。我們要能珍惜我們之所有，承受自己的命運，「不怨天、不尤人」，在自我的省覺下，完全認識自己。其實每一個人的特殊性，就是限制我之所以為我的，但這被動透過自覺，化為主動，就可展現自己，而後創造自己的命運，使自己超乎時代，然後超乎自己個人的局限，走向自我創造。此即在生命自覺上。

人對於天命所賦予的最大特殊性，是人走向最大自我創造的憑藉。在這裡，孔子提出的知天命，不得了!彷彿等同貝多芬的第九交響樂——人的吶喊，向天的吶喊，憑藉人的生命覺醒，人是可以自由的，貝多芬藉著音樂向上帝吶喊：人是可以自由的。這與孔子的「知天命，而耳順，而從心所欲，不踰矩。」有異曲同工之妙。

施於有政，是亦為政

我們再從〈為政〉中來講，來提醒大家，《論語》中的重要精神，這一句也非常重要，就是有人跟孔子說：哇！你這麼聰明，你怎麼不去為政呢？或謂孔子曰：「子奚不為政？」子曰：「《書》云：『孝乎惟孝，友于兄弟，施於有政』，是亦為政，奚其為為政？」

這個「或」就是有人，或是不確定詞，通常都代表有人。有人對孔子說，你這麼好，這麼有智慧，又關心社會人群，你為什麼不去為政呢？「奚」就是何。你何不為政？何不出來競選立法委員？再不然好歹做個里長也可以啊！

孔子回說，《書經》上說：「孝乎惟孝，友于兄弟」。孝啊，就只是「孝敬父母、友於兄弟」的展現。

換句話說，人的智慧與聰明，以及人對人群的關心，其實最基本的就是有能力調整與自身的家人的關係，以至於到自身周遭的一切人際關係的和諧，讓自己不要總是與人處在不愉快之中。

「孝乎惟孝，友于兄弟」，它是一個基本的原則，換言之，我們關懷生命，關懷人生，關懷生態，但我們有能力調整人際上的互動，使家裡的父母、兄弟等等親人都能和諧相處嗎？其實也能去做到，就是一種為政之道，即「施於有政」之意，施即是行。

那麼也請朋友們注意，中國的「為政」之道，也就是「為正」之道。我們說，政者，正也。這個「為正」之道，就是協調人心至於正常的人生上，讓人走上正確、正常的人生道路。這是政治的終極目的。所以這一句話是說，政治不在權力，而是協助人們走上正確的人生。

「是亦為政」，這也就是從事政治的行為。「奚其為為政？」哪裡一定要走上那狹窄的政治圈？

朋友們在讀《論語》的時候，要注意到一些詞意的廣義與狹義。如「政」字的廣義和狹義的解釋。許多字詞都有好處個層面。讀傳統中國書要特別注意這一點。政，狹義而言，是指「政治」，指「為政」，指「制度」，廣義是指「正也」，就是「端正」人心以及人的行為。

有時這些字詞，有的是指外在事物而言，有的是指內在心智及生命而言。「正」就是指自我內在的心智與生命，以現之於外的行為。

在傳統中國，外在、內在是有聯繫的。它不像西方政治都是外在權力的運作調配，與內心無關。

人而無信，不知其可也

是以緊接上一句的就是子曰：「人而無信，不知其可也。大車無輗，小車無軏，其何以行之哉？」

這說明人類社會想要活得健康，一定要有「信」。「信」者，也是兩層意思：第一層意思是活出真實來，第二層意思是相互可以信賴。

「人而無信」，這個「而」是如。在此，「人」是指人的社會。人的社會要是沒有信，人類相互信賴的依據，「不知其可」，就不知道社會如何組織運作下去，人類如何可以生活在一起？

有部電影你們一定要去看——《亨利四世》。這是法國人拍的歷史劇。其中可以看到在十六世紀，新教、舊教之間發生鬥爭，亨利是庇利牛斯山拉法爾地方的一個小諸侯王國的王子，他們信奉新教，驍勇善戰。大家都知道庇利牛斯山的巴比克那個族群雖然小，卻力抗巴黎，爭取自身信仰的自由。巴黎大軍就是打不下來，最後只好決定和談。在這種情形下，亨利被選去做他們的女婿，而新婚的當天晚上，法國國王就要把女婿所帶來的這群新教的人全部殺光，包括女婿在內。

這個故事在歐洲歷史上非常有名，曾經拍成一部非常好看的電影《瑪歌皇后》，不過那個故事很浪漫，美化了瑪歌皇后，說瑪歌最後抱著被殺掉的丈夫的人頭說：我決心也確立自己就是他的妻子，然後抱著他的頭離開了巴黎，非常悲壯。但這個故事是假的；而這部電影呈現的是真的。

而後亨利逃出來了。作戰到最後，他意外地成為國王，因為最後在貴族中，只剩下他是真正具有法國血統的王子了，於是巴黎便請他回去，但條件是一定要皈依舊教，他也接受了，在信了舊教之後，成為法國國王。後來他要求離婚，想另娶其所愛之人。但教皇不准，甚至毒死了他的愛人。

這部歐洲歷史劇，可以看到那個時候全歐洲都有教皇的眼線。教皇由此掌握一切，逼他擔任法國國王，必須娶義大利大銀行家梅迪奇家族的女兒。梅迪奇家族的女兒嫁過來以後，因為兩人沒有感情，相互不信賴，待孩子出世之後，這個皇后就買通了刺客，刺殺自己的丈夫亨利四世，當時歐洲貴族間互不信賴到這個程度。

這部電影可以讓大家看到西方歷史的一段過程。

「人而無信」，一個人不講信用。「大車無輗」，就像大車沒有了輗。大車是牛車；

牛的脖子，上面是拱的，所以上下各有一根木頭好穩住車子，「輗」就是扣住這兩根木頭，以穩定牛的行動的機關。「小車無軏」，小車就是馬拉的車。不論是一匹馬拉，還是四匹馬拉，都屬於小車。牛拉的才是重車。「小車無軏」，軛套在馬身上的那根木桿，把它扣起來的，就是「軏」。這就如同大車沒有了輗，小車沒有了軛，那車還能行走嗎？換言之，在人類社會，人與人之間沒有了信，要如何組織、發展、生活下去？

所以人類社會中的分寸就是一個「信」。「信」是信守諾言；能信守諾言的原因，是人有真實的情感，有真實的生命，什麼是人的「真實」的確立，這就是孔子所說的「覺醒」。唯有「覺醒」才能意識到生命，能意識到生命才能確立生命，能確立生命，才能活出真實，如此才能有「信」，以至相互地信賴，在相互信賴中，人類社會的生活才可能運轉，發生作用。

問：長期以來有一個說法：儒家文化原來是OK的，但是被政治所利用。

答：這說法並不能成立。不是儒家文化OK，然後被歸咎到政治上去。朋友們能不能從另外一個角度來看，何以在漢代黃老思想如此盛行的時代，最後漢武帝卻接受儒家？魏晉南北朝道家盛行，何以社會人們重視的仍是儒家？不是政治重視儒家噢！政治只是不敢否定儒家，目的是什麼？政治不能離開老百姓，老百姓肯定儒家，因孝慈忠信是出於百姓的生活需要，因此，我們用今天的話講，為了選票，所以不得不拉著孔子的手前進……可不可以從這個角度來想？

看看當項羽及漢高祖打到曲阜的時候，曲阜絃歌不輟，當時儒生不在乎外面打成什麼樣，讀書是我們讀書人自己的事情。待黃老的思想瀰漫全國，被政治所需要推行，但是民間所有的人教育自己的孩子要如何走到下一個階段，是用老子，用莊子教？還是用儒家經典教？我想大家都知道答案是用儒家經典教。並且在諸子百家中，也只有儒家談教育，談人才的培育。漢代的貴族，為了自身的健康發展，也請了儒士來教自己的子弟，為什麼？因為這樣才能培養正向的人格性，以維持自身正向的力量。

魏晉南北朝即使社會已走向以道家思想為主，並建立以老子、莊子思想為本的宇宙論、本體論，但世家大族，以至民間仍是崇尚儒家的孝弟之道。

隋唐的時候，皇帝信的是佛，推崇的是道教，他們親自下的文告說：社會上第一等人，是和尚；第二等人，是道士，其皆在儒士之上；第三等才是儒士。然而面對社會，老百姓安居樂業的需要，不就是得父慈子孝、兄友弟恭嗎？儒士雖為第三，卻為全民所肯定。

今天我們臺灣社會不還是求人生的幸福嗎？一個穩定而和諧的家庭，不就是父慈子孝、兄友弟恭嗎？這樣的社會，才是儒家。

儒家乃是民間的，不是政府的。政府不得不向民間妥協，並以此取士，維持政府儒家的政治制度。如此儒家至少消極地沖銷了政治上權力取得不公正的這份力量，及法家的主張。

實際上如果從這個角度看中國歷史，以至於看中國社會，每次大亂之後，中國社會基本上仍是穩定的。哪怕這個區經過屠殺，剩下來的人仍要活下去，在劫難之後，仍努力維持自己家庭的穩定與延續。即使在天災之後，如唐山大地震、汶川大地震，只剩幾個殘破的家庭，但大家組織起來而成為一個家。老的照顧小的，中年的出來打工，也就成為一個家庭活下來了。

看西方許多災難影片或新聞紀錄片，災難之後，夫妻兩人就離婚了，因為我看到你就想到我們死亡的孩子，你看到我就想到我們的悲慘，於是再見！我們各自活下去吧！把那一段痛苦遺忘吧！

以臺灣的九二一大地震為素材，拍出了有名的紀錄片，片中有對年輕夫婦，即使爸爸、媽媽、孩子死了，面對殘破家園，仍說：「再生一個孩子以慰先人，以彌補失去的孩子吧！」說要先讓生命傳承下去！有一對年輕夫婦料理家人的後事，料理完後，每天對著山頭拜拜，有一天女子說：「哎呀，我懷孕了，爸爸、媽媽顯靈了，我們有未來了。」這裡可見人們對生命、生活不至失望、絕望。

這是儒家，這不是政治。儒家講的就是「人生之情」，那一份人生之情。用今天的話講，政治不過是一個專業性的事物，其在人生所占的範圍很小，儒家所牽涉的乃是廣大的百姓以至於人類。要這樣子看儒家，才能看到我們生活中的真相。是以孔子說：「《書》云：『孝乎惟孝，友于兄弟，施於有政。』是亦為政，奚其為為政？」

所以錢先生講，我們在這個動盪的、是非不明、真假含混的時代，作為一個讀書人，尤其是作為一個人文學者，要入乎其中，一切釐清之後，也要出乎其外，俯瞰這個社會，指點人類的未來。因為人是要活下去，要好好地活下去，這是人最大的可能與希望。

所以儒家從來沒有被否定，也無法被否定。

然而「新文化運動」所面對的是一個千瘡百孔的時代，當然他們那個時代又比文革好得多。

清代沒有歷史學的教育和訓練。清代沒有史學家，沒有經學家。清代的經學家是考據學者；清末講經學有康有為，但他講經學的目的是政治革新，不是純粹經學的思想與學術歷史發展的事實。

問：儒家思想在中國社會，固然發揮了沖銷政治混亂局面的力量，但是對於政治混亂，似乎是落入一個無可奈何的情況，缺少一個正面的作用？

答：你的無可奈何，是你想要在最短時間內發揮最大的效用。然而我們要能完成一個理想的社會，這裡面所牽涉到的事物是複雜的，不能單靠儒家，這如同西方的基督聖人耶穌，甚至犧牲生命以呼籲人類要愛、要和平，但兩千年下來，西方並未消除戰爭也不夠愛人。其他聖人所提出的種種關乎人類的理想，在人類的世界都也有其達不到的理想。但人們不能否認，他們的呼籲對人類仍是最大的提醒和安慰。如果說要儒家直接有效解決中國歷史政治中的動盪性，這如同要求萬用靈丹、仙人妙藥治病一樣。這太求實用性，也太不深入思考人類的事物了。其實是一非常浮面的觀點。

臺灣民間基本上在廣義上說仍信仰著儒家，只是不自知而已。除了臺灣各家庭，仍求父慈子孝、兄友弟恭的幸福人生外，在信仰上慎終追遠，仍是祖先教啊！祖先教不就有儒教色彩嗎？

客家族群拜三山國王，雖帶有自然神色彩，但三山國王也還是有祂的人文歷史性，這與帶領客家族群遷移的先人有關。

其次提到王爺。臺灣是以各種王爺信仰為主。什麼是王爺？就是帶領大家「出來墾荒然後活下來」的人，大家就封為「王爺」。「王」者，往也，能使天下可歸往者，曰「王」。所以臺灣到處有王爺信仰，因為我們是移民社會。移民群體跟著某一個帶領者移來臺灣，那個帶領者就成為信仰中心，成為「王爺」。這是對這「人」的感謝，也是對「生」之敬拜，這包含孔子所說的「慎終追遠」的涵義。如我們看台灣多處奉祀開漳聖王，不就是唐朝帶人入閩的陳元光將軍嗎？

再看民間奉祀神農氏，甚至到盤古，全都是祖先哪！這也是有儒家信仰呀！

剛才我們說，「或曰：子奚不為政？」孔子講：「《書》云：『孝乎惟孝，友于兄弟，施於有政』，是亦為政，奚其為為政？」這句話是有大意義的。

我們常常說，經典中是有「微言大義」的，不能只從文獻考訂或者文字的餖飣上去弄清楚，它本身有大義。

這句話就是告訴我們，所謂的執政，用現在的話講，是一個專業執政，然而實際上政治有它最寬廣的意思。那個最寬廣的意思，就是現實社會人生所追求的，人世所要的，大家所要共同享有的，它就是政治，而這一切也就是從家裡開始。

這如同，今天你在家是爸爸，家裡的兒子、女兒吵個不停，然後幾年不講話，你也不管，任由他們自行發展，那你就未盡父親的責任。這事你是要調和的。當然你不須用做父親的權威，或者用做媽媽的權威，是要協助並了解的，有時這也代表父母的愛不公平所引起的憤怒。家中的愛是父母最大的工作與責任。

我們剛才也說，政治就是調和人走向一條和諧寬廣的人生大道，這就是政治，而且也是專業政治都必須達到的終極處，這樣政治才會好。為政者若能隨時想到這裡，政治一定上軌道，政治不單純是選票，不單純是一個策略問題。這也就是「禮」。

所以這一句話非常有意思。而這也說明儒家其實就是人群最基本的生活需要——我們或許可以這麼說：一，生存的達成；二，生活的需要；三，生命理想的開創，然後尋求人與家人、與眾人的一份親和的建立。

如此，每一個個體都可以是主體，在調整別人時，可以先調整自己。是以孔子說：

「子帥以正，孰敢不正。」

如果在家做父母的，孩子不和達相當程度，做父母的都視而不見，就不正常了。這也是父母失職了。

我認識一個長輩，他們夫婦有五個孩子，他們對孩子的愛可不得了！每一個都是寶貝，但孩子們之間除了大姊外，互相不講話十幾年。爸爸、媽媽講起來就掉眼淚：「怎麼辦？他們兄妹就是這樣！」不過後來他們到美國留學，在美國各自打拚後，在思念父母的愛之下，發覺親情的重要，五姊妹兄弟又連結來了。家庭中父母的愛非常重要。孔子提出這個觀點。

人要是沒有了覺醒，沒有了愛，人會漂泊無依，生命無法具有意義。

我們前面講到〈八佾篇〉，談到傳統中國政治不以權力為中心，維持政治社會秩序的重要在「禮」。也因說明「禮」的大義，於是再回到〈為政篇〉，藉著〈為政篇〉中的一些章句，把傳統中國「政治」重點在人群體之生生，而人群體的生生的起點在家，在個人並言明儒家與人的關係。現在再回到〈八佾篇〉，因這在禮的範圍中。

人而不仁，如禮何

〈八佾篇〉接下來一條：「子曰：人而不仁，如禮何？人而不仁，如樂何？」什麼是「仁」？「仁者愛人」。我們忽略了在樊遲問仁的時候，孔子說：「仁者愛人」。「愛人」二字太普通了，太白話了，大家就忽略過去。

基本上有關中國的這些重要的學術名詞，現在學術上所說的關鍵字，多不能做「本質性定義」。因為本質性定義是就物理學上、化學上，是就物質而言的。如什麼是物質的本質？水、火……什麼是水？這是本質性定義。有關人，有關生命，無法做出本質性定義，只能是「指示性定義」。

什麼叫指示性定義？簡單地講，我們要去阿里山看櫻花，或者就近到淡水天元宮看櫻花，該怎麼去？指示：好幾條路，從陽明山，從這裡，從那裡……不過最近的一條路是哪裡，大約是這裡等等。那是指示性定義，是指一個大略的方向或領域。

如同：什麼是藝術？什麼是哲學？它會隨時而變——隨著時間，隨著人的視野而不同，隨著人內心的感受而不同。不過它不是完全不可說，它有一個指示性的範圍，它告訴你一個區塊，或其基本不可缺少的元素、條件、成分，這叫作指示性定義。

什麼是「仁」？這樣說，那樣說……關鍵在「愛人」。什麼是愛人？我們一談「愛人」：哎唷！這種言詞，算是學術嗎？大家不要因為它是如此普通的一句話就忽略，其實它就是一個傳統中國式的哲學命題。這哲學命題如何說？如果把它化成這樣的句子：愛人，乃是「完成對人的愛」，或「達成對人的愛」。大家想想看，有幾個人做得到？

換言之，能達成對人的愛、完成對人的愛，曰「仁」，這是不是人類共同的、普遍的問題，人類自古以來的共同而普遍的理想？人類所有的聖賢（甚至包括宗教領袖、創教者）是不是都以這為共同的目標？

那麼要怎麼樣完成？而完成對人的愛有其不可定義處。因「愛人」真是說不完，每一個人都有不同達成的途徑。甚至戀愛也是，並且每個人都有想完成的愛。

「完成愛」無法下定義，那「什麼是愛」呢？可從哪裡講起呢？依孔子的說法，愛就是「己所不欲，勿施於人」。我們平常的學習，對這章句雖耳熟能詳，但心中仍不免覺得怪怪的。以往老師、大人常跟孩子說：「自己所不要的、不喜歡的，就不要推給別人，這就是仁，就是愛。」記得我曾跟老師說：「我不喜歡，但別人不見得不喜歡呀！」老師總說：等你大了，你就懂了。許多人因此也就覺得中國人真是不合邏輯。我在小學時，老師講到這句，總說中國人太消極，你看，只會「己所不欲，勿施於人」，所以國力衰弱，不像西方就是「己之所欲，施之於人」管你要不要，只要我要給你，就非給你不可，強加到別人身上，這就是西方人強盛的地方。其實，我們常常困擾、經常不清楚的是這個「不欲」二字，到底是什麼意思？「不欲」基本意思是「不要」、「不喜歡」，但更深沉的意思，「不欲」是人絕對地表達「不要」、「不喜歡」，以致成為每一個人之所以為「個人」底線的「不欲」。不欲是一「心理」名詞。

譬如莊子的「庖丁解牛」，他說他「官知止」，他宰牛宰到最後，進入化境，就像一場芭蕾舞《天鵝湖》的表演。所以他那把刀「解」了數千條牛——用「解」就是特別告訴你：我不是殺，不是宰，不是砍，我是卸解了數千條牛。用了二十年，這把刀還像剛從磨刀石裡磨出來的，為什麼？因為到最後，我不再用我的感官，而是「神欲行」，這個「欲」。

甚至於在老子的書裡面第一章：「故常無，欲以觀其妙；常有，欲以觀其徼」。在此的「欲」，一如本能，打算心底渴望的欲，意指我打從心底「一定要」，非要不可。

請注意！這裡的兩個「欲」字，要怎麼解釋才好？這和孔子說「己所不欲，勿施於人」的「欲」一樣，這個「欲」與「不欲」，都是來自生命的本能來自人深沉的生命意識。我欲，我一定要，非要不可，打從生命的底層就要，而「不欲」，我根本打從生命的底層就不要，這是我之所以為我的基本構成底線。如果我要了，我就不再是我了。我們看有些人在戀愛中分手，其中不一定沒有了愛情，而是再愛下去，動搖了自己之所以為自己的底線，於是即使再愛，也不得不分手。「己所不欲，勿施於人」就是當人經過生命自我的覺醒，看到自己不可動搖的底線，由此推己及人，別人也是人，其也有其底線，我因覺醒，認識了自己，也認識了別人，於是知道自己之「不欲」，也就不去干擾別人的「不欲」。

換句話說，真正的愛從何開始？是從對人尊重開始，並給予人有選擇的空間與機會。不會主觀地「己所不欲，施之於人」。

就像剛才那位助教進來：「辛老師，你還要喝咖啡嗎？」「還是要喝茶？」「或是開水？」他提供了許多類別的飲料由我挑選，而不是強加把他喜歡的硬塞給我。

好多做父母的不是也常常不自覺地對孩子們說「這對你好，我告訴你，你給我喝下去！」逼著孩子就範。而孩子不想喝、不想吃時，耐心地去做一下了解，並與孩子對談一下嘛！

「仁」從二人，其中有尊重，有體諒，有對談，有溝通！

愛從尊重開始，而後體諒、溝通，了解才有和諧的可能，才有愛的可能。同時，愛才傳達得出去，不然愛也會成為脅迫人的力量。這誠如近代西方大心理學家弗洛姆在《愛的藝術》中說：「真正的愛是尊重，是體貼，是關懷，是給予，而不是一味地要取，一味地依賴，雙方都有獨立的人格。」而獨立的人格，在於「自我的生命覺醒」，唯有在生命覺醒中，才有「愛」，才能「達成對人的愛」。弗洛姆說這觀點他是得之於東方思想的啟發。其實，這也就是孔子所說的愛，人唯有在覺醒中，才知道愛。

如禮何？如樂何？所以「人而不仁」，人如果沒有從自我的生命中覺醒，而有了愛，有了圓滿的覺醒，那「禮」與「樂」又能算是什麼呢？「禮」與「樂」乃是人表達內心的情感與愛的呀。

有一場景，孔子對曾子說：「吾道一以貫之」。學生們問：「何謂也？」孔子也沒回答，就出門了。然後大家就問曾子：大師兄，是什麼意思？曾子說：「忠恕而已」。換句話說，孔子說「吾道一以貫之」，我一生所講的就是一個「仁」字，一個生命的覺醒、一個圓滿愛的傳達，以至於到對人的愛的完成。那要怎麼做到？曾子說：很簡單！就是忠恕而已矣，什麼是「忠」？盡己曰忠。把自己全然活出來。從自己活出來的經驗中，看到自己、認識自己，然後來推想：別人也是人，大概也有相同處。從這裡達到對人的認識，以至於對生命的認識，就能達成仁，達成對生命圓滿的認識，對愛的認識與擁有，以達到生命的圓滿覺醒。

所以「人而不仁」，當人如果沒有達到對生命的認識，他的愛無法表達，以至於他沒有愛，「如禮何？」這個社會有禮又怎麼樣？

我們小的時候，大人們講日本人有禮無體，只是重禮數罷了。什麼叫作禮數？我走五步，表達對你的尊敬，那我一定走五步，對你尊敬；我退三步，表達對你的尊敬，那我一定退三步。堅持這個形式。禮儀「有禮無體」，是什麼意思？禮數周到，卻沒有真正的生命體，就是沒有真正的愛，沒有真正的生命覺醒。

看看這一次福島核災，所有的那些被損毀的東西，在日本沒有一個地方肯接受，以至於無法處理，只能堆在那裡。訪問災民，災民說：「我們必須忍耐，必須承受，沒法子。」訪問政府，官員說：「我們在努力，還在規劃，不過最近才把第一階段的預算規劃出來。」我們需要時間，有一定的程序，我們得依程序做事。

臺灣人滿腔熱血地捐錢，且是捐得最多的。因為我們有著傳統中國的愛，我們有「仁」哪！

「人而不仁，如樂何？」當我們沒有真正的生命覺醒，我們沒有愛，我們沒辦法去愛人，那有音樂又怎麼樣？

所以重要的是在人對生命的認識，然後有愛，又有能力去愛人，將愛傳達出去。所以在這裡剛才有朋友問一個問題，他說，孔子說這一句話「子曰：志於道，據於德，依於仁，遊於藝。」我們要如何培養我們的生命之情，讓我們能有「仁」，有對生命的特殊認識與關懷？

今天我們常說自己這不足、那不足，當然這也是事實，但我們社會的溫情，比別的社會豐富。我們基本上能感同身受，這是我們社會和別人不一樣的地方。我們是怎麼做到的？你看，其實，這是我們保有傳統文化底蘊。在我們的社會，人們也很強調對弱勢團體的關懷、對動物環保的維護。

這不就是「志於道」嗎？有志於人生的生命大道的建立，我們立足於生命大道上，確定「活」就是一件好事。（這個「道」——指生命之道，人道。）

「據於德」。直接藉著行為表現出來。這「據」是「依據」，也是「憑藉」。也就是人們直接憑藉著行為表現出來，說得簡單點，你看捷運、公車上，凡博愛座，一般人大多不會先去坐，還有對垃圾分類的堅持，這也是一種據於德的表現。

而這一切，這種人生的大道以及展現我們的行為的動力，重要的就是根據我們內心真正的生命覺醒，以及對生命的愛與尊重，這就是「依於仁」。

而後呢，如何始終在這充滿了溫情與敬意之中？注意！孔子說靠藝術。讓自己悠遊於藝術的審美情感之中。

藝術對人生的最大貢獻在於，它讓人從日常情感——就是平常的這種情感，然後進入生命情感。而這個生命情感有一個中間的過程，就是將日常的情感提升成為審美情感，我們會更知道什麼是美好，然後我們能享受美好。

人是從審美情感中，感受到美好，而後進入生命情感，也就是對生命肯定，而後真正會體認到：「活著真好！」這就是游於藝。

所以孔子再說：「禮云禮云！玉帛云乎哉？樂云樂云！鐘鼓云乎哉？」禮啊、禮啊，就是燒燒香、放放鞭炮、燒燒紙錢嗎？古人沒有鞭炮，但是為了增加氣氛，得有劈哩啪啦的聲音，就把玉丟到火堆裡。所以你看古人最後一定是把玉器放入火祭，因為燒玉的時候，會啪啪作響！「帛」就是我們今天紙錢的前身，以奉獻給神。難道說禮就只是個儀式而已嗎？

「樂云樂云！鐘鼓云乎哉？」我們說藝術，說音樂，難道就只是敲鑼打鼓，弄個交響樂嗎？看一場精彩的表演嗎？不是。是要引動我們的審美情感，而後讓我們能對生命的美好有所認識，能有所肯定與享有。

所以「韶樂」，堯舜時候的音樂，孔子說「盡美矣！又盡善矣！」「武樂」，是周武王時候的音樂；孔子說「盡美矣！未盡善也！」因周武王的時候，他打贏了勝仗，為此而作的樂，在音樂的形式上，雖燦爛雄壯，美麗非凡，但是在生命和諧上表達不夠完整。為什麼？因為他仍帶有戰爭的殺伐之氣。

就像如今我們聽美國的《巡邏兵進行曲》，或是聽英國的國歌、法國的國歌，雖然好聽，但都是軍事進行曲。而如果以西方古典音樂來講，我們聽到貝多芬的《田園》、

《命運》，以至於到第九交響曲，或巴哈、莫札特、舒伯特的曲子，是不是較之於進行曲，更能提升人的內心情感？因其中，他們陳述對人類以及對生命美好的愛與嚮往。音樂中間那種對生命的關懷才是最重要的，這才是使人「游於藝」的因素。游於藝提升滋潤人的情感與生活。

如何去教育，引動這種生命覺醒與關懷？子曰：「興於詩，立於禮，成於樂。」這也可以作為帶自己的孩子，讀詩歌及好的文學。「興」就是引動。讀詩歌及文學能引動人的那份生命熱情、深情。帶出人的審美情趣。

而後呢，學習如何適當地表達我們的感情。「立於禮」。我們有能力適當地表達我們的感情，這「立」字是「站立」，但引申為在生活上能依禮而行，適當地表達自己的情感。

最後完成於對藝術的欣賞。「成於樂」。「樂」，明確地講，指音樂、指藝術。古人講「樂」，是總括所有的藝術而言的。

換句話說，這裡頭最重要的是，將人的情感帶動起來！並使人能有所立。

林放問禮之本

由此「林放問禮之本」，可見其大義。「林放問禮之本。子曰：大哉問！禮，與其奢也，寧儉。喪，與其易也，寧戚。」我們今天就用這章節結束〈八佾篇〉。

林放，孔子的學生，他問：禮的根本基礎在哪裡？

「子曰：大哉問！」問得好！這真是一個大題目、好問題！」這是說就一般所行的禮而言，在形式上的表現，「與其奢也，寧儉」。與其過於奢華，會遮蓋了真實的情感。不如儉樸，以表達人最真實的真情。

如日常的婚禮，大家如果看重的都不是在新娘、新郎的感情，而是在於——宴客桌數或新娘手上戴了多大鑽戒。所有的目光焦點都放在外在的排場上，沒有人真正去祝福這一對新郎、新娘，以致婚禮的奢華遮掩掉禮的主體——情。

在傳統一般的禮的形式中，最重視喪禮。為什麼？因為那是對生命的尊重、提醒。在喪禮中，孔子說，與其辦得非常華麗而順暢；「易」也同樣有重視形式，還有順暢的意思。指行禮如儀，流暢極了！不如表達對死者離去的那一份傷痛與懷念。

古人的解釋中說，古人之所以重視喪禮，乃是在喪禮中，表現出對死者的懷念，實際上可以影響活著的人，體會生命的價值。是以孔子說：「喪，與其易也，寧戚。」喪禮辨得流暢有排場或注重形式，不如表現出對死者的哀傷。哀傷是「情」，表達出對人、對生命的深情。

儒家的思想，是要體會來自於對人的尊重、對生命的肯定、對人世間的愛。它教導我們認識這些，並啟發、帶領我們進入生命自我覺醒的途徑，讓我們真正成為一個人，以開創屬於人的天地與世界。

〈里仁篇〉：里仁為美

我們說過傳統中國是以「人」為真理、知識的主體與主題，這與西方以「物」為真理、知識的主體與主題，以至於以神為真理與知識為主體、主題的古印度、古猶太不同。因此傳統中國在知識方法、知識系統上，與西方或古印度、古猶太自然不同。

傳統中國是以「人」及其「生命」為體例所構成的知識方法及系統的。知識方法其最簡單的說法，它以帶有生命本質性的事件作為事件，使人就事例看見屬於人鮮活的生命本質。這包含人的生理性、心理性、情感性；或者再以對話的方式，切磋琢磨地將人的心智層層展現等；或者用辯證的過程，將事物的正反面展現出全體性，以至於人的內外性等等。它讓人的整體性、生命全面性都鮮活地表現出來，當然它也不排斥直線進行的邏輯推論性。總之，它是將人及生命完整性，在文字上做充分的表露。

我們已將《論語》〈學而篇〉作為本書的開宗明義篇，做了說明，它是確定人之所以為人的基本界定，「人的生命起始於生命覺醒」，人從自我生命的覺醒中建立起自我，開展出自我的社會性，在個體與社會中完成能超然獨立的自我主體。

而後進入〈為政篇〉。人的生存與生命的完成，乃是在群體共同生活之中，而群體共同生活表現最強大、最有效的社會組織，莫過於政治與政治組織，是以「學而」呈現個體之後，接著第二篇是「為政」，只是從人的生命而言，「為政」的目的不是少數寡頭的政治團體，及各團體及個人的政治權力的分配。而是「為政以德」。「為政以德」的目的，是為全民造福，

西周政治所建立的生活秩序，不是只依法律，還得依人心、心情。依人心、人情而來的生之秩序，稱之為「禮」。是以在〈為政篇〉後接著是〈八佾篇〉，「八佾」，「佾」古人作「舞列」解，八佾即以八人為一行列，共六十四人。是以古人也有解為以八人為

行列的方陣。這說的是「禮」。

西周以禮樂制度，作為政治制度的核心，不僅重要也展現天子、諸侯、卿大夫、士、平民各自所負的責任。如「天子」是擔負起代天行生生之道的責任，為民求福，是以用最高之禮樂祭祀，因此天子可以祭天與天下的山川，諸侯治理國家，因此只能祭自己管轄地方的山川；而卿大夫只能祭祖先；士與庶民也是只能祭祖。同時祭祀時也有不同規格。「八佾」是天子祭祀才能用的樂舞，諸侯用六佾，即六行，四十八人，大夫用四佾，三十二人，士二佾，十六人，庶民只有家祭。季氏是大夫，他竟然在自己宗廟之庭祭祀時作八佾之舞。這一方面說明春秋時，天子之禮樂已崩壞，更重要的是，在於說明以貴族為主的社會人心的墮落與沉淪。貴族逐漸忘卻了自身所擔負的政治責任，而只是一味地師心自用，只求自己欲望的滿足。是以孔子說：「是可忍，孰不可忍」，這事都忍心做出來，那還有什麼事，他不忍心做呀？

因此《論語》第四篇就接著講仁，而說〈里仁篇〉。因「禮」是人心，人情，人性適當的外在展現。因此「禮樂」的核心是內在的「仁」。

我們說過「仁」是圓滿的生命自我覺醒。而什麼是圓滿的自我生命覺醒？這除了自我生命覺醒外，還有在覺醒中對「愛」有了充分的理解。而什麼是「愛」？西方說，

「愛」其實來自於人生物的本能，是根源於宇宙原始的力量。誠如古希臘時代的神話所說：「愛起於原始的欲望——sex」，在混沌的原始宇宙中，忽地射擊一箭，射中大地之母蓋婭的身上，於是大地開始生出萬物。萬物都帶著這原始的「欲望」，一切都在原始欲望的驅動下繁殖不止。這是世界上最大的結合力量。就在原始欲望上，至於神與人類則有了欲愛，也就是在欲中產生了愛，於是有了激情，以至於愛情，神與人類於是產生戀愛，有了婚姻，並且因此繁衍下去。而後人類在群居中有了兄弟之情，這也就是「友誼」，這份人類的「愛」是高過「愛情」，是人愛情的昇華，進而再提升就再有了「神聖之愛」。西方基本上從這裡講「愛」，而「愛」基本上是以激情為基礎。是以我們看到西方的愛多較狂烈，以感覺、感受為主，也因此若無宗教作為規範，狂烈的激情會因時間而消退。

可是孔子講的「仁」，這份帶著覺醒的愛，會使人趨向圓滿的愛，卻與西方不同。我們曾說過，什麼是愛，「己所不欲，勿施於人」方是「愛」的起點與基礎。而「己所不欲」，則是人的高度生命自覺的表現。也就是說，當人透過生命自覺，看到自己之所以為自己不可動搖的生命底線，也就下構成每一個人的「我」的底線，沒有這底線就不是「我」了。當自我自覺到這點，推而想之，別人也都是人，別人也都有他們自己的基本底線；而我的底線是我生命不可動搖的底線，那我就不去干擾到別人的底線。這種因生命自覺而來的尊重，就是「愛」的起點。不論是多激烈的愛情，若希望能長長久久，就得有尊重，以至可提供別人生活選擇的空間，而後相互交流、理解、體貼，「愛」才會在激情減退之後，而能繼續有火燄，有熱度。這就是所謂仁。近來看到二〇、三〇年代知名作家許地山的女兒許燕吉所寫的有關自己的回憶錄——《我是落花生的女兒》。書中提到，她在大學畢業，因敢言與家庭成分之故，被批成右派，下放鄉下勞改，在無可奈何之餘，嫁給了一個目不識丁的農夫，那農夫還帶著一個九歲的兒子。所幸農夫雖未受教育，但思考清晰、為人樸實，作者許燕吉與他相敬如賓，在某些生活方式上，彼此互相尊重體諒，絕不勉強。同時許燕吉女士視其繼子如己出，尊重、理解並教導他學習，以致這孩子感動得開口叫她媽媽。改革開放後，許女士平反並恢復名譽、身分，回到城市，至政府單位工作。大家都勸他放棄那農夫，許女士說：「不可以，我們是患難夫妻，我們在相互尊重、體諒下，雖文化不同，但也有了深厚情感，我不可能在我情況好的時候拋棄他。」許女士怕其丈夫在城中無聊，還向農業部門申請許可，由其丈夫負責照料單位上的一百多頭羊。而其繼子在農業大學畢業後，也自動請調回父母工作處，一家和樂團聚到老。這是典型的案例。人類真正的愛，雖不可能會沒有熱情，但唯有通過尊重、關懷，給予理解、體諒、良好溝通，方有真正的愛與情意。是以近代西方心理學家弗洛姆說：「人天性渴望愛，但多不會愛，愛是一種藝術。愛不是需索，不是一味地要求與依賴。成熟的愛是在保存人個性條件及自我完整性下的融合。」「是以愛是給予、是適當的關懷、是認識、是理解與尊重。」

弗洛姆今天的這番話，正好是對「己所不欲，勿施於人」的註解。而這就是「仁」，而這也是在人生命自覺、人性彰顯後的自然表現。

〈里仁篇〉，是以「仁」為中心，而「仁」是政治禮樂的中心，孔子說：「人而不仁，如禮何？人而不仁，如樂何？」又說：「禮云禮云！玉帛云乎哉？樂云樂云！鐘鼓云乎哉？」其中都是強調這「仁」字。「仁」字是人在生命覺醒後，人性發展的鵠的。是人性發展圓滿的標幟。因此〈里仁篇〉就在〈八佾篇〉之後，為第四篇。

〈里仁篇〉的第一句：子曰：「里仁為美，擇不處仁，焉得知！」「里」是「居」的意思、「里仁為美」就是「居仁為美」，這是人能居於仁道上，是最美好的，也就是人若能自覺一生居於仁道上，這是人生最美好的。孔子自述，他「十有五而志於學，三十而立，四十而不惑，五十而知天命，六十而耳順，七十從心所欲，不踰矩。」這可以說孔子終生居於仁道上，在終生自覺的進展上。「擇不處仁」，「擇」是「選擇」，「處」

也是「居」，「擇不處仁」這是說，人在生命上要是不知要選擇居處在仁道上，「焉得知」，「焉」是「安」，是「何」，「如何」的意思，「得」是「獲得」，「知」是「智」，「智慧」，意思是如何稱得上有智慧呢？

這句話就是孔子說：「一個人的生命最美好的開展，就是讓生命走向圓滿的高度自覺。如果作為人，不知選擇將自己的生命安處於圓滿生命的自覺之中，如何獲得人的大智慧呢？」

針對這論斷，第二章孔子又說：「不仁者，不可以久處約、不可以長處樂。仁者安仁，知者利仁。」「不仁者」，指「沒有圓滿的生命覺醒者」，「不可以久處約」、「不可以」就是「不能夠」「久處約」，「約」是「約束」，引申作「困頓」、「窮困」講，這句「不仁者，不可以久處約」，就是說在沒有真正的生命覺醒，是無法長期忍受困頓、窮困的，換言之，沒有生命覺醒者，基本上都是憑動物生物本能的衝動決定動向，在窮困中，時間一長，就一定亂動。我們看見好多社會上的失敗者，越投資，越失敗，越掙扎，生活越窘困，因他們無法謀定而後動。而「不可以長處樂」，「不可以」還是「不能夠」，「長處樂」，「長」是「長久」、「長期」，「處」就是「居」，引申作「享有」，「樂」，直接說是「快樂」，擴大說是「一切令人快樂的事物」，或「人生順遂成功的事物」上。換言之，沒有真正的生命覺醒者，一切以動物性本能反應而出的好惡，以至由喜怒哀樂決定自己的行動。即使是擁有了成功，或處在順遂的境地，他都不一定滿足，以致無法長期享有從這份成功而來的快樂，為什麼？因凡在動物性本能的衝動下的心理、情緒，無法久處在一件事上，哪怕是最美好的事物或時刻，他都會在衝動驅迫下躁動不已，並忍不住找尋變化，以致好事都變成了壞事，成功都化成失敗。我們從現實事物、古今中外歷史事例中、都可看到很多案例。近代世界上最有名的例子如拿破崙、如希特勒，他們的失敗都是在短暫取得成功之後。這也就可以看到為什麼一般人的生活都充滿了焦慮、不安、痛苦。許多宗教信仰、道德哲學、倫理學，都是為解決這種人生的痛苦而說出一番道理和規範。佛教說，人有貪、嗔、痴三毒，近代再加慢、疑，共五毒，說這是人痛苦之源。合稱「無明」，人的一切苦難，全來自於這「無明」，其實，這無明也好，五毒也好，全是人依動物本能的衝動而來的心理行為！從這種心理行為而來的負面情緒。這一切都來自生物、動物的爭生存。基督教信仰，說將一切恐懼或生命負擔交託給上帝，就能免除這些焦慮和痛苦，其實這也就是把自己來自生物、動物性生死亡恐懼，交付給上帝，依靠祂，不再陷入生物、動物性的死亡恐懼和生活得失中，也就是藉上帝的信仰，將人從動物性提升上來。而後再以耶穌的愛，愛世人，愛鄰居，愛敵人。使人學習到愛。這一切所說其實與孔子所言異曲同工。只是孔子直接從人的自我覺醒入手。從自我覺醒建立屬於人、人性中的真實「自我」，而不是如佛教先取消由感官知覺——眼、耳、鼻、舌、身、意所建立的自我。從「無我」中再求覺醒。

孔子就在生命自覺中，將自己從動物性提升到人性並建立明確的個體、清楚的自我。再從這個明確的個體、清楚的自我中，以屬於人的清明認知，認識世界、認識自我、認識生命的本身，由此開展出屬於人的智慧，人能長久快樂地生活，而不再是生活在動物性爭生存忐忑不安的痛苦、恐懼中。

是以這一章，孔子以「仁者安仁，知者利仁」作為結尾。「仁者安仁」，「仁者」指真正的覺醒者，也指圓滿的覺醒者，一定安處於仁道上。「知者利仁」，「知者」的「知」，是「智」，「智者」，有智慧的人，「利仁」的「利」是動詞，「利仁」是「有利於仁」的意思，這是說：「一個真正有智慧者，所作所為，一定都是有利於行仁道的事。」

而後孔子又說：「唯仁者能好人，能惡人」，「唯」是「只有」，「唯仁者」，只有真正圓滿覺醒的人、真正懂得愛的人，「能好人」，有幾層意思，一是可作「真心地喜好人」，二是「真正懂得對人適當地愛」。三是「能公正地喜愛應當喜愛的人」。而「能惡人」，也就是「能公正厭惡那些應當厭惡的人」。當然，其也包含真正懂得厭惡那些不好的人，或說是能真正不喜歡那些傷害人及人生的人。換言之，孔子這句話就是在是非、善惡的清明分辨中達成對人的愛，絕不鄉愿，使社會是非不明、善惡不分。

孔子接著再說：「苟志於仁，無惡矣！」「苟」是「假如」，「志」是「心之所之」，「心之所主」，也就是打從心底深處而來的嚮往。「苟志於仁」，假如當人能由衷地存心於圓滿生命的自覺——仁道上，「無惡矣」，他就不會做傷害人的事了。「惡」，是「傷害人」的事。這也就是說：「凡有所覺，而有志於走上生命的覺醒，希望讓自己能有圓滿覺醒的人，他絕不會再做出有傷害生命覺醒之道的事。」這是因人在生命覺醒後，會感受到生命因覺醒而來的快樂，因人唯有在生命覺醒中，逐漸脫除來自動物本能的羈限與制約，感受到擁有生命自由的喜悅。而這是超乎欲望滿足後所獲得的喜悅。「欲望」滿足所得的快樂是短暫的，它會使我們不斷需索、不斷渴求，像是害了貪吃症的人一樣，而後痛苦不堪。這如同莎士比亞六大悲劇的人物，特別是《馬克白》這齣劇，在馬克白與其夫人在取得權力後，他們的權力欲不斷擴大，最後他們夫婦覺得唯有死亡才是最好的歸宿。是以在《莊子》書中描述這種擁有生命自由，不再受欲望折磨的人是逍遙的人，是能餐風飲露，如飛龍般遨遊天際的人。而孔子在這裡則說，「朝聞道，夕死可矣！」孔子用這麼一句話來說明當人因生命的覺悟，從動物性本能的羈限中釋放出來，真正享受生命自由的喜悅，真正感受到活著真好，心中不再有任何焦慮不安，如此才是真正擁有了自己的生命。「朝聞道」「朝」是「早上」，「聞」是「聽聞」，或「聞問」，帶有「明白」的意思。「道」指「仁道」，這是說早上全然明白、享受到這份真實的生命感受與喜悅，「夕死可矣！」「夕」是「晚上」，「死」指死亡。「可矣」，指「沒有遺憾！」這話也就是說：「當我們真正享有了活著的快樂和喜悅，那才是真正活過了，如此真的活過了，感受到真正的生命了，即使晚上就死去了，也會了無遺憾。」孔子在這強調人唯有在生命覺醒後，才真正成為人，才真正享有了生命，才會知道生命不會是如夢幻泡影，如露也如電；也不會一切如過眼雲煙，杳無痕跡！生命本身乃是上天給予人最大的賜福與最大的禮物。這是孔子提供的人生看法。

是以孔子說：「君子懷德，小人懷土；君子懷刑，小人懷惠。」「君子」，我們曾說孔子在〈學而篇〉第一章，「學而時習之，不亦悅乎？有朋自遠方來，不亦樂乎？人不知而不慍，不亦君子乎？」賦予了「君子」以新義，根據這段話，尤其是「人不知而不慍，不亦君子乎？」說明所謂「君子」是一高度的生命覺醒者，因而他已達成自我的獨立性，不再依賴人們對他的肯定與認同，才能沒有寂寞、孤獨的恐懼。因此這裡的

「君子懷德」，君子隨時心中懷著如何能利於眾生。「德」是有利生之善行。而「小人懷土」，「小人」是尚未有生命覺醒的一般人。他們仍生存在生物爭生存的線上，是以心裡隨時所懷所想，乃是如何多積存財富。「土」指「財富」。「君子懷刑」，要注意這「刑」是典型的型，不是「刑法」的「刑」。這是指君子每天所思所想的是如何活出生命覺醒的典型，而「小人懷惠」，而小人每天所思所想的總是希望如何多得小利小惠。「惠」是指「小利益」。

這是因為君子在生命自覺後，對於道義、是非善惡，分辨得很清楚，而小人只是斤斤計較於爭取自身的利益。這就是孔子所說的「君子喻於義，小人喻於利。」「喻」是「明白」，這是說君子對道義有完全的明白與了解。而小人則對有關自身的利益清清楚楚。因此孔子又說：「君子坦蕩蕩，小人長戚戚」，戚戚，是憂愁貌。甚至孔子學生司馬牛請教孔子說「什麼樣才是君子？」孔子說：「君子不憂不懼」，也就是說：「君子在生命自覺後超脫了動物性的生死利害，所以心胸坦蕩，自然就不會憂懼了！」司馬牛聽了之後，帶著疑惑，忍不住再問：「只要不憂不懼，就可以是君子了嗎？」孔子說：「內省不疚，夫何憂何懼？」「內省」就是向內的自我反省，「反省」就是自我省察，就是當代心理學上所說的「自我意識」，在自我意識的反省中，心中沒有任何因罣礙而產生的忐忑不安、焦慮、恐懼，這就是君子，一個高度的生命自覺者了。擺在他前面的就是快樂的人生。所以儒家認為人能有生命的覺醒，以致走向仁道，走向圓滿的生命自覺，就是人生最大的智慧。

因時間的限制，我們有關《論語》的大義，只能講到〈里仁篇〉。而《論語》的這前四篇，可說是《論語》的大綱領，也是儒家的大綱領。同時這四篇也可以說是《論語》的基本論理所在，朋友們不妨細細讀之、細細體會。

而後的幾篇除了孔子自述外，就是孔子師生們相互的切磋琢磨，或是學生不斷向孔子提出具體的問題，孔子依生命覺醒之道、仁道，給予具體指導。而後第十篇談一談孔子在那一時代的具體生活。這是《論語》上篇的完成。而後下篇從師生的關係說起，以至逐步展現孔子的最高理想，也就是希望人們在生命覺醒之後，逐步推出如堯舜般的理想世界，也就是後世所謂的大同世界。不過在當時，孔子的理想世界，也就是後世所謂的大同世界就是「老者安之，朋友信之，少者懷之！」孔子在人性覺醒上給予人最大的肯定，且確定人的希望。質言之，人是人自己的幸福的鑰匙。這裡面沒有任何神話，一切都在人的生命自覺上。

孟子

人人必讀的七本書

《論語》裡孔子提出「老者安之，朋友信之，少者懷之」，一個理想社會的藍圖，而《論語》最後一篇以〈堯曰篇〉結尾。堯舜時代是孔子認為真正代表人類文明的時代，因為在此時，人類在政治上已可禪讓，並開啟了人類可以「不爭」的可能性，這也成為傳統中國儒家所肯定的理想政治。而後儒家提出「天下為公」的最高政治理想。如此《孟子》一書的開頭，就直接談「仁政」的可能，而「仁政」實行的前提就是不言「利」，是以《孟子》首篇〈梁惠王篇〉即以「王何必曰利」為始了。

〈梁惠王篇〉：王何必曰利

我們今天要談《孟子》。《孟子》的第一篇〈梁惠王篇〉，第一章，孟子千里迢迢地接受了梁惠王的邀約，而去見梁惠王。當時梁惠王接他父親魏武侯的位置，二十年內，成為當時戰國最大的勢力、霸主，因此他稱王，定都開封，就是當時的大梁，因此叫做「梁惠王」。

梁惠王邀請孟子千里迢迢地從鄒——孟子的國家，也是孟子的家鄉前往魏國。而當時梁惠王勵精圖治，希望自己的國家是七國（戰國時期七雄）中最大、最強盛的，所以一看到孟子來了，便開口問說：「叟不遠千里而來，亦將有以利吾國乎？」孟子聽了就回答：「王何必曰利！」王啊！你何必一定要從「利」的觀點出發？「亦有仁義而已矣。」在此，意指「唯有仁義而已」，就國家人群而言，治理國家，最高的前提只有「仁義」罷了。

讀到這裡，你們覺得能接受嗎？

高中時，老師教到這裡就會說孟子迂闊而莫為！等到我年紀較大了，跟好些年長的老師學經典，他們都不喜孟子！都說他迂闊而莫為！有位老師在課堂講八經、八子，就是跳過孟子不講、他說他不喜歡孟子、莊子，因這兩人一個迂闊、一個妄想。

可是在我慢慢成長以後，隨錢先生讀莊子經典，覺得清以來的中國人真不會讀經典了。近代中國人之所以不會讀經典，很重要的是，一、不了解傳統中國人在想什麼；二、倒也不全然是受西方人說法的影響，就滿清中國社會，一切皆從利益出發——「西瓜偎大邊」，只求自己的生存。這是中國人在滿清高壓統治下的習性，此外，清政府，清皇室一切也都從現實利益出發，沒有高遠的理想所致。

清代的高壓，有所謂的「文字獄」，我想朋友們都知道，有所謂誅九族，不過清代的文字獄則是要開棺鞭先人之屍，並挫骨揚灰到三代以上，這可打中傳統中國人的七寸了。尤其是士人，你殺了我，我全權負責；你宰了我孩子，也沒話說，我們為正義而言，為天地立心，都沒有話說，可是將祖先挫骨揚灰，開棺鞭屍，那太對不起祖先，這是大不孝，死後將無面目見祖先。這是滿清政府在執政的時候，掌握住傳統中國人的軟肋。此後中國讀書人就此不再多話。錢先生說中國人的脊椎骨就等同被抽掉了，一切先求活下來再說，以致一切的考量就以生存的利益為優先了。

然而一群人，一個國家，就其社會組織觀點來看，或從現代管理的觀點，如果這個社群一切為利益，會變得如何？不要說別的，就以我們這間教室為例，我們每個人如果都各為其利；我做講員的，如果也為自己的利益，我就不會全力來講這份課業。你們或者堅持各自的目的上，不說別的，若來這裡只希望聽自己要聽的，如果發現我講的不合期待，也就一無所得！

前次我們結束了《論語》的課，有位先生仍提出儒家就是幫助專制帝王欺壓百姓、剝削百姓。我請他能不能換另外一個角度來看，其實儒家是出於民間的共同需要——請問哪一個家庭不需要父慈子孝、和和樂樂？哪一個人說我不要幸福？儒家講的是什麼？不就是一個人生的和樂、幸福的可能嗎？他到最後並不接受這個觀點，這可以看出清代政治對人的影響！他因此離席而去！

如果一切都只是從各自所要的「利」出發，我們也就無法聚集，而我們這堂課能成立，大家會來，不就是一個「仁」字嗎？「以文會友，以友輔仁」。

而什麼是「仁」？就字的結構，从「二人」，我們說過，基本就是兩個人有說、有答，相互回應，有交流，不吵架、打鬧，大家和諧相處，進而有圓滿覺醒。

之前有新聞說二〇〇七年的都更案，士林文林苑、林家祖厝被拆掉了。現在各有一番說辭，建商有建商的利益、政府有政府的立場，住戶有住戶的利益，社運有社運的打算，真相全模糊了，大家鬧成一團，無法溝通。

能溝通，當中就要有尊重，能理性討論，然後才有理解，這可統稱為「覺醒」的活動。這活動是能看見自己的需要，也看見別人的利益所在。能見到人的生物性，然後又見到人可以超然於生物之上，人不是只活在單一的層面上，人也不再只是生物而已。人類社會的完成，是由每一個人聚集而起，從生物求生存的立場，每一個人都有他的自利性。如何達成共同之大利？群居和諧的生存、生活，這是「義」的完成。義者，天下之大利也，是眾人共同的利益的達成。

孟子常用的「義」，多以天下的大利為主，孟子以談群體的共同利益作為他學說的基礎。而孟子解說的「義」，又不同於《論語》裡的「義」。為什麼？《論語》裡講

「義」，基本的意思還只是一個正確的裁決；但是到了孟子，「義」則是天下之大利，這也就是人類共同的利益，人群共同的利益，或說我們這個群體的共同利益。從《論語》到《孟子》，我們看到了思想的演進。即使孟子說自己是孔子的繼承者「吾願學孔子」。但從孔子到孟子已經一百多年以上的時間，孟子思想自有發展。孟子說，「聖人復起，不易吾言矣！」指的是，「我講的這番道理，起其孔子於地下，也會肯定我的！」其實傳統中國人講思想，並不死守先人之言。

請朋友們注意，孟子講「義」，以天下之大利為利，有沒有一點根據呢？或者他這個解釋的來由，是從什麼地方來的？

學生：孟子在戰國時代天下大亂的時候，他看到人民對戰爭、為私利的情形，所以提出應該為天下人的大利為利，而提出「義」的觀點。

老師：是。這是一個現實世界提供的背景。但思想上，他是全然的獨創？還是有所繼承呢？人類思想發展一定有它的來由。社會提供某些特殊經驗，使人再思考而後提出一個新詞、新觀點。全然的獨創很少！

我之所以要這麼提出，也就是想提醒各位朋友：千萬不要停滯在新文化運動時，一些大師所提出的觀點上，以為中國人是一個頑固、守舊、不會變動發展的族群。

孟子之說「義」，其實出於墨子，是墨子對「義」的解釋。墨子覺得孔子以「仁」來說明人性，墨子基本是接受，也可說是繼承的。人是有覺醒性的，透過覺醒，人可以溝通，這包括主觀情感的交流，打開人自我的封閉性，而成為可以溝通、來往，以至於和諧、相互關愛的動物。這樣的動物進而再發展出覺醒、愛、和諧，展現出動物沒有的人性，是人類才有的人性。孔子用覺醒來確立了什麼是「人」，然後讓「人」成為傳統中國學術的第一個議題，也是中國史、中國學術上可以屹立不搖的哲學命題、學術命題。

我們就勉強這麼說吧：西方哲學是唯物論，或者說「唯物理學」，以物為主；那麼中國是唯人論，「唯人理學」，談人的共同性。由此古印度則是唯神論，「唯神理學」。

為什麼我不說猶太教？這也是今天談宗教學一定會碰觸的課題，西方從古猶太教發展出後來的天主教、新約耶穌的基督教，甚至回教。但是猶太教至今被猶太人認定為自己族群的宗教。

天主教、基督教影響則很大，至今仍然在發展中。有一部電影叫作《從地球來的男人》談一萬四千年前來到地球的一個男人——這是講一個舊石器時代的穴居人。但是不知道什麼原因，他是一個「不死族」。西方人對於印度所說的「靈魂不滅」這種絕對的唯心論，基本不接受。因其認為除了上帝能不死外，還能有誰可以不死？人怎麼可能有靈體？因為一切的靈都在上帝那裡。因此印度所說的靈魂輪迴，是不可能的。不過到今天，世界文化的交流，他們創造了「不死族」，這是上帝的神族。而電影中這個不死族是有自我調整性的，當他進入人的智人時代，他就學習，化成智人；然後再進入人類歷史文明的時代。

這部電影就講這麼一個人。進入今天，他是哈佛大學的一個教授，教了十年，獲得一切最好的榮譽，是最權威性的教授。大家極喜歡他！但他卻突然要離開。同事們不捨他，甚至追到他家裡去問他：你到底為什麼要離開？逼著他問，最後他說：我已經活了一萬四千年了。

他的同事們透過各種人類學、心理學、藝術史……去考問他，他都能回答，沒有一句虛話。最後還問到，你難道就是耶穌嗎？這在西方可是不得了的問題！電影中，耶穌是一個不死族！其實這是導演對耶穌的尊崇，因為他以耶穌為不死族。但他也呈現了一個有趣的問題：我們如讀《新約聖經》，《新約》裡耶穌講了許多的話，但透過宗教學上嚴正的考據，其實耶穌只講了十句話。而後透過當時的一些有心人，用文學、用詩歌渲染，打動了當時所有苦難者的心。那是個苦難的年代，羅馬人高壓統治、殘害非羅馬人，非羅馬人都是奴隸，他們生活如同牛馬般，每一個人的內心都極其痛苦，這些以耶穌的話語為中心所演說的文章、詩歌打動所有苦難者的心，終於建立一個宗教信仰——天主教。

如果有朋友們還看過一部有關莫札特的電影，名叫《阿瑪迪斯》，電影中，大音樂家的大主教聽到了天才音樂家莫札特的音樂，尤其是讚頌上帝的音樂，就說：我這麼伺候上帝，我兢兢業業沒有走錯一步，完全依祢的正道而行，所期待就是您能否賜給我這樣的天賦，讓我透過音樂來讚賞您。到今天我都老了，您都還沒有賜給我，卻給了那個痞子，那個俗仔！您到底是什麼意思？

依傳說，莫札特是個被寵壞的孩子。他從小就嶄露頭角，是音樂家當中生前最富有的，他寫一首曲子，要先收錢，而且收金幣，其他錢他都不收，一收就是二十克朗。只是他們夫妻倆不會理財，總是寅吃卯糧，最後病逝。

而音樂家大主教不滿上帝將天賦竟然賜給了任性妄為的莫札特！他想，既然如此，他願意接受魔鬼的引誘，去做魔鬼的門徒。電影中最驚悚的，是他竟把十字架上的耶穌聖像丟到柴火裡燒掉，十分駭人！

而今又有電影以「耶穌是不死族」之說，提到《新約》是人們所渲染出來的，耶穌本人的話只有十來句而已。這真令人驚訝，西方宗教似乎還在隨時代發展？

因此在此我不用猶太教、基督教來作為「唯神理學」。

而「唯神理學」就是探討：世界為什麼要誕生？在人所可能認知的範圍內，它的可能是什麼？何以神要創造這世界？祂所根據的理由是什麼？為什麼？

在印度的婆羅門教，在《吠陀經》中，他們在這些義理上，雖然並沒有答案，卻由此而內觀，內觀至人的生命本身，以尋找可能有的答案！

至今人類哲學界、文化界認為，到今天仍然具有活力的文化，中間能夠創造出原創性哲學的有三個民族——不是每個民族都有同樣的創造力。就整個人類而言，只有三個民族具有哲學的創造力：古希臘，對宇宙的探索；中國，對人的探索；古印度，對神創造的探索。

所以我說，作為「什麼是人」這議題，「人學」就從這裡開始，所謂「人理學」從這裡開始，這是孔子所提出的。

墨子繼承了這「人」的觀點，不贊成孔子對「仁」的說明。我們用今天的話說：他說孔子只說了一半。只說了人的覺醒，強調了個體的覺醒、自我的建立；又強調了

「愛」，但這「愛」只從自己親人開始，孔子並未去除人自私的根源。此外，人離不開群體；群體生活中，有物質的需要與滿足，這是人類社會不公的起源，因為物資有限。人自私，有權力者就會藉著權力聚斂物資，導致貧富不均。是以人真正的覺醒，是在於「義」不是在於「仁」，更不在於「孝」，在於天下大利的公平。所以一切要從「兼愛」開始。這是「天志」。

在歷史上第一個反對孔子的，是墨子；但是並沒有離開「人」這前提，而仍然以人的公平的利益作為最重要的社會課題。孟子則繼承了孔子與墨子學說的觀點。

這也是錢賓四先生告訴我們，讀經典一定不要忘記：不要把儒、墨講成絕對對立，這是現代人狹義的看法，是受西方文化的影響，因為西方一定是從對立中尋求絕對。在中國以人、以生命為主，這是根本的繼承，而後再有個別的發展，如水流一樣，如長江、黃河一脈到底，其中有好多段，好多分支、領域。是以中國學說會說派別，派與脈是相通的。墨子反對孔子，但並沒有像亞里士多德反對柏拉圖一樣。

亞里斯多德說：「吾愛吾師，不過面對真理，我更愛真理，老師你說錯了，我不贊同，我要全面否定！」我們今天都覺得西方人理性是從這裡來的，不像中國人情勾勾纏，這是沒有理性的結果。基本上，西方人對客觀世界的探尋——先看到太陽在變化，認為太陽在動，是世界的真理。等到人類再往前進步，發覺地球繞著太陽，呀！原先的認知錯了，如此，即使是自己的長輩聲稱太陽是動的、地球是不動的，這不合乎事實，錯的仍是錯的。

中國以「人」為知識的對象。

從智人到現在，有一個問題：人有沒有絕對的變化？沒有。《從地球來的男人》這一部電影提出了一個有趣的問題：克羅馬儂人是不是絕對跟智人不同？這部戲裡面是說，沒有絕對不同，所以他可以做調整，可以進展存活到現在，成為現代人。

這是一個「人」的問題。人的延續性，不同於客觀世界、物質結構的差異性。

所以墨子只是修正他所認為的孔子的不足，就如同墨子稍後的楊朱。楊朱不贊成墨子以社會群體作為認識人的指標，然後他提出了一個「生命問題」和「個人問題」。就生命問題，在個人本身而言，管哲理怎麼說，我要是沒有生命，無法活著，哲理再說得天花亂墜，對我都毫無意義。我要是沒有覺醒，沒有意識，如同植物人，這個世界對我又怎麼樣？他重新回到個人，回到我，這是楊朱提出「重生」、「貴己」的主張，他修正了墨子的不足。

孟子集結他們二個人的議題，回到孔子的仁，提出仁、義二字說：「王何必曰利？

亦有仁義而已矣！」。孟子從人性最根本處，來談國家、談社會、談有效的治理要如何達成。

所以《孟子》這本書和《論語》的不同，也與墨子的不一樣。孟子從政治、社會的角度切入，從國家治理的大前提開始，他提出的是今天社會學、管理學、政治學上所說的，哪個是其最高指導原則？

從自己的利益出發，「王曰：何以利吾國？大夫曰：何以利吾家？士庶人曰：何以利吾身？上下交征利，而國危矣！」如此國家社會就分裂了。這是《孟子》所展現出來的基本理論：如果領導者作為一個國家政治最高的負責人，腦筋裡只有自己的政治上的利益，不考慮整個國家的利益，這包括卿大夫的利益、士庶人的利益，甚至國際間的共同利益，一切都以自身利益為主，而同樣地，一個小國家，一個大夫，以至於世俗人、知識份子以及老百姓，每天所想的也都只是自身的利益，那麼上上下下就會互相在利益上爭鬥，這必然會使國亦不國，家亦不家，而國際間必戰爭連綿。

今天不是正在上演了這樣的戲碼嗎？目前的國際社會，不就是以美國最強嗎？川普以美國利益優先，逼得全世界以他的利益為主。而全世界就在想盡辦法與之周旋，相互間的裂痕越來越大。美國還帶頭做軍事競賽，要逼使俄國、中國、伊朗做種種應戰的準備。其他許多中東國家、印度、巴基斯坦、以色列、塔利班，各自也都只謀求自己的利益而紛擾不已。其實這一時代，科技發展到這個程度，人類史上，可說是最美好的時代，但人們大部分精力是用來準備打下一次的戰爭。看看這些年來美國花多少錢？花在對別人的戰爭上，說這是為美國利益。美國驕傲的不是他們為人類世界帶來什麼富足，他們最得意的是：你看，我的這個炸彈丟出去，可以炸到你二十公尺的地下，看你往哪裡逃？或許美國人若能讀《孟子》，知仁義，就能避免走向邪惡帝國。

「萬乘之國，弒其君者，必千乘之家」。這個「弒」就是以下殺上，曰弒。起來反抗他的，一定是千乘之家，因為「我也想做萬乘，所以我對抗你。」或「我也得稱霸，我一定與你對抗。」

北韓：「我雖然比你小，不過我拒絕遵守你的規矩！」所以北韓金正恩要射兩顆飛彈，向美國跟南韓抗議。

「千乘之國，弒其君者，必百乘之家」。中東敘利亞、伊朗、葉門那些部落首領，表示：我也不接受你的霸力，我就要打！

「萬取千焉，千取百焉，不為不多矣」。可是如果我們就「活著」這件事情來講，請朋友們注意，「活著」這個前提，即使我們有百輛兵車——「百乘」就是百輛兵車，這不也是不少、不錯的生活嗎？但我們的經費還可以再預備百輛兵車，比如還可以買得起F16、F30，就不顧人民的生活，就增購軍火吧！

因為在「利」的前提下，沒有全面的掌握，誰都沒有安全感。因此誰都不能好好地過日子——是這句話的意思。

「苟為後義而先利」。假如我們把「義」放在後面，一切以自身的利益為前提，為最高生存價值，以這個生物性生存的利益為條件。「不奪不饜」，不搶人家的，絕不心安，絕無法滿足。有的時候搶人家不一定是非要不可，但是奪來了以後才能心安。孟子談的是人的生物性、動物性，作為一切出發的考量標準而帶來的不安。孟子要人們想想，為政者要人類世界隨著科技的進步，提升到人性的世界，還是要讓它墮落到生物、動物的世界？

美國今天面臨的其實是這問題，可惜沒有一個國家的領袖向美國質疑，因為都沒有學《孟子》。其實中國應該質問美國總統：今天先進國家帶領全世界，進入如此高科技的水準，下一步是要讓整個的世界人類走向墮落，還是向上提升？

這是《孟子》的第一章，他提出人類活到今天仍然存在的一個問題。

請老師們注意，當老師們在講解的時候，可能或許都會根據《論語》基本的字義解釋，因為考試要這麼考。但我剛才對《孟子》的講解，還有前面對《論語》的講解，都是把它的義理抽出來講解，讓大家看到經典並沒有過時，人類古今是一體的。

最後一段，「未有仁而遺其親者」，沒有一個有愛的、在生命覺醒後仍有這份愛、對生命有份關懷的人，會把自己的親人拋棄掉。這裡所談的是「孝道」。

「未有義而後其君者也」。沒有一個人在懂得天下之大利後，而後把自己的國家——「君」的本義，「群」也，群引申為國家，把自己國家、族群的利益丟到腦後去的。這個講的是「悌道」。

剛才有朋友拿給我看，我在大陸曾有五次演講孝道，有兩次被其單位立刻上網，他們實錄我說了什麼，並用一條一條的條列方式列舉出來，但不是用逐字稿，而是做了新目：「西方哲學與中國傳統思想」。我原來講的題目是「慎終追遠——孝道哲學溯源」，當時他們告訴我，在我們社會直接講「孝道」而且還是你這種講法，太讓人震撼、吃驚了，我們為了避免其他極左的人攻擊，還是不要用吧！我們可以講「孝順」，但不講「孝道」。我回答說，你們不是一天到晚提倡這個孝、那個孝？他們說：是，可是我們只講「孝順」，絕對不講「孝道」。當然今日又是不同的光景了。

我講「孝」的時候，特別強調，孝不是天生的，人小時仰賴父母，愛父母，那是生存需要，孝是要在人成長後，一是感受到父母的愛，二是有感於自身生命的可貴，而感謝父母，生我、養我、鞠我、育我，如《詩經》〈蓼莪〉篇所說，而這種說法，則是人在生命覺醒，意識到生命可貴後才會有的對父母的愛與感謝。

是以孔子那麼強調「孝」而且談「孝道」，這是一個生命哲學的問題。換言之，當人們沒有意識到自身生命的可貴、活著真好；當人們沒有享受到「活著」這件事，以至於我們沒有擁有「我們活著」的意識，我們會感謝給予我們生命的人嗎？

如果父母在帶孩子們的時候，沒有讓他們逐漸意識到父母對他的愛和支持，沒有讓孩子們從父母的愛中，享受到「我活著真是一件好事情，我有爸爸、媽媽的愛。」同時讓他能享受到「活著真好」，他會為他的生命而感謝爸爸、媽媽嗎？我想並不容易。

「孝道」的提倡，其實是一個情感教育和生命教育的總結的詞彙。

「孝順」，只是從「順」開始而已，那是一個很實用性的方式。所以「孝道」有形而上的意義，也有現實實用的具體表現。

我們今天父母的愛，常常用這種方式表示：「好好去用功！一切考上了再說，那是為你自己噢！可不是為我噢！我告訴你，我現在把養老金已經存好了，你們到時候愛走多遠走多遠。我到了多少歲，我會安排好老人院，至於你們來不來看我，那是你們的事。我們自己料理自己。我們是現代人，我們是獨立的。今天一切都是為了你們，你們走你們的，不必管我們！」說得慷慨激昂，實際上這是切斷了做子女對父母的愛，剝奪了子女愛父母、行「孝」的機會，其實是不正常的愛的表現。

怎麼教導孩子們知道：你真的愛他？

我曾經舉過一個例子。我教建中的時候，爸爸、媽媽不自覺地要求孩子：我對這個孩子沒有任何要求，老師，我是非常開放的，我受過高等教育，我知道應該平等對待孩子，我只要他每一科七十五分，這不算過分吧？我當年沒有一科低於八十五分啊！我就問這位父親：你還保留你的考卷嗎？我說，你的考卷要不要跟現在孩子們的考卷比對一下，看看有沒有差別，再來談七十五分是比較少的，八十五分是比較多，好嗎？

我現在忍不住說，在座有好幾位在建中念書時，被我教過，那時候我其實擋掉好多虎爸、虎媽的要求，並且建議虎爸、虎媽，要注意父母們愛孩子的方式，這種愛若帶有壓迫性，是一種威脅呀！

甚至於有一天，有個孩子痛苦不堪、不願回家，我問他為什麼？他說他考不好，他不知道要怎麼回家。我說，噢！這麼嚴重？他說，是，我覺得我爸媽不愛我，我爸媽只愛分數。我說，不可能！他說，真的，老師，我從小就這樣，我如果考不好，我爸媽就從給我的零用錢中扣掉一些錢。考好了就會有獎賞，我就是努力地為了爭取到一點爸媽給的獎賞，因為用功才進建中的。現在幾次考試下來，成績都不行，今天月考發成績單了，我不曉得該怎麼回去。我也努力了，可是我覺得自己沒有希望。

我說，噢！這樣子啊！好，我們來設計一下好不好？我說，你爸媽絕對是愛你的，他們只是用這種方式愛，給了你壓力，以為這樣對你好。我說，你今天就把考卷拿在手上，背著書包，晚一點走，我陪你。那天要他等到八點多，然後等你現在回去以後，你爸媽一定會問：怎麼這麼晚回來？你不要說話，手上捏著紙，低著頭衝進房間，啪！把門關上。你爸媽一定會問怎麼回事並叫你吃飯，你先不要理他們。等到他們捶門了，急了，問：到底怎麼回事？你就說，爸媽我對不起你們，我活不下去了，我知道你們對我有期待，可是我沒有希望了，我勸你們不要再對我好了，我願意去死！我說，這時你爸媽一定會很著急，然後一定會追著問你怎麼回事？最後你開門，拿成績單說，因為我今天數學只考了五十分，物理也不及格，我對不起你們。爸爸、媽媽一定嚇死了！他們一定會說，五十分並不壞啊，還有下次考試呀！加點油就可以的，不嚴重，不嚴重，先吃飯再說！

我用這計策好幾次，都成功。重要的是讓孩子們知道父母的愛，也讓父母知道愛孩子得適當。

西方近代大心理學家弗洛姆說，每個人都渴望愛，只要是人都渴望愛，可是不代表人有愛的能力，也不代表會做適當的愛的表達，朋友們要有興趣，不妨看他的《愛的藝術》。其實依孔子所說：人在生命覺醒後，才能有適當的愛的表達，這就是所謂的「己所不欲，勿施於人」的大義。

每個人都渴望愛。我們看，好多時候，很多人說，哎呀！我到了現在，七十歲了，我才懂得我媽是多麼愛我。要到七十歲，才體認到父母愛自己。所以《詩經》：「樹欲靜而風不止，子欲養而親不待」。爸媽在孩子小時，為了教育子女成人，有時採取的方法是不適當的，或許太嚴、太苛，或許太功利，總把錢掛在嘴上，再不然就是與別家的孩子比較個不停，這都是讓孩子心靈容易受傷，而誤解父母不愛他的原因。當然有的父母太溺愛，這更不行。父母得有一個適當的方式去愛孩子、教養孩子，使孩子在愛的當中，意識到自己，意識到這份父母的愛和支持，而感受到生命的力量、有了生命的自信，並對生命有所肯定。

據說心理學做過調查，選擇自殺的人，通常是在幼兒時沒有被愛、沒有被支持，在這種人的感覺中，他沒有獲得過愛和生命的肯定，最後遇到困難的時候，他就容易選擇自殺。

所以美國現在又開始提倡母親哺乳，以前美國提倡餵牛奶並讓孩子自行吸吮奶瓶，為鍛鍊孩子獨立性做預備，近來卻發現這對人的心理有傷害，並了解到，母親抱著孩子餵母乳的時候，可以讓孩子感覺到他是被需要的，他的誕生是被肯定的，從這裡取得活下去的力量。

人在生命的歷程中，其實會遭遇到很多挑戰，能接受挑戰，是人走向解決難題、自我開創最重要的支持力量。

這生命力量的完成是「孝道」中要完成的內涵。

至於「悌道」，就是社會群體中，我們如何與社會群體相處。在關鍵時刻，我們能不爭就是「悌道」——「悌」原本是家庭兄弟相處的和諧之道，所謂兄友弟恭。在父母適當的愛的教養下，兄弟能不爭寵，能相讓，這是悌，而後與社會群體相處也能適時退讓，與人和諧相處，這是「悌道」。

當一個人真正有了愛，對許多事情就不會斤斤計較於自身的利益。一個有孝道的人「不會遺其親」，不會放棄自己所愛的人，從父母到整個社會。一個真正懂得「悌道」

的人，懂得天下之大利的人，不會把自己的國家社會之利放在自己利益的後面。

所以「王亦曰『仁義』而已矣！何必曰利！」在此指王要是也意識到「仁義」的意義：那麼國家的治理上就會改變了。

美國CNN前些時候攻擊某些工廠是血汗工廠。現在CNN自己承認全是造假，也就是像我們的「腳尾飯」事件，是假的。至於這些工廠與別的地方的工廠比較，他們是比別人薪水高；他們的福利與加給都高過其他工廠。可是何以他們會有麻煩？現在雖經調查，是一些工作者的私人問題，如愛情等造成的。這也就是人不是有錢，有得吃，就滿足安定了。基本上若在情感上沒有出路，尤其一群十八到二十二歲的青少年，在遇到挫折的時候，他們很容易鑽進牛角尖。因為他們沒真正活過，享受到生命的喜樂。

當人活過了，就捨不得死了。因知道活著就有希望，活著就是可以得到奇蹟的；如同基督教徒，說上帝會給奇蹟的，人死了，一切就沒有了。人要好好地活。

而二十幾歲的孩子，還沒有真正活過，他們在全力追求自己所要的，尤其是愛情，當喪失了，就容易想不開。

我曾在浙江的慈城，一個古鎮，跟一群文化部高級工作者、金融界一群高級主管講《孟子》，談「孝悌之道」，知道某一臺商的工廠，竟然有幾十萬工人？我說這不能只視為工廠，它是一社群，如同一城鎮，如果不教育這些年輕工人以「仁義」、「孝悌」，會有悲劇發生的。這是因我在中學教過書，知道十幾、二十歲的年輕人，是強烈自覺開始的年紀，會強烈問生命的意義和價值，追求自己生命中最渴望的……當他們無法得到答案時，容易走上極端，因為他們覺得活著沒意思。我才講完沒多久，就一連串發生了好幾件悲劇！

而後我再去講《莊子》、《老子》時，他們說，到底你講的是你的預言，還是中國經書真能夠說到現實的事？我說，我不是預言的，我是根據《孟子》講的，中國的經書是與現實結合的，且不分古今。它以高度深切又普遍的人性論為前提，而後再俯瞰現實世界、人的生命中的種種作為，讀經典可看到其中共通的必然性。

《論語》中很清楚地說出：人的生存性、人的生活和人的生命理想性。我們要能夠了解，我們的經典多從人的人性論的最高處，然後看到人的生存性，並了解人的生活狀態，然後再進入對生命理想的追求上：一個自我創造、自我實現的渴望。

愛情也是年輕孩子在自我實現上最大的渴望，這時他們充滿生之熱情，面對情感問題，他們需要協助、開導，尤其在工廠裡更需要，因工廠的工作太一成不變了。現代工廠該有的設施，不只是專業技術或娛樂室，更當有心理諮商室和心理輔導老師。

錢先生說，當我們講經典，如講不到生命的真諦、教導人生活的情趣，並使人去愛生命，就等同沒有讀經典。這是他老人家跟我說的。

〈公孫丑篇〉：人皆有不忍人之心

接下來是〈公孫丑篇・第六章〉。孟子曰：「人皆有不忍人之心」。

當代人註《孟子》，仍多在考據上，或字詞解釋上，義理上大家多不講，這是受現代「科學中立」的影響，學院派裡的學者多認為，傳統義理中有許多價值性、「意義性」的判斷，這不合乎科學中立，不是客觀理性的說理，也不合乎西方哲學以及科學的絕對客觀的真理性。而考據上畢竟還是下了工夫的，當代孟子註，楊伯峻先生的譯註還好，可作參考。楊是有家學的，他的叔父就是清末大學者楊守敬，但他的缺點呢，畢竟是在近代「新文化運動」之後，又留在大陸，所以常以唯物性觀點解釋，考據雖還清楚，不過沒有義理性，只有生活性。

我們說過，「哲學」一詞是翻譯西方的"philosophy"而來的。在中國有類似深入人性，並碰觸生命的終極問題的，就是所謂的「義理」，這詞就出於《孟子》，而什麼是哲學？哲學廣義地說，就是追根究柢。所謂的哲學，就是人類透過自我的反思、反省，對宇宙、人生以及事物的本質、本性做追根究柢的探索。

譬如佛學上所謂的「空」，它不是本質的呈現，而是本性的呈現。因為佛學根本否認有「質」，否認這個世界的構成，有一個永恆不變的物質的那個「質」的存在。從佛學上推演，它是一種「能」嗎？現代西方的高能物理也發覺，沒有「質」可言，但是有「能」。佛學上所謂的「空」是不是一種「能」呢？其實也不是。

《從地球來的男人》這部電影，有一件很重要的事，這個男人是耶穌，他聽過釋迦牟尼講道，他在釋迦牟尼的時代，成為釋迦牟尼的大眾僧團中的一分子，在幾百年後，他成為耶穌，在兩河流域，傳達釋迦牟尼的道。可是你看耶穌在他的四福音裡面，講「善」，講「忍」，講「愛」，是不是跟佛所強調的是一致的？這一點很有趣。

其實在基督教自身的宗教史的研究中，說耶穌十四歲後沒有了紀錄，他到底去了哪裡？他二十九歲時回耶路撒冷，開始講道，有人認為他的道與佛教談的真諦很相似，是不是跑到印度去了？西方近來宗教史上有這麼一種傳說，但耶穌沒有講「空」。

佛家所說的「空」，既然沒有「質」，是不是「能」？按照佛學說法，並不是「能」，一切都是組合。換言之，不論它是什麼，都只是一種組合，在特定的因緣、時空之下，暫時的組合，而後就散了，所以萬法皆空。

如果朋友們去讀《金剛經》，釋迦牟尼佛在《金剛經》裡說，當你們如何如何之後，認為「我」是一個絕對而確定的、你們崇拜的對象，如此你就認為見到了釋迦牟尼佛了嗎？釋迦牟尼佛說：你沒見到釋迦牟尼佛，你所見只是因緣之組合之相而已。即使是我，也只是在這特定的時空中，因為因緣聚合而成的一個暫時的相。

由此，臺灣社會的許多佛教團體都不講《金剛經》，因為講了就沒法募捐了。這雖然有點嘲諷，但卻也有其真實性。

而這「空」講的是這宇宙構成的本性、屬性，而不是西方式的物的本質。

我剛才說，哲學是透過人類特有的反思、反省，而後所做的對於宇宙、人生及其事物的本質、本性，所做追根究柢的探索，它成為一門極大的學術、思想。

遠從兩千五百年前的古希臘，就成為古希臘一個系統，在中國這裡，也在兩千五百年前成為一個系統，在印度，也在大約兩千五百年前成為一個系統，皆為人類文明的開始。

而在中國的這系統中，是以義理的形式展現。在印度是以宗教性的、詩歌般的吠陀經典形式來呈現。而後佛教以釋迦牟尼講道的方式呈現。

所以我們如果以西方古希臘哲學的那個形式與定義來看，十九世紀不少西方哲學家，就以黑格爾來講，他就不承認在西方哲學之外有任何的哲學存在，包括中國及印度。當時西方學者幾乎都這麼說。這觀念以致影響到我們近代，大家從西方哲學形式來看，甚至於認為中國沒有學術。西方學者沒有意識到自己學術只是從「物」出發而已。

中國因以「人」為哲學前提，因此所謂哲學，是以「義理」的形式出現。這個「義」是指人類群體中的共有性，所展現出來的人之普遍之理，曰義理，這出於孟子。而後中國學術界都稱為義理之學。

我們剛才說「義理」，是中國的學問中所探討的最高哲學。而孟子之學繼承了孔子之學，進一步說：「仁者，人也」，又說「仁者人也、合而言之，道也」，並更進一步說「仁者，人心也；義者，人路也」——孟子直指「仁」就是「仁心」，「義」是「人路」，合之即是「人道」。這就是儒家的「道」，孟子更明確地重新提出。這與莊子的「道」、老子的「道」不同。

朋友們如果讀中國思想史，「道」在《莊子》書中並不那麼重要；「道」到《老子》書中不得了！是一個最高的哲學主題。如同「義」在《論語》中並不那麼重要；可是到了《孟子》，它可不得了！

而這個「心」，孟子說，如果從「仁義」出發，或說從人性之所特有的表現，指從「人心」出發，人皆有「不忍人之心」，人對於自身的同類以及對於所有的生命，都有一個「不忍」、這是一份特有的人性——所謂的「不忍」、「不忍心」的這個部分。其實這個「不忍心」，就是我們今天所說的「同情心」，也是一種愛、生命關懷。

孟子在後文說得很清楚。當一個小孩子將掉到井裡去了，旁邊的人都大叫：啊！在現實生活裡，我們也有類似經驗。有時候在路上看到有人被車子撞了，不論旁邊的人或自己都會：「啊！」地叫起來。甚至馬上就會有人衝過去救援，還有的人馬上開著車子去追那個逃逸的肇事者。這些都是「不忍人之心」的表現。

孟子再問，這些在路旁看到孩子將掉進井裡、很焦急喊的人，他們認識這孩子嗎？沒有，這孩子是某某高官或商業鉅子的孩子嗎？當然不是。那為什麼大家會這樣子的焦急跑去幫忙呢？都是不忍人之心呀！這不忍人之心是超乎生存利害之上的心理反應呀！人為什麼會有不忍人之心？這來自於人自身生命的完整性，很自然引動人在心理上，以求一個完整生命的保全與維護！

不要說是掉到井裡或是遇到車禍。即使我拿這杯子，在課堂，一不留神，失了手，你們大家一看，杯子滑落，不也一樣：會啊一聲，說不定坐在前面的還本能地趕快伸手搶救。大家珍惜這個杯子嗎？這個杯子值錢嗎？這杯子是宋代的哥窯嗎？不是。人的生命完整性引動的不忍心，不想讓它破壞了。這出自於人對生命的完整性的一份認同，不自覺的認同。是屬於人的生命本能，不是生物的、動物的。

請朋友們注意，談中國學問，包括儒家、道家在內，都是從屬人的「高度知覺」去討論，它不是動物性，不是生物性。

人是多重性的：有生物性、動物性、有人性，甚至還具有創造性的神性，人的複雜性，不是西方自然哲學、科學可概況、單一化的。

「先王有不忍人之心，斯有不忍人之政」。在此指出所謂的「先王」——堯、舜、禹、湯、文王、武王，甚至還加周公，因為他們開創出一個個好的新時代，他們有這份「心」——生命「同情心」、「同理心」，也就是「不忍人之心」，所以才有不忍人之政。這個「斯」就是「才」。而「不忍」也就是「愛」。因為有這份人類的愛，而能夠展現「愛」的政治和文明。

請朋友們注意我的用詞。不是因為在理論上該愛人類，所以我開展出愛人類的政治，而是因為心中有愛，愛人類，所以我才去做，有目的地為人類帶來和平與幸福，於是創造出「不忍人」之政。

西方近代大哲學家康德曾說，在人性中，有「合目的性」與「不合目的性」。什麼是合目的性？合什麼目的？它合生存目的，合生物、動物的生存目的。其實人類的很多活動，包括政治活動、科學活動，包括科學發明的活動，其實都是合目的性的，它的合目的性就是：有利於人類生存以及爭取生存的保障，於是人們全力以赴發展。這在軍事競賽上最明顯。

德國在希特勒時代，科技高超，領先全世界；今天的美國科技有許多是從這基礎上發展的。但是這是不是人類人性的表現？不！這是合目的性，是為了自身的生存，為滿足人生物性、動物性而做的努力。

但是康德說：人有「不合目的性」。這是說在上述這全力爭生存的努力下，突然有一天會覺得：哎呀！我們大家一起來玩嘛！一起來唱唱歌，跳跳舞，放個煙火嘛！人類藝術就是「不合目的性」的創造，這是可以為全人類所共享的。為什麼？因「合目的性」的都是為了自身的生存、自身的利益所在，自然會發展出因各自需要而有的差別。但「不合目的性」的活動與創造，如藝術，是出於人性，不是動物性，其自然就有人的共通性、共享性，這種共通性、共享性，就是出於人對生命的同情，出於不忍人之心。

所以在這裡，「先王有不忍人之心」，先王有那份愛，所以他才有「不忍人之政」。

所以「不忍人之政」是藝術的創造。

孟子講不忍人之心，不忍人之政，這話是孔子沒講過的，但孟子說即使「聖人復起，不易吾言」，孔子重新復活，站在我面前，都不會改正我的道理，這也就是說即使孔子站在我面前，我都不會退縮，因為我所講的道理是對的，也是孔子思想的延伸。是以他一定同意。

先王的「不忍人之政」超越目的性，因為是愛。

剛才有個朋友提了很好的問題，在我們的討論中，我特別覺得要提供給大家了解。第一個，我剛才說，傳統中國的經典——《論語》、《孟子》……現在講到《孟子》，基本上它所包含的，有它的高度，有哲學性的，可以跟全人類的最高的哲學性典籍相比美，中國經典特色是西方所沒有的，即在哲學高度上，仍具有它現實人生的功能。它所討論的範圍，是上天下地、涵蓋人生命的整體活動，作為生命體認的場域。所以我說中國經典是包含了生存性、生活性、生命理想性的。

經典義理有它的學術方法論，研究「人」這個問題的方法論。它不是如一般人所講，中國沒有方法論，它是有的。老一代的先生，像錢賓四先生、魯實先先生，都教我們當用什麼方法來閱讀、研究經典，只是他們不過度強調，而是提醒我們先從這些方法入手：但對「人」最重要，就是逐漸要有「體會」之心出來。這樣才能將知識與生命合一——與自己的生命合一，與眾人的生命合一，這樣才能知人、知生命。這樣才不白讀書，才能成為像樣的人與像樣的知識分子。他們老人家看重這個部分。所以知識方法常常就被一般人給忽略了，以為讀中國經典沒有方法論。這其實就是莊子所說：「得魚忘筌」、「得意忘言」，這也如佛教《金剛經》中所說，方法論如同載我們渡過河流、湖水的船筏，既然上岸了，就要將船筏擱置，不要老待在船筏中，或背著船筏前行。

經典不只陳述形上普遍之理，既然它還牽涉到人的生存問題，所以當然它也就會碰觸到像人現實的、人與人之間交往的伎倆、方式等等，或者因為某些道德性的提醒，認為這些是有實用性的，人就把它講成非常的道德性，甚至把它做成一條一條的規章，便於指導人的行為，於是就把它變成了格言。

再不然有些人恐怕就講成陰謀學。是以西方有某些哲學界的人，純粹站在西方的哲學觀點，就說，中國儒家只是道德格言，與現實人生經驗、生存經驗的紀錄，沒有達到哲學的高度，勉強地說，只有道家老子較為達到那個高度。

這是他們沒有理解到，儒家孔子、孟子所談的那個屬人的「義理性」的高度，其實也是人性的深度。

至於我們近代，不要說是現代了，早在清代，當時的政府就禁止大家註經。

中國因為有經，最先是《五經》，後來有《十三經》。漢是最早標榜《五經》的時代；而《五經》之前，最早是《詩經》跟《書經》。《詩經》、《書經》最早就是西周的《詩》、《書》，其中都含有義理性。義理性也就是生命性的哲理，故得有義理性註釋，即使是後來的十三經，也是這些經，除《爾雅》外，都圍繞著人為主。而中國之所以有經，就因為中國是以「人」為真理的「主體」與「主題」。「經」是根據「人」的生命經驗與事例，其中最具普遍性，具有典型性，其背後含有人類共同道理的經驗與事例所做的紀錄，所以叫作「經」。「經」，「常道也」，就是這意思。然後每一個時代都因時代變化而有不同的詮釋。而每一個新時代的新詮釋，都掀起一新思想的浪潮，也就是重新思考人生和宇宙的關係和問題，這是接近本質和本性的哲學討論及解釋，是以我們從歷史上可以看到，重要的朝代以及時代，都有新的經書的整理。這是「人」的變化與新發現，雖沒有「物世界」的劇烈，但是還是有變，人也會代代有變，是以經書代代都有新註，不過清朝並不容許。清是禁止註經的。

我們曾經向朋友們說，清代有兩位，是清乾隆皇帝的老師，註了經，被判死刑！後來經人說情，被發配邊疆，從此沒有人敢再註經；只做字義解釋、考據、訓詁，沒有人再隨時代做任何的申論。一直到清中期以後，戴震做《孟子字義疏證》，在字義考證中有些新義的發表。

中國從清代不再發展思想，以致華人社會不重思想只重視生存實用。臺灣民間常說：「吃飽閒著？想那麼多？」

我讀哲學系，把哲學選為第一志願的時候，當時的代系主任，今天也是個有名的哲學學者，他現在還健在，第一天上課他就問：你們班有幾個真正要讀哲學的？第一志願的請舉手，下課到辦公室來，現在我要告訴你們噢！讀哲學啊，是沒有飯吃的，真理跟麵包是不能共存的，你要吃飯，還是要思想，想清楚。他鼓勵大家轉系，甚至還說：「你們只要用功，考試成績好一點，我會去各系為你講話，讓你們轉出去。讀哲學沒有用啊！」

當時全班只有五位同學以第一志願為哲學系，下了課，他說你們五個人到辦公室來，我有話說，也去了辦公室，他還是苦口再勸我們轉系，說：別傻了！我們問他何以讀哲學，他說，因戰亂沒地方可去，只好讀哲學系，哲學系沒有人讀，比較好申請，實在是不得已。

從清到今天，大多數中國人都不太思考，認識事物多依生存需要、憑一時感覺決定，都是扁平的，不是三度空間的，都只有二度平面，這樣使人們都似乎只有匍匐在地上活著。至於講經典的時候，都把它實用化，不是視為人際交往的伎倆，就是道德規範。如此與經典中的大智慧失之交臂。

其實傳統的孔子、孟子講道德，那是人在生命覺醒後的結果。是人在清楚認知下，展現出人的真情、真愛與智慧，才有道德可言。道德規範所能達成的，是一時的、有限的，其不能真正呈現人在生命認知的高度上帶有創造性的表現，是自己生命自覺的一個總成績展現。當人有了真情、真愛，再把這個真情、真愛表現於自己的所愛上，如父母、如妻子、如愛人、如子女、如兄弟、如朋友、如國家、如天下，全力以赴，做得恰到好處，這才叫作「道德」。古人所謂「道德」是「得道於心，自然地現之於行」，指道德是人由衷的表現。

是以每一個「道德」——其實應該是每一個「德」；不是「道」，是每一個「德」。因「道」是人生大道；「德」，得者，得此「道」而現之於行，曰「德」。合之曰「道德」。而這「得之心」的「德」，也就是人在「生命自覺」後的心得，而後表現在行為上。因都是出於人性的「生命自覺」是可以共由、共行的，這就是「道」。所以到了老子，直接稱人所共有的宇宙天地，曰「道」。而「德」就是對「道」的體現。不過儒家強調「心之得」。而「心之得」就是真正感受、意識到，噢！生命如此可貴！原來愛是這麼讓人覺得甜美，噢！原來宇宙是這樣無限……而將這些心中感受表現於行為上，也就是透過我們的行為展現出來。這叫作「道德」。

只依道德規範所行的道德，或只因概念所行之道德，是沒有這份「德」的，這也就沒有體會到「道」，這種道德不容易有持久力，因他還是生物生存的需要。出於自己生存的需要，此一時，彼一時，是會有變化的。這也就是人世間情與愛不可靠的原因。

孔子、孟子所言的道德，不是規範，不是概念；是人真情、真愛的適當表達，它是生命自覺的結果，一個高度生命認知的結果。

我這一次去大陸講學，被刊登出來的「孝」的部分，當時講的「孝道哲學溯源」，學員當時很驚異，因為早先「孝道」被認為是傳統的糟粕，是被打倒的東西，怎麼還要談呢？結果聽了我講，他們很是喜歡，據說演講很是轟動！

然後下午他們未告知我，就答應主辦者，說我還要再講一個題目，當時我不知道，還高興地想說，我下午可以去杭州西湖走走了。結果被載到會場，說我還有一場演講，講「我的母親」。哎呀！我真煩惱！因這是我的私事，貿然要我公開敘述，我非常不習慣，主要的邀約者又是一個兒童教育協會，請我談談我母親對我的教育，以提供大陸的父母們教育孩子的參考！

去年我又受邀去做一次演講，講「傳統中國文化與中學教育」。講完了以後，本是葉嘉瑩先生的演講，結果他老人家受了風寒，不能講，時間空下來。他們又把我拉上去，表示有關中華文化的這些問題非常困惑，並對我說，你講中華文化這麼好，想知道哪些是糟粕、哪些是精華？他們要提問題，與我交流、討論。

在交流過程談到，幼兒是不是要讀經、背經？現在大陸很時興這樣的讀經、背經，兩三歲小孩就讀起，牙牙學語就開始背。他們問我的意見。我說，我不太支持這個做法。我說，臺灣早先也曾經流行過，現在好像並沒有這麼流行了，它在臺灣之所以曾流行，主要是當時認為孩子們小的時候讀經、背經，好像人比較沉穩一點；二方面也希望早點打下文化基礎，是這份熱切的心所帶起的風氣。許多人說，小孩讀了經以後，心性比較沉穩、做功課比較專心，不過這也都是小學二、三年級以上的情形，而不是牙牙學語的幼兒。

其實，古人從詩歌入手，是因幼兒對聲音敏感，人的眼睛在幼兒時還未完全發育，思維更談不上了，幼兒基本就是聽聲音。所以全世界幼兒教育都是從詩歌開始。幼兒從母親懷抱時嗯啊嗯啊地唱童謠、兒歌，或媽媽自己編的歌。即使是《三字經》也好、

《千字文》、《百家姓》也好，不都是詩歌般的嗎？再說，從唱歌、唱詩、吟詩入手，在詩歌的節奏旋律中，也能配合幼兒的腦波頻率，促進幼兒腦的健康發育，並能撫平幼兒的情緒，而感受到快樂。即使讀經使孩子沉靜、平穩，同樣是經書文章中的節奏與旋律所導致。

此外，詩歌教育也是情性教育。我們剛才談的「孝道」等等，這也是先要開展出情性來。

童謠詩歌的教唱，隨著節奏旋律，舞動起來，唱遊起來，小孩會感受到快樂，這是開展人的情性最直接、方便的方式，人要先意識到快樂、情感，才會有「愛」。

大陸後來以此做實驗，有很多了不起的小學老師，尤其是在農村的那些老師們，試著帶學生唱詩、吟詩、唱遊，孩子們慢慢就開始放開，表演起來了，如表演：「床前明月光，疑是地上霜，舉頭望明月，低頭思故鄉。」每個孩子用他自己的理解表演，大家成為表演者，一下子就有了自信，於是全班一起團結，拚命讀書，成績一下子衝高起來，連老師們也嚇了一跳。

後來大陸又開了一次這樣的教育會議，再談這樣的問題。這次會議邀請有很多九十歲、八十幾歲的年長者，包括葉嘉瑩先生，出來推廣詩教、提倡吟詩，將詩教放入課程中。

當時大家都認同情性的教育，認為孩子們沒有情性的認識，不可能有自信；沒有自信，不可能有自我；沒有自我，不可能有完整個體；沒有完整個體，不可能開展自己，使自己有正向的人格特質。這是教育上的重要問題。

而後他們又要我講一次「我的母親」，以自身的成長為例，也就是說，我小時身體孱弱，並有學習障礙。今天許多父母都說，不要讓孩子輸在起跑線上，而我當時根本不在起跑線上。我常上下左右分不清楚，數學更是一塌糊塗，加上我還有口吃，身體欠缺平衡、協調。老師常帶我回家，說：「這孩子不可教！」而後我母親耐心地教我，把著我的手寫字，帶我大聲唸誦文章。閒暇時聽音樂感受節奏與旋律。每一次失敗，考試零分，她都告訴我，沒關係，還有下次，慢慢弄對了、弄懂了就好。

我就從這樣的狀況中，走到今天。簡單地說，只要父母支持孩子，不苛責，順性而教導，並給予孩子機會，除非是天生的缺陷，不然孩子們就會有成長機會。我提到這點，許多父母都受到鼓勵。

我之所以後來同意談「我的母親」這題目，是為了介紹我母親教導我的方式，因為孩子們的第一個老師就是媽媽，母親可能決定了這個孩子將來成敗三分之一以上的基礎教育。那兩次演講談「我的母親」，全場都為之高興，都覺得他們的孩子有了希望。

但是我也請朋友們注意，我們剛才談的是幼兒蒙學教育，從詩歌吟唱、兒歌、童謠的唱遊開始，到了五、六、七歲，則可讀《百家姓》、《三字經》、《千字文》，給孩子們一個完整的社會、宇宙的空間認識，而後在《三字經》中，奠定孩子對「人性本善」的基本概念。八歲以後，古人就教孩子讀《論語》了。《論語》在經書中稱「半經」，這是思想啟蒙教育，老師要講講字詞與大義的。其實孩子們開始讀《千字文》、《百家姓》時，老師就要有些講解了。古人不是不講經的。而後讀經典，則站在學理上，就理路的脈絡，直通到底。另外也要從現實中講出了些道理，使古今相通。講經必須古今相通，因其前提是人，是人性、人心，這是古今相通的呀！但不要以今非古，也不要以古非今，因這沒有必要。能如此也就是客觀，也就是理性。西方哲學就是訓練人的理性，其實中國的義理性也是訓練理性，不過還有意識性。這意識性包含感性、理性與情性。它是全面性的思考與再認識，如此可以把生命的事物看得清楚些。有朋友說，到這地步會很寂寞、孤獨，因周遭的人都憑本能的感性而活，這怎麼辦？

這讓我想起那部《地球來的男人》，電影中，男主角的同事、好友逼他講出他活了一萬四千年，有的人恨不得拿起槍來打死他，甚至於最後決定要把他送到精神病院去。

因別人沒有這個經歷，無法理解，其實這就是要自我調整，這是自己自修的功課，所以孔子說：「人不知而不慍，不亦君子乎？」

如果你覺得這樣實在太寂寞了，能不能換一個角度想，不要讓自己膠著在孤獨、寂寞上，你有沒有真的認知、意識到自己的特殊？你能不能享受自己的特殊，而不是只有孤獨與寂寞？或許你得有一群可以以文會友、以友輔仁的朋友，如此交友的層次就往上提一層了！至於原有的那些朋友，你也不要捨棄，仍然保持交往，他們需要時，你也可以自己的智慧協助他們，但不必太過期待與他們有思想的共鳴。這仍是有友誼的。人要認識到自己所處的層次，已經成了鳳凰了，化為天鵝了，還老想待在鴨子堆裡，這是會很痛苦的。當然也不要老嫌自己長得太高、看得太遠，認為自己太不正常。人要意識自己的特殊性，並肯定自己，接受自己。

儒家很重要的一點——看到自己的特殊性，並了解與別人的不同，其中沒有輕視。這大前提——就是不忍人之心；尊重別人，理解別人。

或說這會不會無情啊！這不是無情，而是如佛家所說的，要如何進入「空性」的修養中，它的方式就是先能斷一切的枝枝蔓蔓。當有能力斷掉一些枝蔓之念，就能清空已經塞滿了各種念頭的腦袋。其實，人若能斷來自原有習性、枝蔓出來的憂慮罣礙，人的情會變得更純、更深。

莊子也這麼說，在莊子書中，莊子的好友惠施問他，「聖人無情乎？」莊子說，「不，聖人是有情的，只是聖人之情，不同於一般人之情。」一般人之情隨自己的感覺而定，此一時，彼一時，變化不定，反而複雜而無情。老子其實也有此涵義。我們平常被太多的東西塞得滿滿的，所以如果在座的朋友還想稍微修一下道，能接近一下道，這是一個方式。試著不枝蔓、不罣礙、不瞎操心，現在解決不了，就忍一忍，待會再解決，現在幫不上他的忙，放空一下再說。這不是無情啊，胡亂地強行幫忙，也是孟子所說的「揠苗助長」。

是以我不主張幼兒背經。至於學員們背不背經，就看你的興趣，想背就背，背不起來也無所謂，不然會有挫折感。只要多看看、多讀讀，自然會記得自己能記得的部分。

錢先生說，讀經如同參禪，參懂了的，可以懂得；不懂的，讓它過去，如同讓水流過去。

我也告訴朋友，按照教育歷史文獻，非常清楚，小孩子就是讀詩，吟誦，從童謠到兒童詩歌，一路到讀《三字經》、《千字文》、《百家姓》、《千家詩》，在六歲以後，七歲、八歲後可讀《論語》，但要大略講解，講個「為什麼」。為什麼要行孝？為什麼「學而時習」會悅？

現在大家把讀經、背經提前到幼兒，實在太早了。提倡者的心太切了，即是要救中國文化，也太功利，好像想要快速卻違反孩子的成長。

如果朋友們看《牡丹亭》，在〈閨塾〉一折中請老師來教杜麗娘，杜麗娘說我已經背熟了《詩經》「關關雎鳩，在河之洲……」能不能請先生講一講，她說，唉！這個字我已經知道，能不能往深裡講一點？

我們現在是處於混亂狀態，有的時候太急切、太功利，不論什麼原因造成，都太急切了！

也因此，這個課堂是我個人試著根據錢先生教導的觀點，提供給大家做參考，當然其中也不免摻雜自己的一些體會。當然我也常常覺得，兩百多年來，傳統中國的社會不再重視思想，這是造成我們今天社會動盪不安的原因，一切都思慮不夠周到。

回應我們今天一開始談這堂課的時候，所舉的最近幾個社會事例，可以看到是我們在管理人才的訓練上不足。公部門等也可以再加強管理學上的教育，以更有能力、有效地完成社會管理。沒有良好的學習、正規的學習，其實是不容易開展出能力的。

如同我們拿起經典，就以為自己認識字，自己讀讀就懂了。這太輕忽學術！當然，這不是為了學術不被輕忽，就故意講得高深。而是人當依原本學術的脈絡，有系統、按部就班地讀，略知一點學術史的發展。不只錢先生，還有別的學者也有好的作品。如果只是喜歡自己看看，也當謙虛些，知道這只是自己的體會，而不能自以為是。我則是依我的老師們所教，特別是錢先生所教的，提供一點心得給大家，作個參考。

上個禮拜我們講到孟子提出「仁義」這個觀點，以為其學術核心。傳統中國的諸子百家，其實各自都有他們重要的哲學觀念，成為他們的學術理論。

譬如說，孔子最重要的哲學觀念在「覺」、在「仁」。

而後墨子提出他的重要哲學觀念，在「義」、在「兼愛」，我們說過，他雖然反對孔子，但是卻仍然以孔子所提出來的「仁」作為中心，為基礎，以「天志」為「仁」，為「義」，為兼愛，做客觀的依據。因為人是活在現實社會中，人離不開社會生活。此外，墨子還把現實生活中也算進去，他認為這樣才能看到作為一個「人」的特點。他覺得孔子只講「仁」，太狹窄，忽略了人的社會性。而人之所以為人，只有在社會中才展現出來，再說人離不開社會生活。於是他就提出了「義」。「義」基本上談的是一個社會性問題。

與孟子同時期的告子，談人性是善還是惡的時候，提出「仁內，義外」。「仁」是人的天性，這沒有錯，他同意這點。但是，就「義」而言，那是外在的社會規範。孟子跟他辯論這問題，在〈告子篇〉有很大的篇幅。而這個所謂「義在外」的觀念，其實告子是繼承了墨子，因為墨子的「義」，即談社會規範。

到了孟子，就把「仁」、「義」合起來談，都是出於人的內心。雖然孟子一開始，就是從外在的政治、社會的觀點，來談有關「仁義」的問題。但仁義就是「不忍人之心」的發源。

換句話說，當國家組成，作為一個人類活著不可缺少的組織，成為人活著的必要條件，人生活離不開社會。但國家政治社會的大政，能不能只從「利害」上制定？國家政治社會如果只講「利」，每一個人、每一個階層只從利益有無來考量事物，社會就會分裂，不能均衡發展。

孟子提出，既然是以人為前提，那麼人聚集而成國家，而成社會，有了政治，有了社會，那麼就不能只從「利益」上考量，而應當從人類共同的「仁義」出發。要以人根本的需要與生命最基本的肯定考量，才會有健康、正面、周全的制度。因此，「王何必曰利？唯有仁義而已」，也就是說，一個最高的國家原則，必須是從國家社會的生命福利、全體人民的福祉來作為前提。

如果朋友們有興趣，不妨看一看希臘大哲學家柏拉圖的《理想國》、十六世紀湯馬斯・摩爾的《烏托邦》，甚至於奧古斯丁的《上帝之城》，以及近代小說喬治・歐威爾的《一九八四》。這些都是從人的一個理想社會的建構來談。

不過如果大家看了以後，或許會發覺，孟子的理想國可能是世界上最具理想性的理想國，雖然孟子說的沒有他們那麼細密，但孟子不忽略人的根本生命需要，一切從「仁」出發。換句話說，一個國家的大政不能只就利害來規畫，必須從對生命的關懷入手，而「生命的關懷」包含著每一個人的心性的「覺醒」與「完成」，也就是國家與個人都當顧全，如此才能達成一個理想國家社會的建立。

所以《孟子》這本書繼承《論語》的理想社會，從社會、從理想國的建構開始談起，然後逐步哲理深入到理想國的內部，也就是說，其根本基礎是在人性，是出於人心，而後深入討論有關人性、人心的哲理問題。

孟子曰：「人皆有不忍人之心。先王有不忍人之心，斯有不忍人之政矣！以不忍人之心，行不忍人之政，治天下可運之掌上。」

「人皆有不忍人之心」。每一個人都具有愛心。這個「不忍人之心」其實就是愛心，就是同情心、同理心。那個同情不是可憐，而是情同此心，心同此理，也就是，你的感受雖然是很個人的，可是我能懂你的感受，以至於我能了解你的痛楚、歡欣，此即人與人之間最能相通的那一份生命的共同性、生命的共同感。那麼這就是所謂的「不忍人之心」。

孟子理想國的前提就在於，人人皆有不忍人之心——只要是人，一定有一份生命的共同感受之心，有一份生命的愛、生命的關懷，有一份對生命本身——除了人還有對生物——的關心。

傳統中國許多朝代都有弱勢團體的保護機構，今天照顧弱勢團體已成世界的共識。這也就是人所共有生命同情心、不忍人之心的證明。

「先王」，也就是指歷代建構起新社會、新文明、新朝代的古聖先王。「先王」在儒家有它特定的意義，不是指過去的所有帝王，也請朋友們特別注意，在此指能開創歷史、締造文明，為人類帶來新生命的開國者或建國者。譬如堯、舜、禹、湯、文、武，而後加了一個周公，再後來加了一個孔子。

堯舜是傳說中的人物，按照古史的考證，是不是真有其人？不敢說。可是我們從出土文物，以及時間的相互關係上，人們之所以會追溯他們作為了不起時代的締造者、作為一個時代的代表，其實是有歷史因緣的。

譬如說「堯」，為什麼是「堯」？又有人叫「皋陶」，又叫「陶」，這都與製作陶器有關，所以堯从三個「土」，底下是兩隻手。這是指發明製作陶器的時代，我們從現在出土的文物來看，最繁盛流行的時代約為西元前六千年到四千年之間，仰韶文化到馬家窯文化，是此時期的代表。

而浙江，據考證是南島語系的發源地之一。臺灣最近發掘南島語系，在馬祖亮島也發現南島語系的人骨，根據考證，南島語系文化的發祥地之一是在浙江河姆渡、浙江良諸，這裡出土很多現今南島語系的文物，而河姆渡距今約八千年左右，是成熟的農耕種稻的聚落。

經考證，河姆渡文化、良渚文化系統有幾個特點：一、是欄杆式的屋子；二、是有船；三、還有圓形中間有孔的大石璧；四、是成熟的稻作農耕，浙江良渚古文化，更有很好的城的建構。

原本世界上以為印度是種水稻的原生地。現在河姆渡、良渚的發現，把印度五千年的種水稻的原生地，提前了三千年以上。其原生地不在印度，而在中國。

在整個中國古老的大地上，同時採耕種的方式：南方以水稻為主；北方以雜糧為主，是以大秦灣——陝西咸陽，靠甘肅那一帶的大秦灣，也有將近一萬年或九千年的遺址，出土的是原始麥子。世界上最早出麥子的地方是在兩河流域。可是現在在出土考古上，中國也發現同時間種麥子的地方。

這不是去跟別人比哪個早、哪個晚的問題，而是說明人類文明的起始，在中國這塊古老大陸上，不論北方或南方，將近有七、八千年前至一萬年前左右，新石器時代的晚期，農耕文化已開始發展，並散布在各地。而後農耕聚落慢慢形成所謂的各個部落，不同的部落構成不同的族群，或不同的民族、氏族。

堯代表那時的一個善於製作陶器的民族族群，今天在臺灣也有如卑南、排灣等部落燒製。而後其他部落族群因堯部落善於製陶，陶器又提高人們的生活品質，於是就共同推崇堯部落為共主。

陶器是人類最偉大的發明之一，從科學史上看，陶器乃是不得了的發明，而火的發現，火種的維持與點燃，以至圓圈輪子的發明也是，這些減少了人的勞頓！可是在上古中，最偉大的發明據說仍是陶器，而陶器是一個完全的創造——它是天然的水、天然的土、天然的火混合起來，燒出這世界自然中沒有的東西，在人類科技發展史上，是真正的第一個全然創造的物品。同時這個物品的出現，人類正式進入熟食，人類的健康改變了，人類的體質改變了，人類的生活改變了，人們開始逐步脫離大自然的限制之中了。

堯大約就是這一個善做陶器的族群。我們看精美的彩陶文化，堯會不會就是那一個族群，而後演化成「堯」這樣的一個歷史人物？並以之代表一個新時代的開始，是人類真的跨入文明？這是人類，人——你們懂我的意思嗎？——的真正開始。

那什麼是舜呢？我們談到舜的時候，總是說「虞舜」，根據文獻說，「虞舜」，「虞」是打獵的意思，你看，穿著虎皮打獵的人。我們常常說舜是東夷人（在東邊的民族），它是漁獵社會。古史傳說，舜因孝順父母而有聲名，被四方地方領袖推薦，堯才會禪讓給他。可是從人類學角度，現在談古史者認為，當時社會推尊做陶器的民族作為天下共主，而後慢慢再推尊舜這個族群為天下共主。舜為什麼會被推尊呢？在漁獵社會的發展中，他們發展出原始機械社會，他們製作了大漁網、大弓箭等，為人類帶來了上古時代的機械文明——這算是摩登時代吧？

在古文獻中，傳說舜善於製作漁網，而他不僅善於製作漁網，也善於製作好多的機械。所以舜的故事，爸爸要害死他，叫他上倉庫頂去翻修茅草屋頂，然後把下面的樓梯抽掉，放一把火，但他竟然像鳥一樣如坐著一個翅膀飛下來了。此外，家人又叫他到井裡去挖井，想倒沙土把他埋起來，而他利用工具，在旁邊挖出一個洞，逃出來了，這是不是善於用工具、機械？

當然這些都是推測之言，然而我們從這些來看，由堯到舜，舜可能帶來一個機械文明的時代——上古時代的機械文明，人們因而推尊他，推尊這部落。

我們從彩陶文化中，看到魚和人的關係。在彩陶上面，畫了很多人跟魚之間的圖騰。而捕魚的漁網的完成，帶給人類蛋白質豐富的補充，讓人再跨入一個更健康的時代。這都是有利生的行為，所謂的德行。

什麼是禹？大家都知道大禹治水。治水代表什麼？代表人主動能力的展現——人不再受制於環境，人能透過主動的能力，改善環境。即使有洪水，人們引它進入河道，然後流入大海。於是人們開始從半山的山居中走出來，可以平地而居，完成了人類改造自然，將自然「人化」，以便於居住。大禹展現了人與自然間的新關係，人克服了自然的限制，而提供了一個人可能生存的環境，展現人的動力。

那湯是怎麼回事呢？湯是革命者，代表：人開始對人所組成的社會，有權力去做適當的選擇，當領導者不足以為人類帶來幸福，我們可以撤消其職。「革命」是中國社會特有的一個觀念。

「革」者，除也。這個「革」是除。原來這個「革」字，現在在臺北市看不到了，鄉下也看不到。我小的時候還看得到；在座有很多年紀資深的朋友們，有沒有見過以前做皮革的？在太陽出來的時候，就把那個去了毛的皮，綳起來放在架子上曬，早期臺南有很多做皮革廠的，工人把皮上的毛除得乾乾淨淨，然後揉好、洗乾淨，最後放在架子上曬乾。這「革」字就是這樣的象形字，所以除毛的皮曰「革」，引申作「除」。

「命」是什麼？是上天所交付的使命。什麼使命？也就是上天交付給一個領導者的責任。而領導者的責任是什麼？為人類帶來生存、生命發展的機會。如不能承擔，就得取消！

在此，商湯站出來，將人主動選擇生活的能力擴大，也為人類開了一個新紀元，使人有選擇生存、生命發展的權利。

什麼是文？什麼是武呢？「文」是周文王、武是周武王。文王、武王所帶來的不也是一個革命嗎？跟湯有什麼不同呢？講完了湯，再講文王、武王，不是重複嗎？事實上，文王、武王最大的不同，不僅是革命，他們還將人類社會帶到一個飛躍的時代，建立了一個完整的制度。這完整的制度，第一，以愛與和平為前提，展現人類和平的最大可能——建立所謂「封建制度」。其實封建制度早在商朝就已經有了雛形，但是在這裡進一步地標榜出來。這「封」是封土，封土就是重新劃定疆界，而重新劃定各自國家的疆界，也就是重新劃定各自國家的存在權。

你姓佘，是佘國，重新劃定你的存在權，然後承認你的存在。姓林，劃定林國的存在權。姓汪，劃定汪國的存在權。

然後「建」，是建邦，建立國家，承認所有既成的族群都具有存在權，並為地方國家，這將許多部落提升為那時代的現代國家。不僅如此，按照古文獻的說法，西周的封疆建邦，還把遠古部落也尋找出來，恢復建立成當時的現代國家。如當時神農氏之後封為焦國，把黃帝的族群也找了出來，封為祝國，封帝堯之後為薊國，帝舜之後封為陳國，大禹之後封在杞國。因為他們在歷史上都有過貢獻，還有許多其他的遠古部落封為各小國，成為地方諸侯。

這在西周封建制度上名為「繼絕存亡」，就是把已經斷絕的族群重建，甚至把已經消失的族群再尋找出來，讓他們恢復邦國。為什麼這麼做？西周時，周人已有了歷史意識，他們看到前面的王朝都曾輝煌過，又都殞落了。於是文王、武王有了一個重要的觀念：天下乃天下人之天下，非一家一姓的天下，天下王朝會不斷更替的，這是孔子說：「殷因於夏禮，所損益，可知也；周因於殷禮，所損益，可知也；其或繼周者，雖百世可知也。」的依據。

第二，同姓不婚，也就是異姓才通婚。異姓通婚，其實在商朝甲骨文當中，已經看到有這個發展性，但是正式成為國家的大政，由國家的法律訂定，不可違背。

今天的人們或會說，這太專制，這是何等專制的社會？不！不！不！其實這是保持族群健康——同姓婚姻，同族內婚，血緣太近，子嗣不健康，就像日本皇族的身體為什麼不好？他們為保持高貴純粹的血統，都是同姓皇族結婚。一直到明治，他們都是堂兄妹結婚，以保持他們高貴的天皇身分。據說古埃及何以滅亡？到最後為了維持那最純粹的、高貴的、來自太陽神的血統，據說不只是兄妹結婚、姊弟結婚、連父女、母子都可結婚，終於導致這個族群的衰弱。

我看很多朋友斜著眼看我，你們或許認為，天啊，那是三千年前呀！古老中國就知道這醫學生理上的問題嗎？未免太聰明了吧？你也說得太過度了吧？一點都不錯，傳統古人真是聰明！大家不妨自覺一下，我們現在只要說自身好，大家都是這種表情（做不屑狀），要說自身不好，大家就一副欣然同意的樣子，怎麼會活成這樣？

你們去看《禮記》，去看《春秋》，清清楚楚說著：「近親結婚，其族不繁」。

此外，更重要的是，消除民族的對立，走向自然融合，如此化天下各民族為一大家族，所謂的天下一家。

中國今天沒有像歐洲一樣分裂成許多國家，如波斯尼亞、塞爾維亞、克羅埃西亞還有柯索沃，其實都是一個民族，但現在互相對立。只要有一個族群抓到權力，他一定要侵略另外的族群並占領、奴役，因為他們有的信基督教，有的信回教；甚至同一宗教之下，一是基督教右派，一是基督教左派；一是回教左派，一是回教右派。雖是同一個上帝都不行，其中各有信仰而對立，而仇恨。

今天許多國外遊客都說臺灣社會很熱情，很多西方人喜歡來，說這裡人們對他們都好得像家人一般。我們為什麼會有這種情感？這如家人般的情感、人情味，是國外社會所沒有的。

我常常舉這例子。這是我以前在中學教書的時候，同事之間常有的事：比如有老師出差，常對另一位老師說，我明天出差，我叫我的兩個孩子到這邊來，你幫我照顧好嗎？到用餐時間，請幫我多買兩個便當給孩子吃，並幫我照顧一下。另一位老師就說：「沒問題！也不用給錢了，交給我就好，到時候絕對讓他們吃得飽飽的，你要是一時趕不回來也沒關係，我帶回家跟我家的孩子一起睡，在我們家不過添兩副碗筷而已！」是不是這樣？

你看在國外，若未經同意，隨便請隔壁鄰居孩子吃東西，他們一定告你。他們的小孩子，要是隨便去摸他的頭，他也會斥責你！因此小孩子到你家，你正在吃東西，你都不能隨便給他吃，一旦發生任何意外，那就慘了！

我們這種可以視為一家人的特殊情感，源自哪裡？就是源自三千年前「化天下為一家」的西周封建禮樂制度。

這也是三千年前「化天下為一家」所種下的特有人情，而成為中國特有文化。封建禮樂制度在化天下為一家後，又打破階級分別，打破原始社會既有的階級制，因在同姓不婚，婚姻者，乃結兩姓之好。兩姓就是異姓、異民族之好。於全天下都成了親戚，我是他的伯伯，你是我的舅舅，他是姪子，我是外甥。原始階級制就自然破除了，因大家都是親人，於是將階級化為階層。「階級」的背後是法律、利益、權力，「階層」背後是倫理親情。

我們總說，中國人一切道德化，一切倫理化，而忘了道德、倫理的背後是一份親人的親情，這是一份人的情感。所有社會輩分的高低，是以親戚間關係的遠近，來做區別。它只是倫理性的階層，不是法律、利益、權力下的劃分。

所以傳統中國沒有西方所謂的奴隸制，大家都是親戚，怎麼做奴隸？封建制度打破民族的隔閡，破除人類的階級，逐漸消融了奴隸，進而不再以權力作為政治的中心，而以禮樂、藝術作為國家政治的樞紐，就是國家賴以維繫的是情感的交流。這是一個極其特殊的創立。創立者呢？史書上說是周公，他根據文王的理想，再透過武王的統一，最後達成一個文化理想的大集團，此稱大一統。

換句話說，西周建立了一個以人類文化理想、生命理想為主、遠古時代的國家社會，這是人類世界所沒有的，近來有西方聰明的政治學家，說傳統中國不是如西方以單一民族為國家，而是以文明為標榜成立的國家，這很有智慧和眼光。而這也是中國綿延流長的原因。

你看蘇美人被滅除了，而今在哪裡不知道。滅掉他的阿卡德人也被滅掉了，人在哪裡也不知道。阿卡德人也被巴比倫人滅掉了。巴比倫人又被亞述人滅掉了。亞述人又被巴比倫人滅掉。巴比倫人又被……然後古埃及不見了，古希臘不見了，古羅馬也不見了，今天日不落國衰弱了，神聖法蘭西也衰弱了。

然而就在這樣以文化為理想的華夏民族的社會裡，我們活到今天，還具有極大的活力，只要有一點點機會，我們就能從衰敗中再起。

所以孟子說，人之所以能自我完成，就是將人這一份對生命的愛擴大，而這份生命的愛，是人性中皆有的。人有這份生命的愛，使得歷代的先王，以它作為政治的依據，所以歷代先王——堯、舜、禹、湯、文、武、周公能開展出這樣特殊的社會性。原始中國到夏朝的時候，文獻上說，還有上萬的國家分立；而後族群的融合，逐步形成一個大一統的社會。

那麼也請朋友們注意：「大一統」跟「大統一」不同。「統一」是統一於一個政治實體之下；而「大一統」乃是文化理想的完成而成一大聯邦，其中各自有異又有其自身的次文化。所謂的「大一統」也就是大同社會，所謂的「大同」的完成。大同的完成也就是「同中有異，異中有同」的完成——各地方諸侯國家保存各自所特有的文化特質，但是在文化的理想上有共同的大趨向。而什麼是文化的理想？也就是：大家最終都能一起好好地活，這也就是西周封建禮樂制度所提出的：共生、共存、共榮、共尊、共享、共有。

只要同意這理想，就是華夏民族的一份子。若不，即使是親兄弟，無法苟同如此的共生、共存、共榮、共尊、共享，而要征服一切、掠奪一切，必須自己是老大，別人必須在我的統治之下，那就成為夷狄。夷狄者——侵略者，掠奪者也，華夏不與之同族，由此，中國不再以血緣為民族的區別，而以理想生命的完成，作為民族的界線。

先王之所以能完成這偉大的文化政治事業，就是因為他們有這份生命之愛，所以才創建這份共生、共存、共榮、共尊、共享、共有大一統的完成、世界性文明的完成。是以孟子說先王「以不忍人之心，行不忍人之政。」治天下，達成天下的平治。這個「治」字很有意思——治，表示天下的公平性，天下的條理性。為什麼？這「治」的本義，水平曰「治」，水平，大水被平了就叫作「治」。又說：「行不忍人之政，治天下可運之掌上」，就是只要行有愛心的仁政，治天下就易如反掌。因為那是順人性的需要而行，所有引起的反抗，都是因違逆人性所產生。「可運之掌上」的意思是，就像運握在手上一樣的容易。

這是我們今天要講的一個重點：依人對生命的熱愛，來作為政治的最高前提，也成為政治制度的最高依據、政治的終極目標。以此治國，如同運之掌上，不會有阻擋。

孟子在這裡，根據中國的經驗，根據他那個時代的中國歷史的經驗，提出這樣的主張。孟子提出，「人人皆有不忍人之心」，而先王因為有不忍人之心，所以才能創建出不忍人之政。

也就是，中國有一非常重要的觀念，重要史觀，就是：人類真正的文明的締造，是來自於「愛」，來自於「不忍人之心」，不單純是科技的使用而已，科技只是促成的條件。

所以這點一定要請朋友們特別注意，至少在我們接受西方的史觀，說人類文明的起源是文字的發明、城池的建構，以及青銅器的完成之時。此話沒錯，可是傳統中國的說法，不只是工具的創作，更重要在於有那份「愛」的感受，才能有愛的文明。

就像美國，以它的高科技，以它的富裕，如果它真有愛，上帝真的在它的心中做了工，在他們的政治人物，在他們的那些政治大財團——他們真正掌握政治權力，運用全世界力量，美國真正的幕後政治的操作者——如果他們真有生命的愛，是不是可以用他們的力量，把全球帶到一個更接近和平幸福的路上？不要去推銷那些有害的基因作物種子種植，只為了控制全球人們的肚皮，以便控制人。是不是可以不再製造那樣可怕的武器，只為了假想敵人？最近他們花六十一億，拍了一部高科技電影，對抗外星人，或許可以電影反思，你看他們活在多大的恐懼裡？它那裡面沒有愛，沒有生命的愛，只有魔鬼所帶來的陰影與傷害，令人遺憾。同樣能影響世界的、有錢的猶太人，到今天恐怕仍沒有逃開三千年前從紅海出來的恐懼。

我不是責備，而是站在中國人的愛的文明為前提和立場，談人類世界的問題。我們今天得有這份智力，與從傳統文化而來的立場，來談人類的可能性。至少孟子是這麼說的。

孟子的主張其實就是從這個觀點。人類世界的一切戰爭，都是因為沒有了「愛」，人類只有利，而不再關愛人類自身。然而愛是人人天性中所自然擁有的。怎麼知道？孟子舉例「今人乍見」，「乍」是突然，以突然看到孺子，小孩將入於井為例。這就像我們上次所說，我在這裡喝水，掀開杯子，突然杯蓋掉落在地，於是有人：噢！大叫一聲，珍惜這個塑膠蓋嗎？不是。是人的生命的完整性的意識，使人對所有的事物，都希望保存它的完整性。對事物的保全，其實是「愛」的一種展現。所以看到孩子，哎呀！有車子要撞上他，忍不住「怵惕惻隱」。「怵惕」，嚇一跳。「怵」，驚悚貌，吃驚。「惕」，啊（緊張狀）「惻隱」，同情心。孟子說，這時「皆有怵惕惻隱之心」的流露。面對破壞或危急的情況，人們會忍不住怵惕惻隱，驚叫起來，這是出自於本能，人生命的自然心理。

前些時候，廣東有一個孩子，被車輾過來、輾過去。但一些行人在旁邊，不以為意。這不是正常現象！最後一位拾荒的老太太快步跑去把他扶起來，這才正常。

何以如此？中國大陸近來有太多的顛簸了！加上近來要全速經濟發展，人心只剩下生物、動物的爭生存性，生死比不上實際的金錢、利益價值，但大家要知道這並不是人性，有了經濟，還要再教之、啟之以禮義，人性就會被喚醒了。

《孟子》在〈告子篇〉說，人性有時像水，一把它堵住，使他生存性都受困，而後水會掀起大浪，但那是水的天性嗎？不是，那是環境所激起的「勢」，所形成的一時形態。至於水性是什麼呢？水性一定向下流，往下走。是以爭生存，只求自己利益，也並不是人性。

至於人性，乃是「乍見孺子將入於井，皆有怵惕惻隱之心，非所以內交於孺子之父母也。」人們內心並不是想去跟孩子的爸爸、媽媽做朋友，甚至因為他的爸爸是王永慶、是馬雲等名人。「非所以要譽於鄉黨朋友也」，這個「要」就是「邀」，「要譽於鄉黨朋友」，是希望贏得家鄉、社會對自己的讚美。「非惡其聲而然也」，或者討厭孩子的哭聲才去救他，不救他吵死人了，救吧！不是為了這樣，而是天性使然。一切出於人的天性，出於人對生命的那份同情與保全，因為凡生命的展現多半是渴求完整的，那是對完整的珍惜，而這才是人性。

所以，「由是觀之，無惻隱之心，非人也；無羞惡之心，非人也；無辭讓之心，非人也；無是非之心，非人也。」

「由是觀之」，就是由此來看，從人性出發——朋友們特別注意：從人性出發，不是從生物、動物性出發，人要是沒有那一份同情心，他就不具備人性，那麼他就不是人，未達於人性的覺醒。或說，哎呀！這人明明是個人，怎麼不是人呢？孟子說他是生物人、如同半獸人，大家看過電影《魔戒》裡面的半獸人吧？在此指在沒有適當引發以至覺醒不足的人，就是未充分覺醒的人，人的生物性若大過人性，人就會始終停留在生物人的狀態，他的人性自然減少，這就是半獸人。

今天我們若放棄傳統中國的這些人的觀點，而沒有真正認識自身人的文化，只是無條件、沒有檢驗、反省，全盤地接受西方的近代主義，那是很愚蠢的，而且會活在不快樂中。

西方的近代主義，是針對天主教、基督教教會嚴格的道德觀、西方原有階級的社會嚴格規劃下，如同將人放進一格格的格子裡的情況，以及啟蒙運動以來，崇尚科學的理性主義所做的種種反抗。他們為了對抗這些束縛，爭取個人自由。加上傳統西方的知識論反對人的感性，反對人的情感，一切以理性為最高真理的原則，他們也對抗這個，然後在「社會的達爾文主義」、「社會的佛洛伊德主義」影響下，採取放任主義，強調人的感性、慾望是人性。

這些現代思潮在西方有他們特殊的前提，我們不完全了解，照單全盤接收，然後誤以為孔子、孟子所談到的人性是迂闊而莫為。那是我們沒有了解到，傳統中國的人性論，其實與西方不同，西方從人的自然性，就是生物、動物性論人性。傳統中國從人的生命自覺論人性。用近代西方大心理學家馬斯洛說：「人性有其生物本能，這需要慾望本能的滿足，而後精神本能的需要也不可免。」我們或許可這麼說，近代西方從動物本能出發，傳統中國從精神本能出發。

我們上次提到電影《來自地球的男人》，大家可以藉以思考這部電影中所談的基督教和原始基督教之間的差距。這是近代在面對基督教文化下面，自身所提出來的反省。所以「無惻隱之心」指的是，要是人沒有那份生命的同情、生命的關懷，那他就是還沒有達到「人」的層次，他還不具有人性，他還只是一個生物人、半獸人而已。

我們說過，《論語》裡，首先把人分成基本兩個階段、兩個層次：一個是在生物本能中的生物人，所謂的「小人」；一個是因生命自覺而成人，而後從「成人」的前提裡，有所謂的「君子」、「善人」、「賢人」、「聖人」。

我們下面講到《莊子》的時候還會提到，莊子更從這個基礎上，然後有所謂的「至人」、「真人」、「神人」等。而更高層次的聖人，那都是從生命自覺的「人」前提裡的展現。

人最重要的就是如何跨越人的生物性的局限，而成為真正的人。人的複雜性也就在這裡。因為人本是具有生物性，人的原始生命基礎是在生物性上，然而又不同於其他生物。但即使合男女兩性之好，人要戀愛，人要婚姻，生物、動物則不需要。戀愛、婚姻是在人的社會中所展開，我們如何認識到這些人所特有的特點呢？只有「生命自覺」。在「生命自覺」中開啟人的惻隱之心。不然還不是「人」，還沒達到「人」這一層。

「無羞惡之心，非人也。」什麼叫作「羞惡」？就是在「生命自覺」中有了「自我要求」，「自我尋求完整」的心理狀態，叫作「羞惡之心」，沒做到的話，會對自己感到慚愧。

一個自我有意識要求完整的人，不會輕浮放任。凡日常生活中，生氣就把罐子、杯子摔破、摔爛了再說的人，那是輕率、不負責任的性格。

我不知道在座小朋友，將來會不會有這種經驗？年長者可能有過，當遭受打擊，陷入焦慮時，那時會感到：哎呀！撐不住了，要崩潰了！就在那一剎那間，要崩潰，還是不崩潰，就是一線間之隔。如果說：崩潰吧！那就崩潰了，可是在那一線間，如果堅持一下，我絕不崩潰！就挺回來了。在那一瞬間的「自我要求」中，就轉化過來，生命就不同了！在座有好多資深的、年長的朋友都嚴肅地點頭，表示同意，這是大家共同的經驗吧。

因此所謂的「羞惡」之心，是生命自我保護，自我完整的心理動向。要是沒有，就是沒有達到成為「人」的前提上。

「無辭讓之心，非人也」。辭讓——是愛的擴大。

在平日生活中，媽媽愛孩子。家裡只有一顆蛋：就給孩子吃吧！以前臺中一家餐廳發生火災，其中燒死了幾對情侶，其中看到男孩子抱著女孩子，擠在窗子邊燒死，這男孩子保護著他所愛的女孩子——是辭讓之心也。還有媽媽抱著孩子，用身體護著孩子，這都是一種辭讓之心也。

如果沒有「辭讓」之心，沒有這份愛的擴大，將愛推及給自己所愛的人，那也就是還在生物的生存之下，生物的自存衝動之中，某些愛的行為也只是生物的自我保全。俗話「夫妻本是同林鳥，大難來時各自飛」，這是談人的「生物性」、「動物性」，在存亡生死的一線間，各自追求自己的生存而去。

《鐵達尼號》這部電影之所以感人，不就是那個男孩子有辭讓之心嗎？以至於天下人同心為之一哭！

「無是非之心，非人也」。在這些愛的前提上，人有了進一步分辨對還是錯的依據和能力。這不是指對客觀事實的分辨力，還有生物性生存的需要。沒有這分辨力，孔子說：「唯仁者，能好人，能惡人。」那就還沒達到人的生命層次。

曾說過的一個有名的都更拆除事件，現在越吵越盛，許多消息傳出有議員去逼臺北市政府，一定要拆除不可，以作為都更的典範。可是事情尚未發生前，他們是反對都更的，反對拆這老建築的。那什麼是「是」？什麼是「非」呢？如果是非如此混淆，一切是隨著自己的需要定是非，那這社會「人」的教育是不足的，如果民主政治走上民粹，政治就是「是非之心」的喪失。

相反地，只要人的人性覺醒發揮，那「不忍人之政」就可以推行。

相對於現在的美國，朋友們看一九七〇年代以前的美國，他們有理想。他們的表現雖然也有摻雜政治陰謀、國家自身的利益、財團利益的要求，然而它對社會所付出的，比起今天，不可同日而語。這都是近代史，在座許多人都是看著活過來的，大家看是不是這樣？

包括從美國電影。我們看一九五〇年、一九六〇年到一九七〇年的電影，其中充滿展現人類的理想，這與現在的《鋼鐵人》、《變形金剛》等等科幻爭霸影片很不同。我原先做了一個小筆記本，把最近的美國電影名字抄下來，因單單看名字，就感到美國現在的社會心真可怕，似乎深怕世界沒有戰爭，於是活在各種假想敵的攻擊之中。其實美國政府恐怕是要用它來教育百姓，同時再用它來威脅全世界，說明美國現在是無敵的。從電影，我們就可以看到一個社會的性格、風氣。美國近來的權力慾超過了生命之愛，超過了對人類的關懷。

〈滕文公上篇〉：滕文公為世子

接下來跳到「滕文公上篇」的第一章：「滕文公為世子」。在孟子學說「不忍人之心、行不忍人之政」、「言必稱堯舜」、「人性本善」、「唯有仁義而已」的前提下，滕文公是真正依照孟子去建設他的國家的國君代表。這記錄在《孟子》這本書裡。

「滕文公為世子，將之楚，過宋而見孟子。孟子道性善，言必稱堯、舜。世子自楚反，復見孟子。孟子曰：『世子疑吾言乎？夫道，一而已矣！成覸謂齊景公曰：『彼丈夫也；我丈夫也，吾何畏彼哉！』』」

這一章也就是孟子說「人性皆善」。就像佛家所說的「人人皆有佛性」，因此站在佛性的前面，人人平等。所以沒什麼好怕的，沒有誰怕誰，你是天王老子，我也不怕你。大家有沒有這個勇氣？當見到有權力者，不害怕、不膽怯；見到蠻不講理的，倒要有點警惕，不跟他蠻幹，得要有辦法解決的。

滕文公，滕國國君，諡號「文」，是因為他完全依照孟子的「仁義之政」去建設他的小小的國家。這個國家很小，以今日新加坡為例，不就建設起來了嗎？這說明事在人為，這是一重要的做事的力量。他做世子的時候，世子就是太子。有人說，世子是父親還在，稱「世子」；而站在法理上，他有了繼承權，則叫「太子」。

「將之楚」，他要到楚國去訪問。「過宋而見孟子」，經過宋國，「而」是而後去拜訪了孟子。「見」這裡做「拜訪」解。孟子呢，「道性善」，「道」是「說」，說人性本善，人性原本就是善的；然後「言必稱堯舜」，說話中一定稱頌堯、舜。也可這麼說，談人類歷史的問題，一定是從堯舜開始，以堯舜作為人類文明的開始。

「世子自楚反，復見孟子」。世子從楚國拜訪回來，再見孟子。於是孟子說：「世子疑吾言乎？」你是不是對我原先講的話有所懷疑？那當然有懷疑，那個時候楚國可是當時世界的大國。除了美國，還就是俄國。哇！見到了俄國。唉唷！你談的這個是不是可行呢？看美國丟下來的那幾顆炸彈，你還談仁義？是不是迂闊而莫為呀？一定會有這種想法。我想在座的人也覺得：唉唷！你這麼講，真是有些不切實際呀！

孟子曰：「世子疑吾言乎？」你是不是看了楚國而懷疑我的話呢？「夫道，一而已矣」。人類的生命之道，就是一個字——愛。在座今天面對美國最強大的優勢，敢不敢否定這句話？生命之道，唯愛而已，我想走遍天下，沒有人會反對。

所以說，「成覸謂齊景公曰」——成覸當時是齊國的大勇士，見到齊景公——當時的霸主，齊國仍是稱霸戰國時的霸主，齊景公是戰國時最重要的國君之一。「謂齊景公曰」，他看到齊景公後，批評說，「謂」這裡是「批評」暗指沒什麼好怕的！「彼丈夫也；我丈夫也」。成覸說，他不過就是一個男子漢，我不也是一個男子漢嗎？「吾何畏彼哉！」我為什麼要怕他？我為什麼要認為自己就比他矮了一截呢？

「顏淵曰：『舜何？人也！予何？人也！有為者亦若是。』」

這一句話真好！接得真好！一個是針對國君權力的不怕。有的時候，我們說，我不怕！那可能不真實，即使是真實，可能也是有點匹夫之勇、鬥個意氣；然而「顏淵曰：

『舜何？』」舜是什麼人哪？

請大家注意，在座許多朋友以前學的句子，或多是：「舜何人也？予何人也？有為者亦若是」，舜是什麼人呀？我們是什麼人呀？有作為的人也該像這樣子吧？其實這樣的語句，不夠力道。

我現在如此標點——「舜何？人也！」舜是什麼？這一直接一叫那還得了！舜是古之聖賢也。我們面對古聖賢多有點自慚形穢，覺得自己做不到，人們很容易說，哎呀！人家是舜嘛！我是老幾呀？但孟子認為人為什麼要自卑，人不是皆有善性嗎？與舜一樣呀！為什麼要自卑？舜是什麼？「人也！」不過就是一個人嘛。「予何？」「予」是「我」，我呢？「人也！」也是人哪！「有為者亦若是」，有想這樣作為的，就這麼幹吧！順著人性本善之道，順著舜之道，去努力吧！換句話說，依照人道、人性，依著仁義，依著不忍人之性，就這麼去努力吧！

孟子這話，打破人們的一般認知上的比較性。「比較認知」是出於生物、動物的基本認知：你比我強！他比我弱！就好像小蟲從洞裡出來，左看看、右看看，隨時比較、懷著恐懼探測著。當然懷著恐懼是人生存下去的基本重要心理因素，可是不要擴大了它，而是提升轉化為警惕，而非擴大成為人日常生活的憂懼。

就如最近稅又要漲，於是就憂愁要怎麼活下去？或者就怨天尤人起來。尤其經歷過動亂的人生，我們走得出往日的陰影嗎？仍會憤憤不平嗎？

我們是否會擴大負面情緒，陷自己於憂懼之中？人要能不擴大憂懼，並化憂懼為生命的勇氣，好好地活下去，生活中雖可以有警惕，但不是讓自己活在恐懼裡。

所以人要是沒有生命覺醒，就沒有天堂。天堂是在人覺醒之中出現的。

學生：我曾經跟我太太，在美國玩具反斗城玩，碰到一個小女孩摔倒，我立刻把小女孩扶起來，她媽媽卻強力把我推開，說這是我的小孩，不可以碰她！她媽媽知道我們是善意地扶助小女孩，可是仍然本能地將我推開，並拒絕了善意。就像剛才老師說的，在臺灣大家可以像一家人，在咖啡館裡可以互相信任、互相照顧。可是在美國那個地方看到的，是如同我的經驗，人與人是不可以碰觸的。這印象對我個人有非常大的衝擊。

老師：不過我們現在也要小心了，因為我們社會似乎也在墮落，整個的教育不在培養這份情感，社會許多人物和事業，似乎還在利用這份情感，成為欺詐的手段。

學生：我可不可以跟大家分享一下我在眷村看到的？以前眷村裡家家戶戶是不關門的，小孩子在各家穿來穿去，好像自己的家。我曾經經歷過這樣的生活，感覺滿好的，那真像是一段黃金時代。

老師：以往在那樣的情形下，有這樣的情境跟氛圍，這是很多人共有的美好生活，當時雖然物質不足，但大家互相支援，我記得小時候在臺南，到了夏天、許多人家都會將裝好茶的茶桶，放在大門邊，上寫奉茶兩字，以供來往行人解渴。大學時，閒時走在陽明山的山道上，當經過農家，他們也會拿出茶水，問你渴不渴，並勸你歇息一下，那時陽明山都是橘子園，十月時，農家一定會採樹上的橘子請你吃！真是美好時代！這人情主要就是來自古老的文化，來自於西周封建禮樂制度，綿延下來，也有三千年，今天雖有變化，但相對歐洲社會、美國社會而言。還是有情的。

學生：我的小孩已經四十六歲，當他還是小娃娃的時候，我們住基隆市立醫院旁邊，吃的都是醫院的團膳，小孩子咚咚咚咚不曉得跑到哪裡去，我也不擔心，因為他咚咚咚咚就吃飽了，到底他是在哪一家吃的，我也不知道。

老師：一點都不錯。我們稍微年長一點的人都經過這種生活，現在講起來有點像是天方夜譚。我有兩位大學同學也在這裡，我們是文化大學（那時候還是學院）的。我記得我們那個時候，星期六、星期天放假，就去大屯山上，什麼都不帶，在大屯山走著走著，到這一家農家，這一家就會問：呷飽沒？來呷飯噢！十二點了呢！我們就說：免啦！他就馬上塞橘子給我們——那時候大屯山上種了很多橘子。我們一路吃。到了山上那些小廟，廟中的修行人端菜端飯給我們吃。一路玩，玩一天，一毛錢都不必花，一路吃下去，吃到三芝。

但現在可能因為一切以利益為前提，這份人情就淡了。這就是「仁義」和「利益」之間所帶出的社會形態與社會心理，也是我們大家很多人的共同經驗，提供給年輕朋友們做參考，或許是現代人沒有辦法想像的。

學生：這也讓我想到當年，臺灣光復不久，一般人生活很苦，只有大拜拜或者過年過節，街坊鄰居會輪流主辦，主辦的就分送雞肉、米粉或者粿給每一家，尤其是有小孩的人家，或者比較窮的人家。像清明酒真是很好喝，那是做清明節；還有做三月節的。大概總共二十多戶人家，東西大家都可以吃得到。

老師：主要是那份傳統中國人所強調的，我們看很多的文獻，它講一個時代的好壞，其實就是講這種民風的淳厚與不淳厚，來做決定。這種分送年節拜拜的食物，就是共享。這種共享、共有、共生、共存、共榮，三千年來都是如此。

不過近代，在這樣的一個西化的運動過程裡；再加上我們自身文化力的薄弱，受到很大的摧殘。我倒不一定說鼓勵一定要恢復，可是重要的是，我們能不能有一個能力，不會完全無知於自身曾有的歷史經驗，不會無條件而且盲目地去接受，甚至是順服在以美國為主的西方文化和西方價值之下。以目前來說，高級知識分子幾乎都已如此。

學生：在今天商業資本物質文明的情況底下，蔡元培曾經寫過一篇文章，叫作〈美與人生〉，他裡面說到，為什麼要培養美育？因為物質文明的特色，第一個，它是不相容的。他舉例說，我今天有一個蘋果，我吃一口，分給別人一口，我就會少吃一口，這是損失，這是很現實的。第二個，它是不能同時存在的，譬如這個位子是我坐的，別人就不能坐了，一切是排他的。因此如果我們以物質文明這樣發展下去，人類只有戰爭，只有互相對立。所以蔡元培就提倡美育，因為美的東西有兩層意義：第一，它有操作性，怎麼說？譬如各種花朵，原來是為了繁衍後代，可是像玫瑰花美，卻不是用來繁衍後代，它是被用來表達愛意，或者用來布置婚禮，這是美的東西超越它原來的、實用的生存目的。第二，美的東西有使人喜悅的普遍性，在喜悅中人們願意跟別人共享，所謂「獨樂樂不如眾樂樂」，所以人如果常常接受美的東西，就會跟人家分享。就像我們說的共生、共享、共存、共榮，所以他認為從教育上，從家庭上，也值得常常培養美的教育。

老師：真謝謝！我們上個禮拜說到，西方近代大哲學家康德，他說藝術是一種「合目的性」與「不合目的性」的創作活動，或者說是「美」的創作活動。

什麼叫作合目的性？就是，人是生物、動物，其一切努力幾乎都是在為達到生存的目的而做出來的。

別看科技的發明，它不全然是真正人類文明的展現，這是站在中國傳統的觀點，特別是孟子的觀點來說。為什麼？因它只是為了生存而展現出來的創造。只要我有了原子彈，我可以殺很多人，而後就可把別人的東西搶來，或者我把所有位子占住，然後分租給別人，收錢獲益，因而不但把這間教室占滿，還要把全球占滿，就像美國電影《阿凡達》演的，甚至到另外一個星球，去占有另外一個星球。這些都是生物獸性本能的發作，它不代表人類人性高度的表現。

只有藝術例外。康德說，只有藝術，也就是只有「美」的創作，它是超越這動物生存目的性的，它是人在某一種情性的感動中、在某種無目的的遊戲裡而創作出來的。所以近代的藝術創作論上面，有「藝術創造是遊戲」一說，認為藝術是從遊戲中展現，因為它在這種遊戲中，沒有生存的目的，只是一個人生命的情性展現，所以它是「不合目的」的一種創作。

也就是為什麼西方人在近代把藝術看得那麼重。

說到這裡，我希望愛看電影的人，可以去看一部好看得不得了的電影——《驚艷布魯哲爾》。布魯哲爾是西班牙十七世紀的大畫家，他是西方的古典繪畫、寫實主義的繪畫，但是他根據這個繪畫，談西班牙的宗教問題、政治問題，也談生命信仰的問題。他展現了一個最純粹的西方古典繪畫的那一份精準的色彩，以及偉大的繪畫展現出一個特殊時代，同時也呈現出畫家面對現實的不幸，所做的深沉思考和對信仰的反省。

情性教育，一直是我從事教育工作重要的推動因素，這是指人的情感教育。所以我忍不住想說說，校園民歌最早的源起，當時與好友一起聚會談時事，大家都感到台灣已到可用中文、台語等歌唱的時候。當時，李雙澤從國外遊學回來，接受我的建議，我說：「你能不能在下次演唱會時，不再只唱鮑布迪倫的歌或美國流行歌曲，而用中文、臺語唱我們自己的歌？今天臺灣已到了用自己的語言唱自己的歌，表達自己感情的時候了！」李雙澤接受了，他在淡江大學第二次演唱會，就用中文、臺語唱了歌。他先開始唱鮑布迪倫的歌，唱到一半改唱中文的國旗歌，而後唱臺語的〈望春風〉。當時全場嚇一跳，然後噓他，他冷靜地說：「我們到了用自己的話、唱自己的歌的時候了。」於是全場靜默，聽他唱完，當然他也唱了他的拿手好歌、西洋歌曲。而後他就去創作出一連串的新歌，如〈美麗島〉就是其中的重要的一首。而後是臺大學生楊弦吧！前些時他還回臺唱過。他那時大二還是大三，他問我說，他譜了一些余光中的詩作，想開演唱會，我說「太好了，你是臺大生，有指標性，這將帶出風氣。」我當時還幫他寫宣傳詞。只可惜李雙澤後來在淡水海邊為救兩個溺水的美國小孩而過世，當他把他們推到岸邊，自己卻力乏，被浪捲走，不過他們兩個還是拉開了校園歌曲的黃金時代。而這也是「不忍人之心」的表現。他們透過音樂，掀開臺灣社會的新時代。孟子說：「仁言，不如仁聲之入人深也。」此之謂也。也就是說：帶著愛的政令、制度宣導，不如音樂、藝術更感動人心。

藝術的重要性在此，如我們常看西方古典繪畫，其色澤之美，對我們的眼睛面對顏色是好的訓練，而欣賞好的中國傳統繪畫則開展人的心靈與感悟力。

我批判美國、批判西方，可不否定西方文化的成就。我們今天要讓它成為世界財，因為人類所遺留給世界的遺產同是人類偉大的創作，我們要充分享受作為一個現代人，可以擁有的文化藝術，讓自己的生命更豐富。

不說別的，可先看看孟子說的「仁義」、「仁政」，以及對環境的維護。

錢先生的夫人，我們的錢師母去世，二十八日公祭，二十九日我們就與秦教授一起把她老人家送去大陸，與錢先生葬在一起。

錢師母去世的時候，我正好在大陸講課，不在臺北。她二十六日的凌晨十二點左右去世，但是她生病很長一段時間，大約三年左右。她是在睡夢中過去的，很安詳。那一天正好有很多人去看她，她在八點鐘以後開始睡。在這之前，因為睡不好，醫生就開了一點安眠藥，所以她那一天睡得很好，八點鐘就沉沉睡去。只是後來她的血壓一直上不來，大家也不放心。幸好那一天，去看她老人家的朋友、小輩都沒有走遠，都守著她，所以她往生時有一群友人圍著她，而她是在睡夢中非常安詳地離去。

錢先生過世時也是在沒有病痛的狀態下辭世的，他老人家最後只是不愛吃東西，不想進食。他從外雙溪居住的地方素書樓搬到城裡來，正好那一年臺北市非常熱，每天都三十四、三十五、三十六度，屋子一定要開冷氣，結果長期在密不透風的冷氣房導致他感冒，好了後就不太愛飲食，也不愛吃藥。過世那天早上，師母扶起他吃藥，他就在師母扶護著他時平靜去世。

這兩位老人家是我最最敬重的長輩。因為他們一生都不以自身的生活物質享受為念，從未考慮到自身的利益。錢先生說，這是中華民族關鍵時刻，要全力投入傳承傳統文化的努力中。在香港堅苦卓絕地辦新亞書院時，師母臺灣師範大學畢業，做了幾年工作，而後申請到美加州柏克萊大學心理研究所準備研究心理學，以便助於她對王陽明學說的深入詮釋，因其間距入學期還有半年，師母決定去香港新亞書院再聽聽課，並做錢先生的助手，而後錢先生邀請師母共同努力。師母考慮後答應了，從此隨著錢先生全力以赴地投入理想。這是我看到真正兩個沒有考量自身，一心只有文化的人，而這個文化不只是為中國，也為全人類。錢先生常說，大家都說我只是為中國，為復興中國文化而努力，其實我也是為全人類。想想看，你們今天西化，然而西方資本主義商業價值，成為世界唯一價值，所謂民主政治，也是在資本商業價值下的政治與自由，世界貧富不均到這程度，大國欺負弱國到這程度，地球在商用物質主義被開發到這程度，你們要曉得，地球只有一個，地球資源是有限的，將來開發完了，人類怎麼辦呀？真的移民太空星球嗎？誰去？窮人能去嗎？這不是全人類的福利呀！在世界上，中國文化的生命價值、環保觀點，更能提供人類多一些思考，這樣世界才有多元思考的機會呀！錢師母也常說，我所有的一切努力，也不只是為錢先生一個人呀！如果只為錢先生一個人，那太小氣了，我為的是我們傳統文化，為的是人類，中國文化讓人認識了，能有一個不同於今天這樣單一的價值觀念、訊息、思想，讓人知道，大家可以做比較，如此就多一種思考，人們可做多一種選擇。

所以錢先生一再說，他一生的努力，是在提醒大家思考並反省自己之所為：我們不是在講多元文化嗎？何以我們今天要變成單一的只有一個美國化呢？何以我們不能超越利益，來看人類的問題？何以我們談到人對生命的關懷跟愛，就是迂闊而莫為呢？這是他常常在上課，或在我們陪著他談話聊天的時候，他不斷地問我們、提醒我們：你們要會問「為什麼？」中國有這麼龐大的生命經驗和歷史經驗，我們是怎麼過來的？難道這些問題在中國歷史上從來沒有發生過嗎？還是中國歷史上所發生的一切，就被簡化成現在說的「帝王專制」，四個字就概括一切嗎？難道你們一點好奇心都沒有嗎？

所以我很高興能聽錢先生他老人家的課二十多年，直到他去世，然後再跟隨著師母，在師母的帶領中，參與錢先生全集的編纂工作，並推動兩岸的文化交流，為兩岸四地高中建立最早的國學夏令營，與在香港中文大學、新亞書院辦兩岸四地最早的高中教師中國文化研習營，以錢先生說的「讀論語學做人」為宗旨。覺得這一生能如此，是一極大的開心事情，也是一種幸運的人生。

接下來，孟子再說：「公明儀曰：『文王，我師也。周公豈欺我哉？今滕絕長補短，將五十里也，猶可以為善國。書曰：『若藥不瞑眩，厥疾不瘳。』』」

孟子接著前面說的那個勇士成覸，然後到顏淵，然後到公明儀，公明儀是誰呢？朱子說，他姓公明，名儀，是魯國的賢人。而漢人鄭玄說他是曾子的學生，公明儀說：「文王，我師也」。我們說過，文王三千年前提出以和平為號召，他以愛，以愛民、保民，作為政治的中心；然後從事以「生生」，也就是「孝道」——各民族的延續發展為天之德，作為人類不忘先人的一個最重要的政治前提。其實簡單說，也就是以愛，對生命的愛為訴求。

這也是西周以一個邊陲的、文化落後的小國，而成為天下的領袖，以至於武王帶領三分之二的諸侯，組成當時的世界聯軍，滅除商紂。武王之所以能夠成功，其實是在文王的這個號召底下，實踐完成的。

在《史記》裡，〈伯夷叔齊列傳〉的這一篇中就講到，雖然武王伐紂的行為是如此嚴肅，並經各方諸侯同意，可是當時賢人伯夷、叔齊兄弟是反對的。因為基本上他們認為，既然你提出了愛，那何以發動戰爭？這是矛盾的！如此就不是完整的理想推動者。伯夷、叔齊在當時提出一個非常重要的觀點：「以暴易暴，可乎？」用戰爭來制止戰爭，以求達到和平，有可能嗎？這觀點至今仍具有高度的真理性。今天仍可以用之以問，當今的許多國家，「以暴易暴，可乎？」他們兄弟倆反對暴力，反對戰爭。

當時武王所率領的聯軍已經出發，許多諸侯國領袖大怒，不過當時武王的大軍師姜太公則說：「此義人也」，什麼是「義人」？今天講，就是能堅守最高原則的人，完全遵守道義的人。這就看到武王、姜太公對反對意見賢人的尊重，並肯定地說：「這是『義人』」然後以禮待之，「扶而去之」。

雖然伯夷、叔齊反對，只是在當時文王提出這個觀念為全民所擁戴，所以「文王，我師也」，是我的老師。我所要學的，就是文王這份愛的呼籲，和平的號召。

所以錢穆（賓四）先生在他的《國學概論》這本書中，提出了「人性的萌芽」。朋友們可能看過大陸近來的一位學者李澤厚的某些書，比如《美的歷程》或者其他哲學叢書，也常提到「人性的萌芽」，其實可說也是取自於錢先生的《國學概論》，錢先生早在民國十幾年時就提出了。

「文王，我師也」。文王是我的老師，是我學習的對象，他讓我們了解人類社會裡，愛是最大的動力，是和平的前提。

「周公豈欺我哉？」「周公」是文王的兒子、武王的弟弟，協助哥哥武王完成文王的理想，又制禮作樂把文王的理想具體成為制度實現出來。

周公呈現了文王的精神制定封建禮樂制度，並用詩文加以流傳。此句指周公怎麼會欺騙我呢？

「公滕絕長，補短，將五十里也，猶可為善國。」這句話是說，今天滕國雖然很小，可是你「絕長補短」，這是當時的一句用語，就是把土地參差的地方切開來（將多出的部分切下，拿去補短缺的部分），讓它完整一點，同時引申為看看自己國家有些什麼特點，有些什麼不足，依此加以補充與發揮，讓自己的社會國家走向更完整，今天小國如新加坡，可以做一個現成的案例，這樣大家就可以明白。

「將五十里」。「將」可作大約五十里。雖然只有五十里地，你用心修治，仍可以成為一個好的國家，注意孟子用的「善國」一詞，簡單說是指好的國家，進一步指有利於生、可使民安居樂業的國家。

新加坡副總理曾提出，要以臺灣為鑑，他們認為台灣現在讓人才往外流失，走上了鎖國，使經濟不能開展，只能吃老本。而有人擔心臺灣似乎走向鎖國，則是因為很長一段時間，許多人活在焦慮與恐懼裡的結果。

春秋管仲在接掌齊國的時候，相對於其他的國家，齊國土地有限，面對的是一望無際的大海，那個時候海運並不發達，然而管仲說我們就把海拿來成為我們的腹地，成為我們一切資源的來源。於是他開展出漁鹽之利，並進行貿易，使齊國走向春秋時的第一大國。

焦慮恐懼不足以保留財富，緊緊握住也一樣會流失，老子書中就說：「持而盈之，不如其已」、「金玉滿堂，莫之能守」，整個世界是流轉與變化的，如何有效應用，良好治理，建立良好的制度，如何培養人才、辦好教育，都是因素，如同早期臺灣在興盛時，能成為四小龍之一。

「猶可以為善國」，「猶」，是「仍然」，「可以」是「能夠」，「為」是「成」、「成為」，「善國」是「好的國家」、「有利於人民生生的國家。」也就是還是能成為一個好的國家。

孟子再說：「書曰：『若藥不瞑眩，厥疾不瘳。』」「書」是指《書經》，《書經》上說，如果我們病重了，要是不吃有效的藥，就不可能好，但在這有效的藥的治療中，總會讓我們有一點點反應如瞑眩，就是頭昏眼花——吃了藥有反應，若是沒有這反應，「厥」是「其」，指「那個」，那個疾病不會好的，這個「瘳」唸抽，就是「癒」，怎麼可能痊癒？

我們看新加坡的土地小，因此採取土地國有，禁止買賣，只能租用，所有的房子只有使用權，拒絕一切土地房屋的炒作，並且政府為公屋、國民住宅，便宜地租給人民，是人人多有屋住。

它面對複雜的族群，先推動英文，再推動中文。然後說，所有語言都被尊重。所以國不在大小，而在於怎麼治理，而且要合乎人性，並有利於生。

新加坡在自己土地狹小的特點下，他們上下都知道在新加坡要生存、生活下去的前提下，要維持一個較好的生活方式，他們採取了某種讓人瞑眩的藥以治理國家，維持到現在，並不斷發展，以至於使他們成為一個有如即使只有「五十里地」，但卻是一個好的、今天人類世界中的國家典範。

這是孟子非常重要的一個觀點，國不在大小，而是如何用心治理，能用心就是「愛」，就是一種生命的關懷。能如此一定有「生命的自覺」。我們看新加坡開創者李光耀的自傳及論文集，就可以看到他由「生命自覺」而來的智慧的火花，甚至是火炬了。

我們到現在始終都是從孟子的社會國家建設上來談，而他是受誰的影響呢？

學生：孔子。

老師：孔子？孔子的《論語》有這麼講嗎？

學生：墨子。

老師：是！正是墨子。雖然孟子罵墨子，但不代表孟子斷然拒絕了他。孟子接受了墨子的社會主義的政治理念：人類的生存，除了人性的問題，還有一個現實社會的問題，如何有效根據人性的問題，展現一個理想社會的建設工作。「政治不與萬事同」，他得有理想，但又必須非常務實。不能有虛招，墨子的思想與主張，偏今日所謂的社會主義，談政治則非常實際。

我以前好些老師都不喜歡孟子，他們都說孟子「迂闊而莫為」。後來我自己看，在錢先生的指點下，覺得孟子之精彩，實在驚人！所以從這個角度，提供大家做參考。

〈離婁上〉：自暴者，不可與有言也

「孟子曰：自暴者，不可與有言也；自棄者，不可與有為也。言非禮義，謂之自暴也。吾身不能居仁由義，謂之自棄也。仁，人之安宅也；義，人之正路也。曠安宅而弗居，舍正路而不由，哀哉！」

這一段，是銜接我們一開始講的孟子談仁義。《孟子》的這一段很重要的就是，當我們生命覺醒之後，並不代表社會上的每個人都跟我們一樣覺醒。那我們面對這樣的一個狀態，該怎麼辦？

在《莊子》的〈人間世〉也談這個問題：當我們生命覺醒了，可是我們身處的社會沒有覺醒，我們該如何與之相應？朋友們如果有興趣，不妨去看《莊子》的〈人間世〉，他有幾個不同類型的與世人相處的方式，也教導大家怎麼樣因應這個沒有覺醒的社會。莊子用了一個有趣又有點極端的例子說：魯國的一個大隱士，又是大賢人顏闔，因為他的賢，雖然隱，卻名聞遐邇，以致衛國正式透過外交途徑，向魯國要求聘請顏闔去做衛靈公的太子蒯聵的太傅。衛靈公的太子當時是有名的暴戾性格，莊子說他任性妄為，好殺人。衛靈公為了好好教這位太子，於是便透過外交——要求請顏闔去教太子。你說這位隱士該怎麼辦？面對一個這樣子的學生，又該怎麼辦？

儒家不像莊子那樣。莊子高遠卻現實。儒家沒有如莊子那樣面對現實實際問題，所以這一點也是請朋友們特別留意，是一個有趣之處。我們如果這麼說，孔子、孟子基本上是大浪漫主義者，至於現實，他們不太顧它。可是莊子，雖然談自由，談逍遙，然而對現實的人情世故仍一清二楚，知道如何待人處事，在這些地方，其實莊子比孟子講得更細膩。

這裡孟子說了，「自暴者，不可與有言也」。當我們生命覺醒了，我們是仁義之人了，知道如何待人處事，面對還沒有覺醒的人，該怎麼辦？孟子講，你聽他說話，如果他是一個有自我毀滅傾向的人，「自暴」，「暴」是「害也」，「戕害」的意思。自暴就是自我毀棄。「哎呀！人生要有理想做什麼？人生幹嘛要有理想？人生就要吃飽、睡好就行啦！」。「哎呀！你不要再談了啦！反正人就是一死，你做得再好還不就是一死？管他的，隨便活吧！」這就叫作「自暴」。如果釐清他是個自我毀棄者，那麼，就不要跟他談有關仁義的事情，就是無可與之講善言者，不必多說。

「自棄者，不可與有為也」，自棄是「自我放棄」的意思，人生不再做任何努力。「有為」是「有作為」，「不可與有為」，就不要再跟他多談諸如人生可以發憤、可以努力等等，同時，不要期待他能有所作為。為什麼？

孟子說：「言非禮義，謂之自暴也。」在他說話當中，不合乎情、理。我們曾經說過，「禮」的背後是「情」。「禮」之表現在於，如何讓我們的「情」表達得當，這個叫作「禮」。這是孔子賦予周禮的「禮」的新義。孔子以此教導人們懂得適當的分寸。能知適當的分寸者，是心中已有「自我覺醒」而來的分辨力、自制力。在《論語》的〈八佾篇〉子入太廟，每事問。或曰：「孰謂鄹人之子知禮乎？入太廟，每事問。」子聞之曰：「是禮也」，這是說孔子被邀請去魯太廟去相禮。孔子去了，每件事都詢問清楚。

於是有人就批評說，誰說這鄹地的青年知禮啊？每件事都得問。孔子聽了就說，這才是適當的禮呀！我新入太廟當研究得更清楚才行，這樣才是適當合乎禮的行為呀！這跟後世所謂的「禮教」、「吃人的禮教」是有差距的，請朋友們特別注意。「義」是社會人群整體的利益。當我們聽別人說話不合情理、不得體，同時又完全不顧及社會人群整體的利益，譬如我們常常聽說：「哎呀！管他去死，那又不關我們的事，傷害不了我們，要死他們去死，這些事就不用去管他了！要顧就顧自己的利益吧！」譬如像這一類的話，就是不合「義」。

如此，「言非禮義」，在談話的時候，沒有深入現象，沒有見識，也不是從整體的社會利益與各種條件去看問題，這就是言非禮義。「謂之自暴也」，這就是自暴者，一個具有自我否定的觀念或是意識形態在裡頭。

孔孟說話的對象，請朋友們特別注意，他是對知識份子說話，也就是對所謂的「士」說話。「士」：第一，是有知識；第二，已具有社會位階，如此看問題必須看到一個整體性的狀況，必須深入現象之後；第三，基本上，作為一個「士」，既然已經擁有了社會的某些資源，就自然得自覺地要承擔一些社會生命責任。這是孔孟對於「士」的期待。所以像這些人「言非禮義」，就是自暴者，是自我否定了。

一個士，如果說話是不通人情的，看事情不從全盤的各個狀況去做理解，又不肯深入，這就是一個「自暴者」，自我放棄自身該有的知識與智慧了。

在儒家，在孔孟，基本上認為「士」，認為公務人員必須要有「公」的觀念。這是我們讀儒家經典的時候，要意識到的一個部分。

「吾身不能居仁由義，謂之自棄」，一個人一開口就說：「這個我不能做，那個我也不能做，這個不行，那個也不行，這個時代，人不自私，天誅地滅！什麼時代，幹嘛居仁由義呀？」這就叫作自棄，「謂之自棄也」。

而什麼是「居仁由義」？「居」是「處」，「居仁」是「處於仁道之中，就是在日常生活中，我都不離棄「仁道」，什麼是「仁道」？仁道就是「圓滿的生命覺醒之道」。這覺醒是充滿著愛的覺醒。所以孔子說：「里仁為美，擇不處仁，焉得智」，「居仁」就是「處於仁道」上。「由義」，「由」是「行」，「由義」是「行義」，走在合乎「道義」的路上。其實人最大的快樂就是能「居仁由義」，因人能「居仁由義」，人就已經在生命自覺後，將自己從動物性的生存憂懼中、患得患失中釋放出來了，已可成為一自由人了。

為什麼呢？「仁，人之安宅也」，因為「仁」就是愛，就是圓滿的生命覺醒。而人在愛與生命的覺醒中，這會是人最舒服的生活狀態。

有一部電影，朋友們不妨去看，叫作《文生去看海》，德國人拍的雖然是個小品，可是它能夠有這樣子的妙想，告訴我們：當人獲得愛的時候，人就能安心地活。這個電影啟發人心的重點就在於，當人獲得了愛，就沒有了恐懼，自然有力量可以開展自己的生活，同時也能接納自己身上的病痛，並讓這個病成為他生活中一種不必否定，就帶在身上的存在。

不曉得朋友們懂不懂我的意思？如果我缺一隻腿，我不生氣自己缺一隻腿，我不埋怨為什麼老天那麼不公平，讓我缺一隻腿，而我就用我的一隻腿活著。這就是一個最自然又本然的我的生活狀態。

《莊子》裡面寫那麼多奇怪的人，其實就是講這道理。你我的人生不盡然圓滿，可能都有所不足；我們就在這不足中好好活著。

「義，人之正路也」。我們能夠正確理解、看待現實的社會生活，而不輕易捲入現實生活的是是非非之中。這就是我們人生的一個最公正平穩的道路。

譬如電費要漲了，不曉得在座的人有沒有憂慮：「哎呀！我要多支出這筆錢，怎麼辦哪？未來怎麼辦？我們薪水有沒有加呀？怎麼活啊？」會不會很憂慮？如果不會，這就是人生最健康正常的一種生活方式、一條生活以至生命最正確的道路。而人能「知我」，並走在合乎義的道路上，這就是走在屬於人的最正確的生命大道上了。

「曠安宅而弗居，舍正路而不由，哀哉！」「曠安宅」，「曠」是「空著」，「安宅」是「能讓人安居之宅」，也就是指人內心有了「生命的覺醒」，使人從生物、動物性只求本能的滿足中釋放出來，使人感到生命可由自己作主，不再被動地被本能慾望所支配。這種「自由」是生命最大的喜悅，再加上能「愛」、能「給予人愛」這是全人類在人性基礎上所公認最舒服的生活。是以在各種高度的宗教信仰中，如信仰上帝的宗教，其實是藉著上帝信仰，使人提升交付出重擔，獲得釋放的快樂，而佛教則求從「無明」的黑暗衝動中解脫，看見「無常」與「空」，而得清靜涅槃。西方古典哲學也是想藉著「理性」，使人不再受制於感性。這都是孟子所說：只要是人，有了某種層面的意識，都會來尋找這份「安宅」。因此「曠安宅」而不住。捨生命自覺的正路而不走，也就是放棄生命的自覺，這是人最大的悲哀呀！說得簡單些，空著我們原有可以安安穩穩、快快樂樂的日子而不過，「而弗居」，而不住，「舍正路而不由，哀哉！」這是作為人最大的不幸。

所以何以「仁義」重要？在於我們即使拚命追求安穩，這人生最基本的尋求，但是人生最安穩的日子，其實是在我們人心的自覺。如果人心沒有自覺，基本上我們不可能有安穩的日子。

孟子提出，曠安宅而弗居，舍正路而不由，這就是人生的悲劇景象。我們將其提出來，請朋友們看看孟子的一個重要的觀點。

問：這個「義」就是正確看待所有的事情？

老師：這個「義」从羊，从我。「我」原來是大斧頭。古人依時祭祀，祭祀時以殺羊為最基本的祭禮。是適當合禮合時的意思。因此凡是言「義」，就有「適當的時機」引申為「正確」的意思，所以「義」引申就是「正確」，也就是「宜」，什麼東西都恰到好處並且正確。這是第一義。

第二義，墨子說，「『義』者，天下之大利。『義』是天下人共同之大利，為人所共有。這兩個意思加起來，就成孟子談『義』的基本意指，有了『天下社會人群所共有的最好狀態。』」

我們接著談孟子跟告子的一段談話，來說明「仁義」為人天生就有，也是人活著最重要的所謂的共同心理。這共同的心理條件，為人性、為人心、為人情所共有，孟子跟告子對此有一番討論。

〈告子上〉：性，猶杞柳也

〈告子上〉：「性，猶杞柳也；義，猶桮棬也。以人性為仁義，猶以杞柳為桮棬。」

這是告子的主張。如果朋友們還記得《論語》裡面，孔子很少論及「性」，孔子論性的地方只有「性相近，習相遠」，又一條子貢說：「夫子之文章可得而聞也，夫子之言性與天道不可得而聞也。」但到了戰國「性」、「人性」的問題則成當時思想界的大問題。這又可以看到中國思想的發展與演進。告子名不害，是戰國的思想家，據說受教於墨子，也有人說他是法家。不過他對「人性」的看法與孟子不同。他的思想主要記錄在孟子書中。

告子說，人的天性就好像杞柳。有人說杞柳是一種櫸柳樹，也有人說杞柳就是柳樹的一種。告子強調人之性如櫸柳樹一樣，枝條非常長而有變化。他說人的天性就像杞柳的樹條，是如此自然而細長，不能做木材，只能編成大筐、小筐。

告子說：「性猶杞柳也，義猶桮棬也。」告子認為，人性猶同杞柳樹的樹條柔軟、細長，會變化；仁義呢？就像把細長、柔軟能變化的杞柳樹條，用人為的手段把它編成大籮筐、小籮筐一樣。這是指「仁」、「義」就是將杞柳細長的柳條，用外在人工的力量編織起來。所以這個「仁」、「義」基本上就是透過外在的力量和規範，然後把原本自然枝蔓的、柔軟、條暢的柳條硬框起來，做成了各種形式、規矩。

告子說，人性不是天生具有仁義，人性如自然生長的杞柳、柔軟可變。這是人自然的天性。

可是現在把人放到一個標準中，然後做成了社會所需要的狀態。就好像我們利用了杞柳的那種柔軟的、條暢、枝蔓可變的柳條，做成了籮筐。這不是人天生的，而是社會規範底下達成的，這是人為的；所以仁義不是人的天性。如果把人放任地去成長，那麼人就會隨著自己的意願生活、發展下去。

這自然人性的觀點，到十八世紀法國，盧騷還為此寫了一本小說《愛彌兒》，就是把一個小孩送到沒有人為的社會的島上，讓人們不影響他，使他自己成長，人們只是偷偷地把他可以吃的食物送到島上，隨即就走，然後讓他自然成長，並觀察他會經歷一個什麼樣的成長？《愛彌兒》是一本教育小說，它的基本教育要旨，是要讓人自然展現天性，不要社會人為干涉，他非常反對當時教會的道德規範和各種社會禁制。

這個問題，其實一直到今天還在爭論，人到底是羊還是狼？近來大陸還有人一直討論。大陸一些有強烈執念、認為西方一定優秀的人，老覺得中國人被訓練成羊，失去了狼性，所以就不能夠像西方人那麼勇猛。但是也有人說，中國人是披著羊皮的狼，對待自身非常殘酷！

有一天，我去一個醫生那裡，與那個醫生聊著，他提說，天下最壞的人莫過於中國人！我還接不上口。他接著又說，你看，中國人以前的刑法有剝皮，洋人沒有；中國以前有五馬分屍的酷刑，洋人沒有；中國人有腰斬，西方人沒有。我說，你有沒有看過叫作《羅馬人的刑罰》的紀錄片？你去看看，就會發現西方人這點並不比我們差。

我說，其實這應該站在一個人性發展史上來看，不是哪一個族群特別殘酷的問題。

不但如此，同樣大家也可以看Discovery拍的有關羅馬社會，他們到最後嗜血的程度是驚人的，每天，只要是羅馬的大都城，所有的城市居民，非奴隸，都要看「敢戰士」互相廝殺，還有驅趕猛獸、奴隸廝殺，像我們看到電影中那些老虎、獅子撕咬人，與人格鬥，他們每天都要看，如此把歐洲的猛獸都殺光了，他們一天要殺幾萬頭，就是趕進競技場，與人格鬥。不如此則不快樂，達數百年之久。這是人類史上少見的一個社會特點。

不過我們也不是從這裡說，羅馬人一定壞！我們站在人性發展史上，來看他所形成的各種可能的條件。人性善惡的這個大問題，到今天人們還在討論，而沒有定論。其實這是重大的人類問題。

我補充一點，就是孟子講「自暴」、「自棄」，那我們是不是以後說話也要很嚴肅？他不是這個意思，而是說，我們基本上要慎言。所謂的慎言是什麼？就是不隨便地對人、對事不負責地批評。我們可以輕鬆、幽默，但不隨便地訴諸情緒而對事物批評。慎言的第二個重點是放在，事情發生之後，我們能不能夠有一個適當的距離，思考一下，再看看是怎麼回事。

這其實也是一個自我修養的問題。人有很多的時間都花費在跟自己鬧情緒的上面。生活上的辛苦，有的時候不一定是真的走到辛苦的地步，而是因為我們安不下我們的情緒，以至於煩躁不安。言語成為我們宣洩情緒的方式，但是從傳統的觀點來看，一味地只用發洩的方式，來安撫情緒，這就好像吃安非他命、喝酒，越喝越多而上癮的問題一樣，最後變得歇斯底里。

所以老子說：「馳騁田獵，令人心發狂」。像現在年輕的人，要想發洩情緒、尋找快樂的方式，飆車、喝酒，做這種歇斯底里、讓自己很high的事。按照傳統中國的觀點，這不能解決問題，反而像吃嗎啡一樣，越吃越重，最後讓自己身心沒有辦法承載而瘋狂，再不然一定會傷到自己的身體。

西醫現在也有同樣的看法。

所以在儒家，在道家，都談慎言，不只是一個言語的問題，重要的是情緒的處理。

根據中醫理論，人得病之源，第一就是情緒，包括腫瘤等等。因為情緒使得我們血氣不通；血氣不通，堵住，時間久了，自然就會潰瘍，就會轉成腫瘤這一類的東西。其次是飲食，狂吃狂喝，或者不吃不喝，都是情緒的問題。第三才是風寒。第四是疲倦，過勞。這四樣是人得病的基本原因。而前兩者基本上就是情緒問題；至於風寒，其實還是有情緒的問題，為什麼？天冷了懶得穿衣服，天熱了貪涼，這中間有情緒的好惡。至於過勞，也還是情緒問題。所以實際上「病痛」的中心點可說就是情緒。

這也不是要我們很嚴肅地說話，而是了解說話與情緒的關係，並能深入看到自身面對生命是否有所反省。人在生命覺醒後，一定隨時懷著愛，隨時懷著同情，隨時有「仁」的展現（孔子說的「造次必於是！顛沛必於是！」）；「義」可說是由「仁」，由「生命的同情」，由同理心，而有的公平與正義，一切不訴諸個人主觀情緒，心理自然平靜，自然活得從容自在。

當我們內心從容自在，隨時回歸自身最舒服、通體舒泰的狀態，是不是就等於內心住著豪宅？讓自己通體舒暢、自在雍容、從容不迫，隨時都處在既平靜又熱烈的喜悅中，佛家稱此為「法喜」，隨時有法喜，就如隨時住在世俗人所謂的豪宅了，這其實就是孔子、孟子所說的「安宅」，最舒泰的處境。

「曠安宅」，你明明可以居處在內心豪宅中，卻空著不住，每天緊張兮兮，那就是「自暴」者。這個「曠」就是空著的意思，不好好享受來自自己生命的那一份最天然的享有。

不過告子認為，仁義不是天然的，而是人為的，那只是外在的社會規範。所以孟子就問他了。孟子說，「子能順杞柳之性而以為桮棬乎？」他說，你說的是我們人能夠順著杞柳的柳條原來的性質，而「以為」成桮棬的嗎？你的意思是這個嗎？「以為」，「以」是用，「為」是「做」、「做成」，「以為」簡單說，就是「做成」。孟子很會辯論！你的意思是不是這個？你說人可依杞柳之性做成桮棬，你是不是確定的？

告子說：是。

孟子再問，你的意思是說，「將戕賊杞柳而後以為桮棬也？」我們把杞柳原來的本性，戕賊傷害之後，再把它加以改造，「戕賊」是傷害之意。

年紀長一點的朋友可能看過，以前做籮筐的時候，製作工人先把藤子泡在水裡，泡軟後，再拿起來劈啪打，而後把它拗成形，那就叫作「戕賊」。

你的意思是要改造杞柳原有的天性，然後再做成桮棬嗎？換言之，你說把杞柳做成桮棬，是順著杞柳之性去做，還是鏗哩倥隆地處理之後，才做成桮棬，你是哪一種呀？請說清楚！（注意，兩個都還是用杞柳做桮棬，可是中間有性質的不同，有其根本性的不同。）如果一定是透過強大的外力改造、破壞杞柳的天性，而來做桮棬，這就是人們戕賊了人性，然後成就仁義。仁義乃是人為的規範，不是天然的，如同杞柳，是強加成桮棬的！你的意思是這樣嗎？

這幾句問話是什麼意思？大家心裡了解了吧？相反地，如果人能夠把杞柳的柳條拿來，順著柳條天然之性就這麼轉啊轉的，做成籮筐，這是依杞柳天然的本性、它原本的柔軟度就能夠做成，無須戕害它去做成籮筐，那是杞柳柔軟、可變的天然之性，就在其本身，人沒有戕害它，人只是順其本性做而已。仁義是人自身的天性，因仁義所成的道德，也不是人為的，是人自然的天性而成的。

我再講一首《詩經》裡的詩：「天生烝民，有物有則。民之秉彝，好是懿德。」「天生烝民」。「烝」是眾，眾民指的是人類，民是人的意思。這是說人是老天創造的，老天把人類創生出來了，如同創造萬物一般。所以整個世界天地，都在老天的創造中，「有物有則」，有它自然的創造程序。「則」就是「程序」，就是「規律」。這是指凡創造，以至一切的存在，都有一定的程序、秩序與存在規律。

如果以地球的誕生來講。什麼時候地球開始冷卻？什麼時候開始水蒸氣下降為雨了？什麼時候，在什麼樣的情況、壓力下？請注意，每一個情況都是可以有數據的，在今天科學研究之下，每個數據其實都是一道程序、一個規律的製造紀錄。然後什麼時候有了原生細胞出來，什麼時候有恐龍了，或者什麼時候有森林、有現代植物、現代生物？然後三百萬年前，人這種生物出來了，隔多久，智人出來了？

第一個，講創生程序。在整個創造過程中，不是亂生一通的，而是有一定的程序，如太陽的運行、九大星系的運行、整個太空發展的運行，也都有程序，都可以計算，這構成宇宙的秩序。古埃及、古希臘依此而生，依此發展神的宗教或自然哲學。

此外，再看，我是我，你是你，我們兩人是各自存在的個體，沒有理由變換，或變化各自的臉，一切具體的存在物，都是明確而清楚的，每個個體都是。

以我自身為例，我個子不高，這很讓我母親失望，因為我父親一八二公分高，怎麼長半天我還是只有這麼一點點，可是我還是完完整整的個體。在座的朋友也個個都是完整的個體存在，如同這個杯子，也是完整的，小至這支筆，也是完整的。

這就是「有物有則」。哪怕是單細胞生物，都完完整整，有它們自己存在的樣態，每個人有我們每一個人自己存在的樣態。包括所有動植物所生的……

昨天我聽到一位明星在電視上接受訪問，人家問他孩子像誰呀？他說，從左邊看，會以為是我；從右邊看，會以為是他母親。嗄，左右臉不一樣？他說，一點都不錯，左右臉各取了我們夫妻的一半，合起來就是這個孩子自己的個體，他說的真好！

世界天地間一切皆「有物有則」。看看宇宙天際的星球以及星球中的物，不都是具體成形、清清楚楚的嗎？古老的東西，你們要深刻地去體會，而且要放大，從生物界看。好驚人哪！

「民之秉彝」，老百姓秉承了這一種完整性跟秩序性。注意這個「彝」，「彝」有「生」之義，也有「生之秩序」之義；並且是祭祀之名；這是說人意識「生」之可貴，而後透過儀式加以感謝。

這個「彝」的祭禮，到今天我們還在用。「彝」字最上面「彑」是象形字，像一個大豬頭。

今天臺北三峽每兩年一次大拜拜，這大拜拜會排出三層枱，最上層最高處，會供一隻大豬，頭臉朝祭拜者，全身則毛剃光了。這個「彑」就是那個豬頭對著人的象形。

第二層則擺滿了高級的供品，如米、絲織品等，而最低層是大供桌，上面擺一般大眾祈福的供品。「丌」，有人解為兩手祭拜的樣子；有的人說是丌案。這「彝」字，別看這麼複雜，卻是幾個象形字合成的會意字。

到今天臺灣還如此祭拜，通常這祭祀多是在過年或新春，為什麼呢？因這是大祭，祭天地神明，以至於萬物：謝謝天地萬物讓我們活著。這是一個總祭，總體之祭，又可稱「禘祭」，禘祭有稱遠祖之祭，有稱總體之祭的，是民間之大祭。而之所以祭，是因為我們能活著，天地神保佑，感謝萬物，也感謝雞鴨魚肉、蔬菜水果等等物品，提供為人之飲食，供養了人的生命。人在過年及新春時節感謝他們。這是中國人感恩的祭拜，也或可說，算是中國人的感恩節吧！而且有「生生」，其中有生之秩序因而設下儀式、依典禮拜祀。同時人在這種生之秩序中活得很好，並且在這生之秩序中，一切的條件都是有利於生的，再經人有意識地感受，感覺到活著真好！於是大家感謝、感恩。而老百姓從天性中，繼承了對生之感謝，這就是「民之秉彝」。

是以人們「好是懿德」。「好」是「喜好」，「是」是「此」，「懿」是善，「懿德」是「善德」，也是「有利於生的德行」。人秉承了上天的好生之德，所以，天生地喜好這一種生之美德，生之美行、一切有利於眾生好好活下去的善行。

所以孟子說，你說這個杞柳做成桮棬，是強加打、曬、泡水做成的？還是就順著杞柳的那份天然的柔軟度、可變性，編起來成為籮筐。人之有仁義，人好仁義，是人天生的，還是被框架、鞭打然後變成有仁義的？杞柳天生的柔軟度、可變性，與人天生好仁義，好生生是一樣的，這些是天生的，不是外加的。而人天生好仁義之道，因為仁義之道有利於人真正的生命，不是指人動物性的生命。

從此來看傳統中國的道德是自然道德，基督教是人為道德，西方幾乎都是人為道德，雖然他們將道德歸之於上帝，是上帝天啟的道德，西方道德學上說這是自然的道德，但是這「天啟」，不是中國人對「天」禘祭的解釋。

中國人對「天」的解釋就是單純的「自然」，無須經過「上帝」的折射，它是起於自然的生生之道，人順著生生之道，又意識到生生之道，自然展現出有利於生生的行為，謂之道德，所以才叫做道德。什麼叫做「道」？簡單地說，指天道，含地道，有人道，三者合一，為人之所由，是人人共同行走的路，「由」是「行」。所以這個「道」字，在原始的寫法上，，十字路，中間有個人頭，人走在大馬路上，像人人行走在大馬路上，為人之所共由，稱之謂道。現在改成。這是什麼？這還是路，曲曲折折的路，也就是一個長遠的人生道路，也是為人人所共由之路，此謂之道，這就叫作道。而生生者，天地之大道，人所由之，人遵行天地之道，就這麼活下來了。

那麼什麼是「德」呢？「德」字，本寫為悳，原始的說法，直心曰德。現在變成德，裡面的「直」換成「㥁」，十目表示為眾人所看、所見。而後从「彳」，凡从「彳」就是「行」字之簡寫。「行」走大馬路，在大馬路上，為人人所見之行，為德。而這人人可見之行，乃自己的心得表現。所以古人說，德者，得也，心得之謂。就是人的體得，心有了體會，有了了悟，並在眾人面前表現出來，這就叫「德」，所以用「德」為德，不用「得」為德。然而「德」有「得」的意思。這個「得」之所以不用，是因為它沒有心在裡面，心得。得道於心，現之於行才有德可言。人對天地之道，生生之道，有了感悟，然後現之於行，表現在行為上，方才是「德」。

「仁義者」，就是人得道於心，而現之於行者，能共同肯定生命、愛，成為人所共同追求的，此之為「德」，也成為人所特有的，不是動物所有，是指儒家所說的「士」之行為風格，所以為一個「士」，就是體悟到——生生乃人之所共由，為人之所共願、共有。能真正展現出這部分，方為「士」，也才叫作「儒士」。這種「儒士」就是孔子所說的「君子儒」，否則則不是。人沒有這份體得，雖然在中文系教書，也不是「士」；雖然教《春秋》，教《左傳》……也不是「士」。「士」是有條件的——得對生命有體悟，對眾生有同情，所行所為是不是合乎仁義之行，有助於人之生生者。做教師者能否做到啟發學生，其實任何知識都帶有啟發性，啟發人對生命的覺醒。

孟子在這裡確定，人能夠把杞柳很自然順利地就編成籮筐，做成桮棬，那是順杞柳天然之性，不是違反杞柳天然之性。人之有仁義，也是人天然之性。注意！孟子特別把人，標榜為「人」。我們也說過，孔子在《論語》裡面也很清楚地說，人具有生物性、動物性，在有生命自覺之後開展出人性，人性高於動物性，人與動物的不同即在人開展出人性。孟子是從人性立論，而非從生物性、動物性立論，這是請大家要注意的。

所以說「君子喻於義，小人喻於利」。這裡面沒有罵人的意思。「君子」是有生命自覺者。因為有了生命自覺，了解到所有的人都想活著，所以他清楚明白人之大義所在、天下之大利所在，所以君子完全明白義之所在。「喻」是「明白」「曉喻」的意思。

至於小人、一般人，他的心還沒有完全覺醒，甚或沒有覺醒，他還在一個生物、動物的生存憂懼之中，譬如人如果天天擔心錢不夠用，就算明明還有一點錢，但還是擔心不已，也是活在一種生物、動物的恐懼裡，或是每天都在想，我該怎麼樣獲得最能能保障我活下去的機會，一般人最清楚明白去思考的是，要如何爭取自己可以活得下去的利益、權力。

從這個角度，小人不比君子笨，小人比君子聰明，但沒有智慧，因此在求生存的前提底下，小人只是常被困在生存的憂慮恐懼中，不容易享受到生之喜樂，老覺得人生如夢幻泡影：怎麼轉瞬間就活成這樣了呢？稍有年紀就感慨老了，覺得這一生怎麼就這樣子了？於是不是活得更消頹，就是更為聲色犬馬，總感嘆人生真糊塗啊！這是因為他總是被迫生存在那份動物性的本能中，被動物性本能推著向前跑的結果。凡這樣活法的人，對他自己之所行所為，是沒有真正生命意識的。

而當意識到生命，有了生命自覺，就不再受憂慮恐懼、得失生死所迫，人生的每一步都很清楚，這時才會覺得自己真是活得紮紮實實，哪怕其中有很辛苦的經歷，但是幸虧有這些遭遇，讓自己更堅強，也更堅定更清明。以至於像莊子〈養生主〉中所說的，可以享受自己活著的每一分每一秒，他說：「可以保身，可以全生，可以養親，可以盡年。」

為什麼要談仁義、談自覺？先不說別的，借莊子〈養生主〉中的話，說：「可以保身」，可以身體健康。因為想得通達，不在憂懼之中，身體自然會因通達而健康，免疫力不容易降低，衰老被延遲，這就可以養身了。

然後「可以全生」，身體是物質的，人要有真正的健康，還得開展自己的精神，讓身體跟精神合一，人整體的生命可完全地充實。

然後「可以養親」，古代註解以為這樣活得長就可以奉養父母，那父母的生命期活得短的怎麼辦？我很小的時候父親就不在了，二十出頭母親去世。所以這種註解不周全。「可以養親」是什麼？乃是可以與天地相親。與天地自然相親近，與天地相通。莊子的「親」，指的是天地。天地是生命的來源。

譬如說，每天早上起來，做做運動，使身體筋骨伸張，或出一身汗水。除了運動，有沒有感受到：哇，今天的天氣真好！把自己封閉的身體打開，封閉的心靈打開，讓天地之氣自然進來，讓天地的氣化成為自己內在的養氣。讓自己真正感受到活在天地大氣之中。

然後「可以盡年」，「盡年」，「年」是指農作成熟，如小麥成熟，稻米成熟，稱年，古解「年穀熟也」，引申指享有自己的每一分每一秒，享受自己的時間、生活，這樣你才能夠每一分每一秒全然享受自己的生命。

回過頭來，中國的生命之學，最後都要回到自己本身。只有墨子說：不！人生只要投身於社會，這是墨子的主張。而在儒家，回歸自身、家庭、社會，這就是最基本的。

剛才有朋友問說，他買到了蔣伯潛的《廣解四書》的新刊本，是不是買對了？我說，買對了，因為是我推薦四書版本中最平和的，把歷代重要的註，如鄭玄、何晏的集解、宋代朱子本、清代劉寶楠，甚至劉逢祿本，再加上他自己在民國初年的看法跟解析平實，所以這是一本最平實、完善、最簡單入門的書。

接著我們講〈盡心上〉篇。

「盡其心者，知其性也。知其性，則知天矣！存其心，養其性，所以事天也。殀壽不貳，修身以俟之，所以立命也。」

在〈盡心篇〉的上篇，一開始孟子就說：「盡其心」是「盡自己心」，就是把自己最真實的內在知覺，這包含將構成自己的感性、理性及自我意識認知思維，自己最深沉的心之嚮往，全面發揮出來。如此就能「知其性」，「知」是徹底了解自己的天性所在，也就是自己成為「我」的特殊處。當能「知其性」，就能徹底了解自己的天命所在，並由此而了解自己真正的天賦的本性。因此保存自己的清明的智慧心靈，順養自己所以為人的天性，這樣就可以用來完成上天所給予的一切。這也就是每一個人所承繼於天，自己之所以為自己的天賦了。在這前提下「殀壽不貳」，每一個人，不論短命還是長命，都一樣，沒有不同。「修身以俟之」，我們只要修養自己的身心，「所以立命也」這就是用來安身立命的方法。

〈盡心篇〉還有一句，孟子曰：「求則得之，舍則失之，是求有益於得也，求在我者也。求之有道，得之有命，是求無益於得也，求在外者也。」

這「求則得之，舍則失之，是求有益於得，求在我者。」這一句是在自我生命的覺醒中，去追求自己心靈覺醒的最高靈智。孔子、孟子都認為這最高的靈智，只要自己肯去探索，一定可以被開發出來。如孔子說「吾欲仁，斯仁至矣！」孟子則說：肯去探索與開發心的靈智，人的自我意識一定會開展出來。「舍則失之」如果放棄，不去開發，那心靈的智慧，自然會喪失。「是求有益於得也」，「是」字是「這」的意思。「是求」就是「這追求」是「有益於得也」。「有益於得也」是指「有增益自己心靈智慧之所得的」，並且「求在我者也」，「求在我者也」是指「所探求的對象，就在自己的天性、本性之中。」相反地，即使「求之有道」，在探求上有一定的方法，但是「得之有命」，能否獲得它，卻不一定，而是有「不可知的命運」，這就如同有人買彩券，股票，或投資做生意，一切都依正確方法去做，但有的有收穫、有的沒有，這就是有命運性。不是一要求，就一定能得到，這最重要的原因是所求的是外在的事物，不是在我們內心本來具有的事物。

我們內心本來具有的事物，其實就是指人生命的自覺性，近代西方人本認知心理學上的「自我意識」。古人把它歸結到「仁義」或仁義禮智信上，而對外的追求，即使依一定方法去求，也不見得求得到，這是指現實社會中的利益、金錢、權力、地位、名聲等等。

我挑出來的第三句，《孟子》〈盡心篇〉。孟子曰：「萬物皆備於我矣。反身而誠，樂莫大焉。強恕而行，求仁莫近焉。」

「萬物皆備於我」，這句話，宋明理學與心學常用，這幾乎是他們最重要的核心觀念之一。請注意，近代有許多學人認為這是孟子唯心論的明證。其實唯心論、唯物論是西方哲學十七世紀所提出的知識形上學的觀點。西方哲學以此說明宇宙的最先起源是「物質」，還是「心靈」？有人說，「世界之根本構成是『物質』，所謂『心靈』、精神多依附在物質之上，因有物質才產生。如有煤炭這物質，才可能生出火來，火是心靈、精神。但也有人說，「世界的根源是心靈、精神，不過這心靈和精神指的是無形、無質的一種心的能量，它可促使物質的產生。」孟子的這句「萬物皆備於我」，不是指萬事萬物都具備在我心裡，一切由此產生，而是說「世界萬事萬物之理，都儲備在人的心中。」請注意，這是說，「萬事萬物之理」，那「理」字不要忽略。「我」字泛指「我人」、人類。

我們看飛機被製造，飛上天空。這是先有飛機，還是人先發現了飛機之理？在飛機尚未發明製造前，是不是宇宙中已潛藏了飛機能飛上天之理？而後人思考，人發現飛機飛上天之理，於是依「理」而製造了能飛上天的飛機。至於導彈、衛星不亦是如此嗎？海裡浮的、水中潛著的、陸上開行的，不都是如此嗎？人類文明中的發明不都是如此嗎？甚至包括藝術的創作。這一切之理，不都存放儲備在人心中嗎？以至於人能理解，人能思考，人能發現，人能發明。是以孟子以此生命經驗、知識經驗而說，「萬物皆備於我」，這不是西方的唯心論，而當是我們說過的，中國的「唯人論」！

「反身而誠，樂莫大焉」，人只要反身深深地反省，深深地開發人的「自我意識」，從生命的覺醒開始，當有所領悟，這就是非常快樂的事了。

「強恕而行，求仁莫近」，「強恕而行」的「強」是「努力不懈」的意思，「恕」是由此對自我的認識，進而去推及己人，理解別人，協助別人，以達「己立立人」「己達達人」的恕道。「求仁莫近焉」，那麼追求圓滿生命覺醒的生命道路，沒有比這直接近便的了。

《孟子》〈盡心〉的這一番話是《論語》首篇「學而時習之，不亦悅乎？」義理的延伸。

我們說過《論語》以〈學而篇〉開頭，〈堯曰篇〉終了，《孟子》從仁政「不忍人之政」開始，以〈盡心篇〉結束。是以《論語》、《孟子》可視為一部人學的合集。

前面我們曾說過，《孟子》書似乎承接《論語》的〈堯曰篇〉而來。《論語》以「人性的自覺與實踐」，作為人之所以為人的起點，而後逐步深入到以「仁」為生命自覺的中心。而後除了〈鄉黨篇〉說明孔子的生活外，其餘各篇依次以師生討論說明人的覺醒，包括孔子的自述。

《論語》的下篇，自古雖說是後人補記，以作續編，但以堯告示舜的話、舜告示禹的話，以至湯、武王的話來說明天命的所在，談理想政治的完成。是以《孟子》從「仁政」、「不忍人之心，方有不忍人之政」開始，最後《孟子》以《盡心篇》結束，「盡心」就是「盡己之性，盡己之心」。如此以「知天」，「知天」其實是知真正的「自己」，並且可以把「自己」淋漓盡致地發揮出來。

我再以〈盡心篇〉說明。孟子曰：「可欲之謂善。有諸己之謂信。充實之謂美。充實而有光輝之謂大。大而化之之謂聖。聖而不可知之之謂神。」這章句真是太精采了。孟子講人之性本善，不是指人的動物性本善。孟子是針對人的人性而言，並以此肯定了：人異於動物者幾希！這句話多麼棒！還有儒家多麼平易近人！

而人與動物的不同，則在於有沒有「心」，君子所以異於人者，以其「存心」，「君子以仁存心，以禮存心。」孟子說：「仁者愛人，有禮者敬人。」因為「存心」所以都是人，但有「大人」、「小人」之分，大人從其大體以「心」為主，小人從其小體以「利益」為主，以身體的物質需要、欲望需要為主。君子有「心」，就是君子有「生命自覺」，有「生命自覺」就是有「心」。

孟子思想從「生命自覺」一路繼承孔子，是以孟子說，吾願學孔子。孔子、孟子將「人」以「自覺」為界線，分出生命覺醒者與尚未生命自覺者，使關於「人」的知識一目了然。

〈盡心下〉：可欲之謂善

《孟子》在此講到人生命的成長。大家記得否，孔子談人生命成長以自己為例，「十五志於學，三十而立，四十而不惑，五十知天命，六十而耳順，七十從心所欲不踰矩」。而孟子談人的共同性「可欲之謂善」，注意「可欲」這個詞。要知道人會覺醒，但人生存植基在生物、動物的基礎，所以也有生物性、動物性，人的基本生命仍有欲望的滿足需要。而孟子談人的共同性，孟子不否定人的欲望，而說「可欲之謂善」，「可欲」是「可以滿足人們基本欲望，以達生存的就是善」，古人「之謂」作「就是」解。我們說過，這個「善」字，从羊；从手，；从口。什麼意思？拿著羊腿吃著：啊！好啊！好吃呀！故謂之「善」，為什麼？有利於生也。孟子的「性善論」一是以人「會覺醒」而言，二是不否定人達成基本生存的欲望本能的需要。因有「生」，有生命，才能談一切。而這觀點大約就是來自楊朱的思想。孟子吸收了墨子、楊朱的思想，再歸本於孔子，說「我願學孔子，孔子是最偉大的聖人。」用今天的觀點來看，這聖人不只是有道德行為，而且是偉大的思想創立者，孔子提供了人類的一個新時代。如同歷史上的堯、舜、禹、湯、文武、周公，以至孔子，孔子開闢了新思想。是以宋儒說：「天不生仲尼，萬古如長夜」。孔子用思想、用「生命覺醒」照亮了人類。

而中國的哲學史可說是生之哲學，「生生」哲學。

我們看中國的「美」字也从羊，美字的構成是羊大為美。羊大，就是羊肥滋滋的，像養雞的看到雞肥肥的：就會說，呀！那隻雞好漂亮！這麼肥！

現在有人說，當代解「美」字，不從「羊大」為美；而是羊人為美，因為大是人，所以這個「美」是羊人為美。這是人在宗教祭祀，戴上了羊皮套子，上畫了神臉、鬼臉，然後跳舞，以感謝天神。但宗教祭祀之「羊人」，是後起，人更有文明時，羊大為美是更早的觀點。

我們現在在西藏祭祀時還看得到，戴著鹿頭、羊頭跳舞的祭祀活動。

遠古中國的西北、北方都是養羊為主，羊肥了，生命有保障了，真好啊！以至於到今天我們養雞。不要說養雞了，種菜也是：啊，長得這麼好看喔！「真夠水啊，你看那肥的！」（閩南語）我住家附近，許多人家端著花盆在路邊種菜，那些種菜的婆婆媽媽們，每天看著那些菜評頭論足的：「噢，那叢有夠水！肥滋滋！」還是這樣子，這是一種非常直覺的感受，以生命的美好為準。

所以說有了宗教儀式，那是人類社會較後起的事了。古人說「羊大為美」那起源極早，都是「有利於生」直覺觀念的展現。

所以「可欲」，能夠讓人滿足基本慾望，讓我們活下去，這就叫作「善」，這是人生命的第一件事。

「有諸己之謂信」，而後人慢慢發展，建立了自我。「有諸己」，「諸」是之、於的合音，介系詞，等於「於」這字，「有諸己」，有了自己，這是人在演化的過程中，慢慢開始有了自我，有了自我意識了。

今天因為是錢師母去世的第四「七」，早上做完了七，我要趕來這裡上課，錢師母的兩個妹妹堅持說吃了飯再走。說：「你就吃一碗麵吧」。到了餐廳坐下，她們一下子想多點些食物給我，大家也勸說，吃這罷？吃那罷！但我主意已定，就婉謝說：「只吃這吧！簡單些。」

這不就是「有諸己」啊，你們不要把這些話想得太偉大，經書中許多話仍是貼近人生，我們常根據自己所要的做抉擇，這也是有諸己，人們開始有了自己，甚至看到自己，意識到自己，啊，這就是我，這就是「有諸己」。

有了自己，有了自我意識，這是「人」生命的開始。「之謂信」，這就是信，「信」

是「真實」。這是我們真實生命的開始。人沒有自己，一切隨動物本能或事物的引誘，或隨著別人。那就沒有真實的生命，人們覺得生命如夢幻泡影，就是沒有自己的真實生命的結果。當開始有「我」，有自己了，這才是真實生命的開始。

「可欲」是所有生物、動物都可以用。「有諸己」開始只適於人，然後就是個體的建立，有了個體，才有了個體的生命性。

我們說過這是楊朱的觀念，楊朱「為我」建立個體，認為這才有「真實」，反之，若沒有「個體」，就沒有「真實」。楊朱由個體的真實性反對墨子以集體生命才是真實生命。孟子一面斥責墨子無父無君，一面斥責楊朱，「拔一毛以利天下不為也」。二方面他也接受墨子、楊朱的思想，接受楊朱的「重己」、「為我」，建立個體性。生命哲學得從個體性說起，才不會不切實際，同時孟子再以墨子的社會性來談人生。

所以楊朱的「為我」、「重己」，從今天的角度，是說明個體的才是生命的起點，離開個體，任何事都沒有意義。沒有真正的生命，人生如夢一場。

「充實之謂美」。我們不可能只停留在自我意識的單純認知上。就在自我意識認知的前提下，人開展了生活，這就是「美」，美好生命的開始。我們學習知識，學習各種技能，發展各種可能性創作藝術，有各種發明，這就是美好生活的開始，所以叫作「充實之謂美」。

「充實而有光輝之謂大」。我們不但充實了我們自己，還讓我們精神的生命全面開展出來。這個「光輝」是指人的精神。如此人的生命才可能全面發展。這個「大」就是全面發展。

譬如好多人出去旅行。為什麼這麼多人想出去走走，有的還花了大錢？幹嘛跑出去花錢？其實旅行能讓生命開展。在旅行的過程中，人的生命得到舒放。

「大而化之之謂聖」。當人的生命得到舒放、開展，隨時都在變化中，以至於讓我們與天地相通，這就叫作「聖」。「聖」就是通，通達，今天一提到「聖」，就以為是僵化的道德。然後只有孔子是「聖」，每年只等著吃冷豬肉。其實「聖」字的結構是从耳从口，从耳是由外入內，从口是由內而外，內外交錯通了。在耳口之下的是「壬」不是王，不是王才能成聖，是廷字的簡寫，「廷」是「通」，口耳相通之謂「聖」，「聖」是「通達」義。我們不再鬧情緒，我們不再生氣，不再活在得失、生死存亡的恐懼中，一切隨順而化，變化無常，美不勝收，這叫「大而化之之謂聖」。

這種與天地相通的心情和心理狀態、認知狀態，以至於到達無法預測的創造狀態，就是「聖而不可知之之謂神」，這是自我實現、自我創造的最高點，這就叫作「神」。

「神」就是不可測知的創造，這是人在生命高度覺醒、自我意識全面開發後，自我創造的人生最高境界。

講完《孟子》這一段，正好做《莊子》的開篇，莊子學可說是從「神」入手，〈逍遙遊〉就是「神」的展現。什麼是「逍遙」？「逍」、「遙」兩個字都有「越走越遠」的意思。「逍遙」是同義連綿詞。「越走越遠」，就是從我們現有的當下出走、離開，然後活在更廣大的時空之中，本義是遠遊，今天所謂的「自由」。能自由，能「逍遙」者，「神」也。

在傳統中國學術上，孟子、莊子好像從未會過面，可是他們在一個時代當中，孟子大約長莊子二十歲，但他們對生命的看法，是有相連性。孟子講到生命的最高表現，在一個不可預知的自我創造境界。莊子學說就從這最高的自我創造開始，他認為，人的最高的自我創造，莫過於真正從動物的本能限制中走出，有了自身的自由，所以他的文章是從「自由」、「逍遙遊」開始。

傳統中國學術以「人為主體」，以「覺為中心」，一脈延續與發展，道家的思想順著這以「人」為主，以「生命覺醒」的生命道路繼續走，只因時變革，各有倚重，各有不同。有的部分也有對立，可是不代表絕對的斷裂。近代常常把儒、道當作絕對的對立與衝突，認為儒家、道家之間有紛爭。這個都是現在的人的說法。

在古人也有不同的看法，古代有人對這標榜強調，有人對那標榜強調，如莊子講逍遙，孔子、孟子講孝弟禮義，這就不逍遙了。不過古人會將歷史條件放進去，傳統中國的學術不離開歷史的發展過程，它有強烈的時代性。雖然在知識上要成為一個理，成為一個學說，一定有超越時代的普遍性，但多少會帶著一些時代性在內。

就像前幾天一位年輕的學者告訴我說，蘇東坡的弟弟蘇轍註的《老子》好有境界，我個人非常喜歡蘇轍的《老子》註。但在宋學中，蘇東坡與其弟蘇轍是蜀學，後人認為他們有縱橫家之言，並不純粹，尤其到了朱子，也對他們有強烈的批判，而要求回到純粹儒家，確立儒家「仁義」之道統。

現在人講宋明理學，都罵朱子頑固，或者說朱子確實是繼承儒家之大道，他把所有雜質都消除了，但也有人認為他帶入了禪學思想。

朱子在南宋可是複雜的時代；就國家言，除了國弱，還有夷狄外族虎視眈眈地入侵威脅，要如何維繫族群的命脈？若不全面建立起代表這個族群的文化觀，加強自我認同力，何足以面對未來環伺的外族？確立「仁義」，對生之肯定，不容任何一點雜質；然後在這前提下，編註群經，重建經典的解釋。可是實際上你去看《朱子全書》（朱子語類），他清清楚楚地講道家怎麼說、佛家怎麼說，不混淆，不雜亂，而且他同時對這些思想予以肯定。只是最後確立：生之大道唯有「仁義」而已。

元代前約六十年沒有科舉，而民間依朱子之言教學，辦書院，確立自己的人生。即使在元朝甚至把讀書人列入在妓女之下的等級，第九等，再下是乞丐第十等，然而，讀書人自我肯定，讀書人皆與天地相通，藝術家黃公望、倪贊、吳鎮飽讀詩書、通道家佛家之學，而開創出文人畫，文人畫即是展現與天地相通之境界。元理學家則開出生命哲學與美學的理學，從生活的體驗中求得精神的暢達，並負起文化的傳承與民族存亡的使命。而後整個社會的情勢逼著元朝非得開科取士為國求才，考試的項目竟然就以朱子的學說為本，原因是當時他的思想符合時代，民間多以其註當作經典閱讀。

在宋明理學前期的學說中，其實是蜀學最通達、旁通。

不說別的，蘇東坡的〈赤壁賦〉真精彩！儒釋道三家融為一爐，雖然最後還是歸本於儒家。大家記得嗎？在船上有客人嗚嗚的吹起簫來，蘇東坡扣絃而歌，只是吹簫者越吹越悲涼，於是蘇東坡正襟危坐地問他：怎麼回事？客說，你看，在這無限的天地之中，人多麼渺小！人生有什麼意義？無可作為。

「大江東去，浪淘盡，千古風流人物」。這些蘇東坡遊赤壁時寫的詞，「大江東去」，象徵生命之流、時間長流，由此看，在三國中誰是主角？再大的主角也都過去了！曹操幾乎當國五十年，權傾一時，而今安在哉？何況你我這小人物，人生還有什麼好活的？真是渺滄海之一粟啊！

蘇東坡則告訴他，人生雖然如此，從一切變化中、個人生命有限中去看，人生真是一眨眼之事。但從一個完整而獨立的個體去看，世界上沒人能代替你。即使人消失死亡了，天地間也無人可代替得了你這個體，要知道宇宙中每一個體都是唯一，是無可替代的，每一個人都是獨一無二的——傳統中國認為每一個人都是獨特的，每一個人的生命也是，是以我們為什麼不好好擁有、享有，好好地活啊？

這就如我們坐上太空梭，升到外太空某一星球上，大家還不是要好好活著，這就是儒家，朱子要人肯定自我。當讀朱子書、看他批評蘇東坡、蘇轍或某學派、佛家、道家，還以為其間水火不容，其實他是有前提的。

也因此，我們看《莊子》、看《孟子》，其實在思想上，它還是一脈相承，是從人的生命自覺開始。不過到了莊子，他歷經了孔、孟，還有墨子、楊朱以及其他人，他可以說是騎在這巨人的肩上再往前看，而莊子提出「逍遙」，正好是孟子提出的「神」作為展現。

〈告子上〉：性，猶湍水也

告子曰：「性，猶湍水也；決諸東方則東流，決諸西方則西流。人性之無分於善不善也，猶水之無分於東西也。」

在〈告子篇〉上，告子再提出他對人性的善惡觀點。他說：「人性如同急流的水，你疏導它向東，它就東流，疏導它向西，它就西流。」

是以人性無善惡之分。天性是純然中立，就看社會整體。社會等同挖出來的水道，社會是惡，就帶向惡；社會是善，就帶向善。所以「人性之無分於善不善也，猶水之無分於東西也。」這如同說，天性是如一張白紙，畫上什麼才是什麼！

而孟子說「水信無分於東西」，「信」是確實，水真的是無分於東西，沒錯，可是我問你，「無分於上下乎？」水有沒有分於上下？水是往下走，還是往上走？往下走。這才是真正的水性嘛！什麼是水性的終極性？往下走嘛！水雖然會蒸發！會凝固！是凝聚成常能，水一定往下走。

所以孟子是哲學家，告子不是。

「人性之善也，猶水之就下也。人無有不善，水無有不下。今夫水，搏而躍之，可使過顙；激而行之，可使在山。是豈水之性哉？其勢則然也。人之可使為不善，其性亦猶是也。」

孟子說，「人性之善也，猶水之就下也」。我們剛才說了，真正的水性是往下流，不論它上天，不論它凝固，化了以後，水就是往下流。「人無有不善，水無有不下」。這個「善」，生之善，是就人性而言，人沒有不想活下去的，人沒有不想活好的！

這是人性。如同水無有不下。

「今夫水，搏而躍之」。這個「搏」就是拍，拍打。今天我們拍打這水，讓這個水嘩！一下子跳起來，「可使過顙」，超過我們額頭。「顙」是額頭。甚至我們「激而行之」，甚至我們把它堵住，然後加強某種力量，叫做「激」，唉唷！「可使在山」，它可以淹到山上去。日本大海嘯不就是這樣？「是豈水之性哉？」這豈是水之天性呢？不是嘛！「其勢則然也」，它是一時之間在特殊狀況底下所造成的。「人之可使為不善，其性亦猶是也。」是一樣的。這是說，人是能使人行不善，如同拍水、激水一樣。人之性也是如此，但人天性是善的，是要好好活下去的。

孟子的這個觀點，是從人對生命的肯定上論性善，這也是儒家孔子的主張，也是儒家屹立不搖的部分。只是大家進一步要讀的時候，要能分開人的生物性、動物性，跟孔孟所強調的是生命覺醒後開展的人性，這兩者之間是有差距的。孔孟是從人性立論，要人超越生物性。而道德是從人性開展，是屬於人性的表現，不在生物性、動物性的層次。從生物性、動物性的立場說，「人不自私，天誅地滅。」

而告子還停留在生物性、動物性的層次，還沒有意識到人的多重性。同時告子的說法太遷就一時的狀態，而沒有觸及事物終極性的探討。

我們這個課堂，希望都觸及人的終極性。因為我覺得這樣我們的腦袋，才會在中國近百年的迷霧中慢慢清明起來。

食色，性也。仁，內也，非外也

〈告子上〉告子曰：「食色，性也。仁，內也，非外也；義外也，非內也。」

孟子曰：「何以謂仁內義外也？」

曰：「彼長而我長之，非有長於我也；猶彼白而我白之，從其白於外也，故謂之外也。」

曰：「異於白馬之白也，無以異於白人之白也；不識長馬之長也，無以異於長人之長與？且謂長者義乎？長之者義乎？」（……）

曰：「耆秦人之炙，無以異於耆吾炙。夫物則亦有然者也，然則耆炙亦有外與？」

告子說：「食色，性也」，食與色是人的本能，這是人的天性，就是人性。這與西方現代所說的人性相同，就如弗洛伊德所說，人性是慾望，是性的推動。在這前提下，人的愛，就是飲食男女，也可以說，「愛」是出於男女的本能需要。「仁」是「愛」，「愛人」所以可以說「仁」是出於人內在的天性。

至於「義」呢？這是社會規範。社會規範是人後天為達成生存，而由群體規範出來的，這絕對不是人的天性。簡單地說，這是人為了活下去，大家商量訂出一個規則，在規則中，以求多數人可以活下去的機會。所以西方講「道德」是約定俗成的，是契約性的，是為了你我都可以活下去，而後訂出的契約。如基督教《舊約》中的十誡、《漢摩拉比法典》，都有強烈的契約性。西方人到今還說：「法律是道德最後的底線。」西方的道德規約如同法律。如此，「義」就是外在的了。

於是孟子就問告子，「何以謂仁內義外也？」這是說，為什麼「仁內義外」呢？

告子舉例說：「彼長而我長之，非有長於我也」，「彼長」是指「那個年長者」，「而我長之」，「而」是「於是」，我敬重他，「我長之」的「長」是「敬重」，「之」是指「年長者」。「非有長於我也」，「非有」，「不是有」，「長於我也」這「長」是指「尊敬長者之心」，「於」是「在」，「我」是指「我的內心」，這是說「不是有尊敬之心在我內在」。就如敬重老人，不能說是人的天性，而是來自於社會約定俗成的一個規範，如見了老人要敬重，要讓位給老人。這種敬老，並不是人的天性。

「猶彼白而我白之」。就好像我們看到了白色，然後我們說，噢，那是白色。我們這是根據客觀事物去認定它，所以「從其白於外也，故謂之外也」，我們這種認定，是來自對於外在世界的認識。

孟子接著又問：「白馬之白也，無以異於白人之白也？」你的意思是不是說，白馬是白的，白人也是白的，白花是白的，白布也是白的，這個之間都是白的，沒有差別？

在一切都相同的前提下，那麼「不識長馬之長也」。第一個「長」，指年紀老，「不識」是「不知」，不知對老馬的那一份憐惜，「無以異於長人之長與？」這和對老人的敬重，是不是同樣的呢？

「且謂長者義乎？長之者義乎？」意指：再說，你所說的義是出於「年長者」的人呢？還是出於尊敬老者的人呢？換言之，我們敬老，我們憐惜老馬，這種「敬」與憐惜之情，是由外還是內呢？是他們老了才尊敬，還是出於人的內心對生命的同情呢？

再引申，人對弱者，自然會生出憐惜之情。這份憐惜之情，到底是外在規範下產生的？還是內在自覺後自然產生的？

所以這一篇到這裡，非常重要的是，人之性有兩個：一個是食色性也的本能之性，這是生物、動物之性，此外，人會對人憐惜、敬重，包括對動物、老弱等同情，這乃是生命自覺後的「人性」。孟子跟告子的辯論，重點在這個地方。

孟子再問：「曰：耆秦人之炙，無以異於耆吾炙。夫物則亦有然者也，然則耆炙亦有外與？」

這個「耆」就是「嗜」作「好吃」、「愛吃」解，「炙」字是烤肉，這字是象形字，上以[illegible]，這是肉，下從火，肉在火上烤。這字甲骨文就有。或問何以這是肉？我們知道「肉」是把獸體剖開的全部樣子，[illegible]是剖一半。都是象形字。這句譬如我們愛吃秦國人的烤肉；或者愛吃自己做的烤肉並沒有不同，各種事物也都有這種情形，那麼愛吃烤肉的心也是在外面嗎？辨別選擇愛吃烤肉的心也是在外嗎？

最後認為，好，你告子既然拿「食色性也」來談，我現在就回到「食色性也」跟你談。換句話說，孟子「耆秦人之炙，無以異於耆吾炙」。這是孟子說，我們好吃烤肉，我們覺得新疆的烤肉特別好吃，因此我們自己也烤肉來吃，新疆的烤肉和我們自己烤的肉，是不是一樣的？這種嗜好烤肉，難道會因為新疆的烤肉，跟自己的烤肉，而有分別嗎？其實就是一個「好」字嘛！它的重點在這裡，「好」或喜歡，是外在還是內在呢？

這裡頭另外還含藏一個問題，也就是我們所說的，譬如動物會喜歡吃什麼，比較偏好吃什麼，可是動物會像個老饕一樣吃東西嗎？即使「食色性也」，還是不同於動物的「食色性也」，所以動物跟人不能等同。

非常重要的是，孟子建立了一個以明明確確的「人」作為前提、主體的學術論點。孔子還沒有那麼明顯，不過孔子已從「學而時習之」開始，點出人因「覺」展現人的特色，在「覺」之下實踐，所獲得心理滿足與喜悅。這人對生命肯定的前提，是享受活著就有喜悅的憑藉。

砰！麥克風掉到地上。你看，大家都會叫起來。這就是我們曾經舉過的例子。你珍惜這個麥克風嗎？還是擔心這個麥克風會打到我的腳？還是怕我得要賠這個麥克風？在人的本性中，希望生命的完整性，因為我們活著，在自覺與不自覺間，感受到生命的完整性，我們看到某一種對物或人的破壞，會不忍心。這就是孟子說的「惻隱之心」。這不是為別的，而是在成為人的本能中，就看到人與動物不同的同情心。

我曾經在臺北藝術大學帶一門課，就談生命與生命意識。當中有一個功課，學生要去訪問一些人：你活著嗎？你是不是享有你的生命？所有被訪問的人都說：「你這是什麼問題？我難道還死了嗎？我為什麼沒有活著、沒有生命？我不活著，你們來問我嗎？」大家都以為單純活著就是所謂具有生命性。其實不然。

人的真正的活著──是能意識到自己活著，並享有自己的生命，覺得活著真好！而不是本能的習慣性、機械性地活著。許多人生活非常規律甚至像精準的機械，但其中沒有節奏、沒有自我意識、沒有審美性，只是嚴格的自我限制，這也不算在享有自己的生命、自己的生活。最後心裡都會有遺憾，這其中最有名的例子，就是西方近代大哲康德，他生活規律得有如標準鐘，當地鎮上的人都以他作為對時器，但他的晚年卻精神崩潰了。康德創造了劃時代的哲學學說，他用理性控制一切，造成過度壓抑，他只享受了「理性」，而非享受生命。

你有沒有真正享有自己的生命？這是中國哲學中非常重要的一個部分，我們忽略它太久了，包括我們的教育。以往我們的教育教孩子成人，成為一個人，享受作為一個人，所以社會會有它自然的安定性。

今天我們教孩子的是什麼？除了競爭力，拉高成績的程度。甚至教育官員也只說：

「中學教育，就是提高競爭力、拉高程度不好的學生的學習力。」這全偏重在知識層面。

至於：什麼是人？怎麼做一個人，做一個健康的人？近來好些學校的資優班學生，竟然自殺了，他們認為生活太無趣了，加上「我比不過他們！我努力再努力，仍沒有拿到第一名，活著沒有希望。」

今之許多頂尖的中學裡都設有資優班，為何頂尖學校還要設資優班？為了提高競爭力，為了與世界第一流學校接軌，為了發掘人才，教育部設立了好些「數理資優」、「人文資優」，以強化學生的能力，並去參加各種競賽，如世界奧林匹克競賽，為國家爭取名譽。這不只建中有，北一女也有，好多學校都有。但對於學生們的成長、做人、如何成為健康正向、大智慧的人，有人關心嗎？

而如何成為一個性格正向、健康的人——他享有他的生命幸福，不傷害別人，而後推動這個社會走向幸福，這是儒家所希望的。

所以傳統中國是一個「成人」教育。人不是天生下來就是個「人」，人天生下來只是一個生物人，而後慢慢長成半獸人，指尚沒有自覺的。許多人生的痛苦，就是因為在此之中。

佛家講「無明」——貪、嗔、癡，現代再加一個慢，或者還再加一個疑，是構成人痛苦的根源。其實這不就是「獸」在求生存中的表現嗎？這是求生存的獸性。佛家提了脫一切，就達到人性、清靜涅槃了！就自在了，能度一切苦厄了。

而基督教則完全皈依於上帝，放下自己欲望所要的一切，順著上帝的安排走，不也是這一個意思嗎？

從了脫當中，不是人為，而是人怎麼開發出人性的部分，從生物性、動物性的本性中釋放、提升。如同長成一朵花，加點有機肥料，花會開得更好。這不是違反自然，也不是揠苗助長，而是順人之可以有的加以啟發。

我們的教育，九年也好，十年也好，十二年也好，它的終極性是什麼？還是加以分段？從小學到初中，是成人教育的最基礎，高中教育開展人的智慧，然後提高智力，增強競爭力。

孔孟教人們如何有真正的心靈覺醒，人有能力自我調整。孟子告訴人們人是活的，當從擁有生命的特點去看，如同中醫《內經》裡說，有些人身體不好，許多起因是情緒，而情緒是一種心志活動，會影響整個氣血循環，氣血循環影響經絡傳導，影響神經系統，人長期緊張，氣血會不通。

人是活的，所以講「人學」也一定要活，從生命性談起。這也是錢先生教的：人是活的，要知道什麼叫作「活」，不能只有西方式概念和推理，這樣講不進傳統中國學術之中。

好！往下我們再來看一條告子的「性無善無不善」。

性無善無不善也

公都子曰：「告子曰：『性無善無不善也。』或曰：『性可以為善，可以為不善；是故文武興，則民好善；幽厲興，則民好暴。』或曰：『有性善，有性不善；是故以堯為君而有象，以瞽瞍為父而有舜；以紂為兄之子且以為君，而有微子啟、王子比干。』今曰『性善』，然則彼皆非與？」

孟子的學生公都子告訴孟子說，告子曰：「性無善無不善也」。他又說：「性可以為善，可以為不善是故文武興，則民好善；幽歷興，則民好暴。」

用歷史來做例子，「文武興」，周文王、周武王起來了，「則民好善」，老百姓在各方面都表現出一種善，「幽厲興」指周幽王、周厲王起來，而領導者不好，「則民好暴」，老百姓受到影響，自然就變得比較兇暴、殘暴。

告子又說：「有性善，有性不善」，所以「以堯為君，而有象」，看到這麼好的天子，卻有一個這麼可怕的兒子，爸爸雖好，兒子不一定好。「以瞽瞍為父，而有舜」，這麼一個糊塗的父親瞽瞍，可以有舜這麼好的兒子。同樣地，「以紂為兄之子」，以紂作為自己哥哥的兒子，即侄兒，以作為國君，如此殘暴，「而有微子啟、王子比干」，指卻有微子啟、王子比干這麼好的叔叔、哥哥做臣子。所以你怎麼能夠把「人性本善」講死？

我想在座也有朋友習慣透過現代的學術來談，不過傳統舊學中也有人這麼說：一講「性善」，就拿來跟荀子「性惡」比較，然後說傳統中國的儒家有偏見，看中孟子，不看重荀子。

其實孟子、荀子兩個人所說的，沒有絕對的衝突，只是荀子是從社會性來論，從人的生物性、動物性來論，如同墨子看到人的生物生存衝動所導致的惡。當孔子說「仁」的覺醒才是人性，同時是人有真正個體、自我建立的開始，也是屬人的生命的開始。墨子反對，他只關注人的生物生存性，自然會說個體的愛會助長自私自利，所以他提出

「義」。「義」談的是眾人共同的天下之大利，眾人的共同利益。如何達成？這當然要規定，有社會規範才能「兼愛」。「義」也是「兼愛」的另一個涵義，兩者可相通。為什麼？因為人不能離開群眾，人不能離開社會。所以作為一個人，也不能從個體去看，還要從群體去看，所以由此角度來看，這個世界沒有一個真正孤獨的人。

荀子講性惡，同樣是從墨子的角度來談。人有可能離開這個社會而活嗎？不可能，一定會受社會影響。人性中一定有受社會影響的部分，也就是後天性格。這個後天性格中，面對人原有的生物性、動物性，就有一個根本問題，荀子提出：人只要想活，得生存下去，而面對社會有限的資源，人一定會爭、會貪——我藉著佛家的說法，貪是什麼？貪求自己所沒有的，以求安全的保障，凡在爭生存中，凡動物一定都有無安全的恐懼，生怕爭不到，害怕得不到，一定爭，即使爭到了也還要再多爭到一些，這就是貪，若沒爭到就大怒，這就是嗔，而後鬥意氣、盲目不合理性地堅持，這就是痴。如此一定亂，在亂中，為了生存，一定行惡傷人，是以人性本惡。

從人的現實社會生活層面看孟子講性善，似乎太高遠而迂闊了。不過荀子講到後來卻仍然談，指出我們一定要從教育中教導人們不爭；同時要建立起一個有禮的社會，避免人們行惡，那麼社會就能有「善」了。

這裡有一個有趣的問題：如果人性本惡，人要如何教育呢？人因為還有「善」才可能教育，並且教育成功啊。他跟孟子的說法——大家還記不記得，告子拿杞柳做籮筐為例，是把杞柳硬敲成籮筐，還是順著杞柳的柔軟性，編成了籮筐？其實荀子是從人的生物性、動物性上論惡，但並不否認人有人性，從人性、生命的覺醒性上而論，人是性善的。

只是中國之所以肯定孟子，大約要到了北宋之後，孟子才全面被肯定，在此前孟、荀並列，但此後中國人基本上同意孟子的性善論。

乃若其情，則可以為善矣

孟子接著說：「乃若其情，則可以為善矣，乃所謂善也。若夫為不善，非才之罪也。惻隱之心，人皆有之；羞惡之心，人皆有之；恭敬之心，人皆有之；是非之心，人皆有之。惻隱之心，仁也；羞惡之心，義也；恭敬之心，禮也；是非之心，智也。仁義禮智，非由外鑠我也，我固有之也，弗思耳矣。」

這一章孟子講人的性善，也說人的性惡的原因，與荀子論說有異曲同工之妙。孟子說，「乃若其情」，「乃若」就是「至於」，就是「如是」，是文言文裡的一個開頭用詞。孟子聽了公都子說，告子這麼說，「人可以為善，人可以為不善。」孟子說，不論怎麼說，人是有「善」吧！因此人才可以為善，可以為不善，對不？這是第一個前提。所以我們從最真實的人的生命來看。注意！這個「情」字，這「情」是指生命真實的狀況。「情」者，實也，在先秦，言「情」，多半是就事實或者真實的狀況。

「乃若其情，則可以為善矣。」我們如果就人的生命的實際狀況來看——用現在的話，我把它衍生出來——那麼就可以為善了。換句話說，不要說你講性惡、性善，不要說你說什麼樣的情況是性惡、性善，人是可以為善的，這是人的生命本質呀！是不是？「乃所謂善」，這就是我所說的「善」了。為什麼呢？我們從這個角度切入，人不論是自然的天性，所謂生物性或動物性，都是求生，生是自然中的大善，人順此大善，就可以為善了，只要人透過生命覺醒，意識到人在生命中，求這自然的大善中，不能只求自己的生、自己的利、自己的善，而當求群體的善、群體的生與利，並且在「意識」中，享有這生之善，由此自覺而行，就是我所說的「善」了，這就是人性之善了。

請朋友們注意，孟子所提出來的，是就生命的本身。換句話說，生命的本身就是乃善。這是中國非常特別的一個觀點。

佛教說，生命的本身不是善，你要不覺悟，不放下這人生，得不到善果。至於上帝也不認為生命的本身是善，即使是由上帝所造，人還是會接受誘惑，偷吃智慧之果，違背上帝旨意。所以人的一生所努力的，是如何從這種「惡」中解除，才能到西方極樂，或是回歸上帝那裡。

只有中國人說：生命的本身就是善。宇宙中、天地中，有了生是最神奇、美妙的創造，古人說：「天地之大德曰生」，而這就是善，生命的本身就是善。人順此善即可為善，而孔孟提出人要覺識，更要意識這善，享有這善。這是中國文化所獨有的，全世界唯一的。

「若夫為不善」。至於為什麼會有不善的發生？「非才之罪」，不是人本質上的問題，這個「才」就是本質；前面那個「情」指最真實的狀況，「才」本是植物、樹木長根發芽，所謂植物生根了。所以用「才」指人的物質性的本質，生命質地性開展。而用「情」，這是指較整體、最為本質性的情況。

這也就是我們看到人會有一種對生命的同情與珍惜。剛才麥克風掉到地上，大家「啊！」的一聲，有的人還驚慌失措。這也就是對生命同情與珍惜的「惻隱之心」，這可以延伸出對生命、對存在物完整的認同與同情。所以孟子說：「惻隱之心，人皆有之」。

孟子又說：「羞惡之心人皆有之」，羞惡之心是一種自我要求；「羞惡」，自我由衷地感覺到羞恥和厭惡。我們每一個人都想讓自己用最好的方式呈現。「羞」，就是自我慚愧；「惡」，自己不喜歡，厭惡、討厭。這是從生命的完整性中自然延伸滋長出來的自我要求。

「恭敬之心，人皆有之」。恭敬是莊重，敬仰。這也是從生命的完整性上延伸出來，對美好的事物，對好人的敬重。這種心理也是人人都有的。

「是非之心，人皆有之」。是非——什麼是對，什麼是錯；什麼是有利於生命，什麼是不利於生命？什麼是真實，什麼是虛假？什麼是正確，什麼是錯誤？人有能力辨明孰是孰非。這是「知識心」的展現。

孟子再說：「惻隱之心，仁也」。這種惻隱之心，我們就稱為「仁」，是「愛」，是對人對生命的愛。

「羞惡之心，義也」。這種羞惡之心，就是我們建立社會的依據；不然我們怎麼相處？怎麼可能群居？我們如果完全不顧念「我」以外的人，人如何群居以求活？

「恭敬之心，禮也」。恭敬，就是禮的開始。禮，代表我們適當地表達我們對人、對事物的肯定、讚美與敬意。

「是非之心，智也」。是非，是人的知識產生的根源。人要確定什麼是「是」、什麼是「非」。西方的科學也得確定什麼是是、什麼是非，以尋求人類真知的可能性。

「仁義禮智，非由外鑠我也」。仁義禮智都是人內在完成人之生、人之生生，自然呈現，是屬於人性的一部分，這不是由社會規範而來，是人天生的，是「我固有之也」，這「我」是指人類，「固」是「本來」，「我固有之也」，是說：「是人類本來就具備的，不是外加的。」。「弗思耳矣！」只是有些人沒有看見、沒有深思。這個「思」作「深思」、「反思」、「反省」，也就是指意識。人許多時候沒有用意識認知，回看自己的生命、生活，以至生存的問題，只是渾渾噩噩地活著，因此丟失了自己原本就有的「惻隱之心」、「羞惡之心」、「恭敬之心」、「是非之心」。

教育除了知識外，也當開發人的其他心智，或者所有的知識都含著人心的啟發，都應該展現作為一個「人」的知識性。

西方教育也有它的限制與問題；但其菁英教育很重視啟發教育，歐美許多好學校，其競爭性不下於我們的聯考，我們從他們拍的教育電影中也可看見，他們把教育分成兩類，一是一般平民教育；一是菁英學校、菁英教育，從小學開始，便為國家培養人才，造就成為他們國家的樑柱。其實歐美多以菁英治國。

臺灣是民主政治。我們有沒有菁英學校？也不是菁英為政，這班裡有好多建中的老師，我們有沒有把建中的孩子當作菁英來教？這裡也有好多建中畢業的朋友，也可證明他們是自己努力學習的，不一定有特別的培養。大學教育也一樣。我們是一個天生的民主政治社會。我說這個不是諷刺，而是希望大家認識我們的社會特質。現在還要把這些好學校，拉得與一般學校一樣。那麼未來我們社會的帶領者，就真的全靠天分了，不然就是誰有文憑，誰有地方勢力來決定了。而臺灣之所以走上這樣的民主，除了地方小，容易做到一人一票制，此外就是傳統文化中、儒學思想中，帶給人，只要是人就天生的平等所致。看看臺灣社會是不是很平等而沒有階級？但若無是非之心、沒有羞惡、恭敬之心的教養，社會就散漫了。

而為什麼我們一定要讀「經」？因為「經」提供了人生最根本的問題、面向。它不是規範，而是人生最根本面對的問題。它是人的生命常道，是不變的生命經驗。中國《五經》，就大類而言，是指五種全人類共有的生命經驗。如《詩經》講「情」，全人類都有「情」。從「愛情」到「政治之情」，以至從歷史對「先祖的懷念之情」。《尚書》講人類之所以能存在、歷史之所以能發展的依據，談大歷史的趨勢那是「理性呈現」。

這是我們最早的兩本經典，一個言「情」，一個講「理」。此外孔子所著的《春秋》，所談人類何以興、何以亡，什麼是理想政治。《禮》，現在只剩《禮記》，談人類如何自我掌握禮之大用，而《易經》則進一步讓我們認識，在流動的世界中，我們如何能夠「與時而進」，並始終站在正確的宇宙或人生位置上。

我們今天在這裡談傳統中國文化，不是想做一個現代的唐吉軻德；而是站在人類共同的哲學高度，談一個由我們祖先所創造的「人學」。

故孟子曰：「求則得之，舍則失之」，或「相倍蓰而無算者，不能盡其才者也。」《詩》曰：「天生烝民，有物有則。民之秉彝，好是懿德。」孔子曰：「為此詩者，其知道乎？故有物必有則；民之秉彝也，故好是懿德。」

剛才說，有些人不反思，不反省，沒有深沉的覺醒，沒有深沉的意識認知，沒有生命自覺，許多人忽略做人需要反省、需要審思，而把「人」只當作是一個普通之「物」，那只是動物性而已。

近百年來，中國因歷史上的問題，造成了中國人近代的衰弱、敗落、愚弱。當時的前賢為了快速讓這樣的社會、國家站起來，急救章地說一些自我否定的話，以為自我否定即可使國家強盛，並且主張全盤西化。可是已過一百年後的今天，歷史條件不同了，我們需要重新思考，這樣才是人呀！

「求，則得之」，我們會反省、深思，人的心、人的智慧，才能恢復。近代老有人要找傳統中國的糟粕，但如果不反省、深思，那此舉本身就是糟粕。「求，則得之」。思考，開放自己的心智。若是放棄就會失去心智的能力。「舍則失之」即此義。

我們可以看到，「或相倍蓰而無算者」，這是說人與人之間的差距，有的人有一倍的差距，有的人則有五倍的差距。「倍」、「蓰」是古人計算的量，「倍」是一倍，「蓰」是指五倍。人何以有這麼多差距，相差到天南地北？那是在現實的人生中有太多的障礙了！使人「不能盡其才者也」，使人無法展現原有本質。

我過去當兵，作為教官，教的對象就是第一士官學校，那時兵源不足，更缺士官。於是藉著「勿忘在莒」運動，只要肯去讀軍校，即使是少年犯也可把前科取消，而許多少年犯就去讀軍校，讀士官學校。那一年我考上士官學校國文教官，支援教學。因我是私立大學畢業，就被編排在成績最爛的班上，班上有較多少年犯。校長也警告我們教官，隊職官也警告我們教官，教務長也警告我們，都叫我們只上課、別去管其他，上課就直接講課，上完課趕快走人，因為剛剛隊職官就挨打了，所以千萬別惹他們。

我初次上課看到他們，呀！都還是孩子，十幾歲，我想我先來認識他們何以如此，就請他們寫自傳，並告訴他們怎麼寫。之後我看完自傳，大多數學生多來自貧苦家庭，在各種條件不足下而誤入歧途，他們內心充滿著憤怒，為自己的命運而不平！為什麼？那是少年人的「天問」，對自己命運的憤怒。

我就想，我一定要讓他們看看世界，反正沒有升學壓力。我就找了好多世界圖片，再去買一個唱片機。上課時讓他們看到世界，聽到世界音樂。讓他們看見世界那麼大，世界真是多采多姿，憤怒解決不了問題，只會不斷地選擇錯誤而已。畢竟人生就是許多機會，人不要把自己陷入憤怒的牢籠中：你前面的經歷，不論好壞，都只是茶杯中的漩渦與風暴。不要老在茶杯裡生氣或嬉鬧，就在你生氣或嬉鬧時，世界已經不曉得轉到哪裡去了。

當時我在國文課，在講歸有光時，我就同時介紹莎士比亞，他們是同時間的人，而也談當時的英國，另外講到《詩經》時，也同時介紹古希臘史詩。就這樣比較……

請大家注意！就一年的教學，我一共帶兩班，原來是少年犯的同學，成績倒數第一名，後來畢業時是全校第一名！我自己都嚇了一跳。

因此我看到教育的特殊性。我本來決定教五年書，而後出去讀書，讀比較宗教學，結果一教，至今四十五年了。

人生之差別，在各種條件下，有千千萬萬種，因此有人無法將自己全面開放而發揮，限制自己的本質、本性。

傳統中國對老師的看重——把天、地、君、親、師，列為人生命的來源，如同祖宗一樣——教師是非常特殊、神聖的工作。但若對自身文化不認識，就無法真實認識到教師具有生命藝術性的改造力量，教師就會變成普通職業，而不知老師是生命的孕育者之一，也可以是天使，是菩薩！

而傳統中國的經典、學術，是孕育天使和菩薩的養分。大家還記得《詩經》的那首「天生烝民，有物有則；民之秉彝，好是懿德」，孔子讚美說，「為此詩者，其知道乎？」作這首詩的人，他應該真正了解了宇宙的生命大道的啊！

所以孟子再說：「學問之道無他，求其放心而已。」「學問之道無他」。這是說，學問之道沒有別的。「求其放心而已」，把我們喪失的心，這個能反思、能有著同情、羞惡、恭敬、把有是非判斷力的心及創造力的心找回來。

有些新聞紀錄片，其中有歐洲人拍的，也有美國人拍的，談他們的菁英教學以及他們一般正常教學所講的是什麼，其實這些好的教學，多只針對一件事：讓人看到人的聰明及聰明的可能性，以及創造力的可能性。

我們的老師，有沒有把創造力、如何開展人的天生心智，放到各科裡頭去？而不是數學只講解題，國文只講字詞的背誦，物理只講原理演算公式，化學只要背方程式就行了……。我們似乎喪失了這個心好久了。

孟子說：「學問之道無他」，就是「求其放心而已」，「放」者，失也，把失掉的心拿回來，把丟掉的聰明拿回來。

而這是「人」之本，也是人「生」之本。從此而言「性善」，從這裡來談人性本善，因為人可以使生命開展。就此，「乃若其情」，就「可以為善」，此之為善也。

孟子從此善開始，把「善」淋漓盡致地發揮而說：「可欲之謂善，有諸己之謂信，充實之謂美，充實而有光輝之謂大，大而化之之謂聖，聖而不可知之之謂神。」這章中的每一句都是「善」的表現，直到聖而不可知之之謂「神」的地步與境界。

而這「聖而不可知之」之謂神，也就是宇宙天地間「人」可以展現的大善，也就是人生命的全然與宇宙天地合一的境界了。

人人必讀的七本書：《論語》、《孟子》

辛老師的私房經典課 ①

作　　者—辛意雲
發 行 人—王春申
總 編 輯—林碧琪
主　　編—邱靖絨
校　　對—楊蕙苓
封面設計—張　巖
內頁設計—菩薩蠻電腦科技有限公司
行　　銷—劉艾琳、孫若屏
業務組長—王建棠
出版發行—臺灣商務印書館股份有限公司
23141 新北市新店區民權路 108-3 號 5 樓（同門市地址）
電話：(02)8667-3712　傳真：(02)8667-3709
讀者服務專線：0800056196
郵撥：0000165-1
E-mail：ecptw@cptw.com.tw
網路書店網址：www.cptw.com.tw
Facebook：facebook.com.tw/ecptw

特別感謝：建國中學國文科教學研究會、余祖吉

局版北市業字第 993 號
初版一刷：2019 年 12 月
初版 2.1 刷：2024 年 7 月
印刷：沈氏藝術印刷股份有限公司
定價：新臺幣 400 元

法律顧問—何一芃律師事務所

人人必讀的七本書:《論語》、《孟子》
一辛老師的私房經典課(1)/ 辛意雲作.
-- 初版. -- 新北市 : 臺灣商務, 2019.12
面 ;　公分 . -- (alinea ; 9)

ISBN 978-957-05-3240-1(平裝)

1. 論語 2. 孟子 3. 讀本

121.22　　108018346